Jan-Christoph Heilinger, Julian Nida-Rümelin (Hrsg.)
Anthropologie und Ethik

HUMANPROJEKT
Interdisziplinäre Anthropologie

Im Auftrag der Berlin-Brandenburgischen
Akademie der Wissenschaften
herausgegeben von Detlev Ganten, Volker Gerhardt,
Jan-Christoph Heilinger und Julian Nida-Rümelin

Band 12

Anthropologie und Ethik

Herausgegeben von
Jan-Christoph Heilinger und Julian Nida-Rümelin

DE GRUYTER

ISBN 978-3-11-041288-8
e-ISBN (PDF) 978-3-11-041291-8
e-ISBN (EPUB) 978-3-11-041294-9
ISSN 1868-8144

Library of Congress Cataloging-in-Publication Data
A CIP catalog record for this book has been applied for at the Library of Congress.

Bibliografische Information der Deutschen Nationalbibliothek
Die Deutsche Nationalbibliothek verzeichnet diese Publikation in der Deutschen
Nationalbibliografie; detaillierte bibliografische Daten sind im Internet über
http://dnb.dnb.de abrufbar.

© 2015 Walter de Gruyter GmbH, Berlin/Boston
Einbandgestaltung: Martin Zech, Bremen
Druck und Bindung: Hubert & Co. GmbH & Co. KG, Göttingen
♾ Gedruckt auf säurefreiem Papier
Printed in Germany

www.degruyter.com

Vorwort

Die philosophische Anthropologie schien vor noch nicht allzu langer Zeit auf ein Abstellgleis geraten zu sein. Das hat sich in den letzten Jahren deutlich verändert. Die ethischen Herausforderungen der Neurophysiologie, aber auch der Gentechnik, der Robotik und auch der Pharmakologie spielen für die Wiederaufnahme anthropologischer Fragestellungen eine wichtige Rolle.

Wer wir sind, ist von großer Bedeutung dafür, was wir tun sollen. Und menschliches Tun und Sollen muss berücksichtigen, wer, wie und was Menschen sind, die handeln und von Handlungen betroffen sind. Menschen sind – unter anderem – bedürftige Wesen, die in Beziehungen leben, die spielen, denken und sich selbst bestimmen können. Menschen sind für Gründe zugängliche Vernunftwesen, sie sind zudem von Intuitionen und Emotionen beeinflusst, sie wünschen und lachen und treiben Wissenschaft. Diese und viele andere Eigenschaften kennzeichnen den Menschen. In einem früheren Band in dieser Reihe unter dem Titel „Was ist der Mensch?" wurde bereits einmal ein – nicht streng wissenschaftlicher – Versuch unternommen, in möglichst großer Breite kurze Antworten auf die Frage nach dem Menschen zu versammeln. In dem hier vorliegenden Band wird der Zusammenhang zwischen Anthropologie und Ethik nun systematisch in den Blick genommen und in den verschiedenen Kontexten menschlicher Kultur und menschlichen Handelns untersucht.

Der Band beginnt im ersten Teil mit Beiträgen, die eine grundlegende Verhältnisbestimmung von Anthropologie und Ethik versuchen. Darauf folgen in einem zweiten Teil Texte, die verschiedene Perspektiven auf diesen fundamentalen Zusammenhang eröffnen und zeigen, wie Anthropologie und Ethik in so unterschiedlichen Kontexten wie Paläoanthropologie, Sozialanthropologie, Soziologie und Recht sowie angesichts aktueller ethischer Herausforderungen wie Human Enhancement oder Globaler Gerechtigkeit eine wichtige Rolle spielen.

Einige der hier versammelten Beiträge gehen auf Vorträge zurück, die im Rahmen einer Vorlesungsreihe am Münchner Kompetenzzentrum Ethik gehalten und für diese Publikation verschriftlicht wurden. Andere wurden eigens für diesen Band verfasst, um eine möglichst umfassende Auseinandersetzung mit dem Thema zu ermöglichen.

Bei der Arbeit an diesem Band konnten wir uns auf die großartige Unterstützung des Teams am Münchner Kompetenzzentrum Ethik verlassen. Unser herzlicher Dank für redaktionelle Mitarbeit gilt Sarah-Aylin Akgül, Fabian Newger und besonders Veronika Sager.

München, im Juni 2015
Jan-Christoph Heilinger und Julian Nida-Rümelin

Inhalt

I Grundlagen

Julian Nida-Rümelin
Plädoyer für eine normative Anthropologie[1]

Wir beginnen heute am Münchner Kompetenzzentrum Ethik eine Vortragsreihe, die sich mit der philosophischen Anthropologie und speziell dem Verhältnis von Anthropologie und Ethik beschäftigt. Manche werden denken, das sei doch überholt, Anthropologie habe sich als philosophische Disziplin erledigt, sie ließe sich heute nicht mehr seriös betreiben. Einige bekannte Philosophen der Gegenwart sind – nicht zufällig – erklärte Anthropologie-Gegner, z. B. Jürgen Habermas oder John Rawls. Ich werde ein Argument entwickeln, das erstens zeigt, warum man ohne Anthropologie nicht auskommt, und zweitens, warum *diese* Form von Anthropologie dieser Kritik nicht ausgesetzt ist. Ich werde also eine These zur Diskussion stellen bzw. ein *Plädoyer für eine normative Anthropologie* entwickeln, nicht aber allgemeine Informationen über die Entwicklung des anthropologischen Denkens oder eine Übersicht über die unterschiedlichen Theorieansätze vorstellen – das wäre ein ganz anderer Vortrag. Ich möchte eine bestimmte philosophische Auffassung, *meine* philosophische Auffassung, zu dieser Thematik zur Diskussion stellen.

1 Traditionelle Anthropologie

Ich beginne mit dem, was man als *traditionelle Anthropologie* bezeichnen kann, dem *traditionellen Naturrechtsdenken* – etwa die Argumente katholischer Abgeordneter gegen die Gleichberechtigung von Mann und Frau in den Beratungen des Parlamentarischen Rates zum Deutschen Grundgesetz 1948/1949. Nachdem die vier weiblichen Mitglieder vorgeschlagen hatten, die Gleichberechtigung von Mann und Frau ins Grundgesetz aufzunehmen, wurde ihnen von prominenten Politikern der damaligen Zeit entgegengehalten, das sei mit dem christlichen Menschenbild und der natürlichen Ordnung der Geschlechter unvereinbar. Dieses Argument war auch nicht ganz von der Hand zu weisen, denn die Neuorientierung der katholischen Kirche zu dieser Thematik erfolgte erst mit dem II. Vatikanischen Konzil (1962 bis 1965) in einem sehr mühsamen Prozess, und wenn es heute Abspaltungen, wie zum Beispiel die Piusbruderschaft, gibt, zeigt das, wie schwierig

1 Dieser Text ist eine nur leicht redigierte Abschrift meines im November 2013 frei gehaltenen Vortrages im Rahmen der Vortragsreihe *Anthropologie und Ethik* am Münchner Kompetenzzentrum Ethik (MKE). Der mündliche Sprachstil wurde belassen. Für die redaktionelle Überarbeitung danke ich Elizabeth Bandulet.

dieser Veränderungsprozess war, den viele bis heute nicht akzeptieren. Bestimmte anthropologische Argumente, die zum Beispiel besagen, dass – jedenfalls praktizierte – Homosexualität sittenwidrig sei, entsprechen auch heute noch der offiziellen Lehrmeinung der katholischen Kirche. Warum? Weil Homosexualität mit dem christlichen Menschenbild, mit der natürlichen Ordnung der Geschlechter unvereinbar sei. Stellungnahmen dieser Art, etwa die Ablehnung der Gleichstellung der Geschlechter oder homosexueller Lebensweisen, aber auch allgemeiner der Menschenrechte und der Demokratie, unter Verweis auf die Natur des Menschen hat die Anthropologie als Denkfigur in Misskredit gebracht.

Die philosophische Problematik zeigt sich, wenn man ältere Lehrbücher zur Entwicklung des politischen Denkens heranzieht – das reicht bis in die sechziger Jahre. Die Darstellung der Theorien beginnt jeweils mit Ausführungen zur Anthropologie. Um etwa die Staatstheorie von Hobbes, Rousseau oder Marx verstehen zu können, müsse man sich zunächst der Anthropologie zuwenden, diese sei die Basis für alles andere, sie fundiere die jeweiligen Positionen der politischen Denker.[2] Bei Hobbes ist das explizit: Aufbauend auf den physikalischen Grundlagen macht er sich Gedanken über den besonderen Körper Mensch, der als ein belebter Körper bestimmte Eigenschaften hat: So wie Himmelskörper durch Anziehungs- und Abstoßungskräfte werden Menschen durch Liebe und Hass angetrieben und das Ganze wird gesteuert durch bestimmte sensorische Stimuli. Freiheit gibt es nicht, der einzige Unterschied des Menschen zu anderen belebten Körpern besteht darin, dass er des *prospectus*, also der Vorausschau, fähig ist: Er kann sich Urteile bilden über das, was passieren wird, und als solcher hat der Mensch als einziges Lebewesen Angst vor dem Tod, insbesondere vor seinem eigenen gewaltsamen Tod. Dies ist das anthropologische Fundament, aus dem sich, folgt man der traditionellen Argumentation, der Rest deduktiv entwickeln lässt, zum Beispiel der Naturzustand, in dem die Menschen in einem *bellum omnium contra omnes* gefangen sind (Hobbes 1651, 96).[3] John Locke, um ein zweites Beispiel zu nennen, ist im Gegensatz zu Hobbes ein Optimist, was die Anthropologie angeht. Die Menschen seien nicht nur von Geburt an mit individuellen Rechten, Menschenrechten, ausgestattet, sondern würden diese auch wechselseitig anerkennen. Sie schreiben sich, modern gesprochen, Rechte zu, erkennen an, dass Menschen unabhängig von jeder staatlichen Ordnung Rechte haben, und sind auch bereit, sich an diese Rechte zu halten, obwohl sie sonst eigenorientiert ihr persönliches Wohl optimieren (Locke 1689, 203). Dies würde

---

2 In der Tat sind die drei lateinischen Publikationen von Thomas Hobbes auch so aufgebaut: *De Corpore* ist Physik, *De Homine* Anthropologie und *De Cive* politische Philosophie.

3 Charakteristischerweise beginnt Thomas Hobbes nicht mit der Anthropologie – auch wenn dies in der Sekundärliteratur vielfach so dargestellt wird.

allerdings ohne Rechtsstaat zu Konflikten und schließlich in einen Zustand führen, der dem Hobbes'schen *bellum omnium contra omnes* durchaus ähnlich ist. Deswegen hat der Staat die Aufgabe, die Menschenrechte dieser drei Kategorien – Leben, körperliche Unversehrtheit und rechtmäßig erworbenes Eigentum – zu sichern (Locke 1689, 260). Im Falle Rousseaus lautet die banale Version der Enzyklopädien: Rousseau hat ein Naturideal des freien Menschen, der herumstreift, sich gelegentlich mit einem Angehörigen des anderen Geschlechts trifft, um Nachkommen zu zeugen, ansonsten aber frei und unabhängig bleibt. Es gibt sonst keine großen Konflikte, es gibt keine Egoismen, und die Frage ist: Wie stellt die politische Ordnung diese ursprüngliche Freiheit, von der Rousseau im *contrat social* (Rousseau 1762) so rhetorisch brillant redet, wieder her? Es gelingt durch die Sicherung der kollektiven Selbstbestimmung der *citoyens*, der Staatsbürger, durch die diese so frei bleiben wie die damals durch den Urwald streifenden Waldmenschen. So lautet die Enzyklopädievariante von Rousseau. Auch hier scheint sich aus den anthropologischen Grundlagen alles andere logisch-deduktiv zu ergeben. Wir müssen nur die (anthropologischen) Prämissen der Theorie kennen, dann kennen wir ihre Inhalte. Das ist die traditionelle Rolle der Anthropologie.

Im frühen 20. Jahrhundert gab es so etwas wie eine „quasi-naturalistische" Erneuerung der Anthropologie. Ich nenne sie „quasi-naturalistisch", weil ich die Hauptvertreter, ich denke da an Arnold Gehlen (Gehlen 1940) und Helmuth Plessner (Plessner 1928), nicht fehlinterpretieren will. Sie sind sicher keine Naturalisten im engeren, reduktionistischen Sinne, aber sie verfolgen die Grundidee, dass sich die Anthropologie unter Bedingungen der zeitgenössischen Wissenschaft an empirischen Erkenntnissen, die Spezies Mensch betreffend, zu orientieren habe. Sie überlegen, was nun das Besondere dieser Spezies ausmache, im Vergleich zu anderen Spezies, die es auf der Welt gibt. Dazu gehört nach Auffassung dieser quasi-naturalistischen Anthropologie zum Beispiel das Nichtfestgelegt-Sein, die Anpassungsfähigkeit an ganz unterschiedliche Umweltbedingungen usw. Problematisch an diesem Ansatz ist allerdings die Willkürlichkeit der Auswahl dieser besonderen Eigenschaften. Damit will ich nicht sagen, die Naturwissenschaft, die Anthropologie im naturwissenschaftlichen Sinne, sei uninteressant und philosophisch irrelevant. Das Verhältnis zwischen naturwissenschaftlicher Anthropologie und philosophischer Anthropologie ist komplex, aber der Versuch, die Anthropologie zu verwissenschaftlichen, indem man sie zu einer Quasi-Naturwissenschaft umdeklariert und versucht, gewisse, durch empirische Studien zu ermittelnde Essentialia menschlicher Natur festzulegen, ist eine hoch dubiose Angelegenheit. Um ein konkretes, auch ethisch nicht ganz irrelevantes Beispiel zu nennen, das mittlerweile auch von Tieretiologen, Tierverhaltensforschern, bezweifelt wird: Es war lange Zeit die Überzeugung von Ethologen, dass Menschen unter den höher entwickelten Säugetieren die einzigen sind, die sich gegenseitig immer wieder umbringen, keine hemmenden Reflexe haben. Das ist in der Tat ein sehr ungewöhnliches Verhalten, das es sonst kaum gibt. Kaum jemand würde vorschlagen, dieses besondere Merkmal der Spezies Mensch zur Grundlage einer philosophischen Anthropologie zu machen, und konstatieren, dass es besonderer Förderung bedürfe, weil es den Menschen aus der sonstigen Naturordnung heraushebe. Ich lasse es bei diesen – zugegebenermaßen etwas unfairen – Bemerkungen bewenden, die lediglich dazu dienen sollten, die Problematik der traditionellen Anthropologie zu illustrieren.

2 Kritik traditioneller Anthropologie

Ich will nun – in systematischer Absicht – drei Kritiken gegen die traditionelle Anthropologie vorbringen. Die erste Kritik bezieht sich auf das, was ich als ihre *Krypto-Normativität* bezeichne. Um auf das bereits erwähnte Beispiel der Beratungen des Parlamentarischen Rates zurückzukommen: Statt darüber zu diskutieren, ob Frauen und Männer in einer Gesellschaft gleichberechtigt leben sollten, wird festgestellt, Gleichberechtigung entspreche nicht der menschlichen Natur, unser Menschenbild sei damit nicht vereinbar. Dieses Menschenbild stützt sich auf Befunde, die dem Urteil der Deliberation, der Abwägung, zum Beispiel im Parlamentarischen Rat, entzogen sind. Auch Konservative, die heute noch Homosexualität als sittenwidrig bezeichnen, begründen ihre Auffassung nicht damit, dass eine Gesellschaft zu bevorzugen sei, in der es keine oder weniger Homosexuelle gebe, sondern mit der vermeintlich objektiven Widernatürlichkeit der Homosexualität als einer Praxis, die der gegebenen Menschennatur widerspreche. Das verstehe ich unter Krypto-Normativität: Statt explizit zu sagen, was einem missfällt, was den eigenen Werten nicht entspricht, und statt zu versuchen, diese Werte zu rechtfertigen, zieht man sich auf eine Argumentationsform zurück, die in Wirklichkeit normativ ist, sich aber als eine nicht-normative tarnt, nämlich als eine Feststellung der objektiven Menschennatur. Diese Argumentationsform ist auch heute noch in relativ vielen Diskursen vertreten, in westeuropäischen, liberalen Gesellschaften weniger stark als etwa in den USA, wo diese gegenwärtig eine erstaunliche Renaissance erlebt. Sie ist sehr weit verbreitet im Afrika südlich der Sahara, aber auch im arabischen Raum, dort von einem neuen religiösen Fanatismus befeuert.

Der zweite Kritikpunkt richtet sich gegen das, was ich als *ethischen Fundamentalismus* bezeichnen möchte, der, wenn auch nicht mit – oft religiös geprägter – Dogmatik gleichzusetzen, doch eng mit dieser zusammenhängt. Der ethische Fundamentalismus zeichnet sich dadurch aus, dass er bestimmte normative Propositionen der Kritik entzieht. Das kann im Rahmen von Weltanschauungs-

oder Religionsgemeinschaften am einfachsten dadurch geschehen, dass ein Identitätskern definiert wird, der selbst nicht mehr Gegenstand der Kritik sein darf, also dogmatisch wird. Es wird zum Dogma, was die Identität der jeweiligen Religions- oder Weltanschauungsgemeinschaft oder der Lebensform ausmacht. Das heißt, die Überführung von normativ-ethischen Argumenten in anthropologische oder die Maskierung ethisch-normativer Argumente in Gestalt von anthropologischen bringt, jedenfalls in der traditionellen Form, eine Dogmatisierung mit sich. Diese Argumente werden der Kritik gewissermaßen entzogen, sie werden zum Kern einer normativen Haltung gemacht, und das passt dann gut zu dem, was ich im ersten Punkt kurz ausgeführt habe, nämlich dass Theorien im Hinblick auf diesen anthropologischen Kern rekonstruiert werden, um den sich alles andere herum gruppieren muss. Umso verständlicher ist die Skepsis der Liberalen gegenüber anthropologischen Argumenten, denn für sie gehört die Bereitschaft, normative Positionen in Frage zu stellen, sie dem Diskurs nicht zu entziehen, zu den kulturellen Bedingungen der Demokratie.[4]

Die dritte Kritik der traditionellen Anthropologie wendet sich gegen den *erkenntnistheoretischen Fundamentalismus*, der Folgendes besagt: Jede Theorie, auch eine ethische, muss systematisch aufgebaut sein, und dieser systematische Aufbau äußert sich in Gestalt der axiomatischen Setzung von anthropologischen Annahmen. Anthropologische Annahmen fungieren in der Argumentation als Prämissen, die selbst nicht mehr begründungsbedürftig erscheinen. In der englischsprachigen Diskussion stehen mit *fundamentalism* und *foundationalism* zwei unterschiedliche Termini zur Verfügung. *Foundationalism* heißt: Wir haben ein Fundament, von dem ausgehend die Theorie logisch-deduktiv aufgebaut wird. Die Theorie steht und fällt mit diesem Fundament, das selbst keiner Rechtfertigung mehr bedarf. Die zweite Kritik bezog sich auf den anthropologischen *fundamentalism*, während die dritte Kritik sich gegen den *foundationalism* der traditionellen Anthropologie richtet.

3 Die Unverzichtbarkeit der Anthropologie

Die Anthropologie scheint also tot zu sein, sollten wir uns da nicht von allen anthropologischen Argumenten fernhalten? Ich halte diese Schlussfolgerung für falsch und werde ihr im Folgenden einige Argumente für die Unverzichtbarkeit der

---

4 Dies ist nicht unvereinbar mit der Unaufgebbarkeit – konstitutiver – Normen und Werte in der Demokratie, wie ich in *Demokratie und Wahrheit* (2006) ausgeführt habe.

Anthropologie in einem bestimmten, später noch genauer zu bestimmenden Verständnis entgegenhalten.

Für die Anthropologiekritiker spielt die Unterscheidung von Regeln und Werten eine große Rolle. Jürgen Habermas, dessen Programm eine ganze „Schule" des Linksliberalismus in der politischen Philosophie und in der Ethik prägt, hält es für den entscheidenden Fehler allen anthropologischen Denkens, dass dort Werte (statt Normen) zentral sind (Habermas 1958). Moralität sei dagegen das, was sich öffentlich begründen und der Kritik aussetzen lässt, worüber man in einem Diskurs rationale Konsense entwickeln kann, sie beinhaltet aber nicht Werte, da diese an spezifische, partikulare Lebensformen gebunden und insofern nicht-universalisierbar sind, sich somit auch nicht für öffentliche, gar politische Diskurse eignen.[5] Der universalisierbare Bereich bezieht sich ausschließlich auf Regeln – Regeln, die wir uns als allgemein etabliert wünschen und die aus der Perspektive jeden Diskursteilnehmers akzeptabel sind. Habermas koppelt die politische Moralität also ab von Lebensformen und „starken" Wertungen, er lässt allenfalls schwache Wertungen in Gestalt der Befürwortung von Regeln zu. Dies wirft eine sehr komplexe philosophische Problematik auf, die sich nur schwer in wenigen Sätzen zusammenfassen lässt. Bei aller Sympathie, die ich sowohl für diese Form des Linksliberalismus von Habermas als auch für die vielleicht noch ein wenig berühmtere Version von John Rawls habe – sie funktioniert nicht (vgl. Nida-Rümelin/Özmen 2007; Nida-Rümelin 2009). Sie ist einem politisch sympathisch, denn so ungefähr müsste es doch eigentlich sein: Menschen mit unterschiedlichen Wertvorstellungen leben in einer Gesellschaft zusammen und einigen sich trotz ihrer verschiedenen Kulturen und Identitäten in einem rationalen Diskurs auf bestimmte Grundsätze des Zusammenlebens. Dieser *public-reasoning*-Prozess, wie Rawls ihn nennt, gehorcht gewissen Regeln und führt im Ergebnis zur Einigung auf bestimmte, allgemein akzeptierte Gerechtigkeitsgrundsätze (Rawls 1971, § 46, und Rawls 1997).

Um zu verstehen, warum das nicht funktioniert, folgt nun ein rationalitätstheoretischer Exkurs: Wir haben – wie auch immer motivierte – Präferenzen, die unsere Äußerungen und Handlungen bestimmen. In den seltensten Fällen sind Handlungen lediglich unter Rekurs auf die eigenen Interessenslagen motiviert. Das kann vorkommen, aber hauptsächlich in den Lehrbüchern der Ökonomie und nicht so sehr in der lebensweltlichen Realität (Nida-Rümelin 2009, Kap. 10.III). In

---

5 Zum Verhältnis von Normen und Werten bei Habermas vgl. Habermas (1991) und Habermas (1992). Ich habe Sympathie für diese Trennungsthese, aber ihr sind Grenzen gezogen. Das Verhältnis von Deontologie und Teleologie ist ebenso wenig dichotomisch, wie das von Moralität und Sittlichkeit, was letztlich Ausdruck der Verwobenheit von Theorie und Praxis und damit auch von *Philosophie und Lebensform* (2009) ist.

aller Regel haben wir Gründe dafür, das eine zu tun und das andere zu lassen. Diese Gründe nehmen auf vieles Bezug, unter anderem auf gegenseitige Rücksichtnahme, Kooperationsbereitschaft, das Einhalten gegebener Versprechen usw. Das Ganze lässt sich systematisieren, indem man verschiedene Kategorien aufmacht. Zum einen die Kategorie der *Rechte*, die andere und auch ich selbst haben. Zum Zweiten spielen *Pflichten* eine Rolle, da sie mit unserer sozialen Funktionalität zu tun haben: Eltern, Lehrer, Schüler, Freunde usw. haben in ihrer jeweiligen Rolle bestimmte Pflichten, die diese Rolle erst konstituieren. Zum Dritten folgen wir allgemeinen *Prinzipien* wie Antidiskriminierungsregeln, die tief in die Moralität, jedenfalls moderner Gesellschaften, eingelassen sind.[6] Bereits diese, möglicherweise unvollständige Aufzählung zeigt: Die Entkoppelung von Regeln, auf die wir uns verständigen, und Werten, die unsere Präferenzen, unsere Wünsche und unser Handeln steuern, geht nicht auf. Beides ist untrennbar miteinander verbunden (Nida-Rümelin 2009, Kap.10.IV).

Die zeitgenössische Entscheidungs- und Spieltheorie bietet sogar ein relativ elegantes Verfahren, diese verschiedenen *pro attidudes*, „befürwortenden Einstellungen", kohärent zu machen. Handeln wird jeweils Ausdruck von unterschiedlichen propositionalen Einstellungen, die sich auf der einen Seite auf meine epistemischen Annahmen über die Welt beziehen – also was ich erwarte, was passiert, was sich ereignen wird – und auf der anderen Seite auf meine Bewertungen. Zum Teil beziehen sich diese Bewertungen auf meine eigenen Interessen, aber nur in pathologischen Fällen beschränken sich die Gründe, die uns leiten, auf die Optimierung des eigenen Wohlergehens. Ich glaube in der Tat, dass Aristoteles Recht hat: In der konkreten Praxis äußern sich Werte und die Werte sind eingelassen in die konkrete Praxis.[7] Wenn diese Praxis kohärent ist, kann man genauere Aussagen darüber treffen, welche Werte das sind, wie sie abgewogen werden usw. Die saubere Trennung, und das ist die Essenz meines Arguments, von Deontologie und Teleologie funktioniert nicht.

Eine demokratische Gesellschaft beruht auf der Annahme der gleichen Freiheit, der gleichen Autonomie, des gleichen Respekts. Insofern stehen alle, wie auch immer verfassten partikularen Lebensformen und Kulturen, die mit dieser Annahme in Konflikt geraten, auch in einem Konflikt zur Demokratie. Eine Kultur etwa, in der Mädchen zum Gehorsam gegenüber ihren Brüdern erzogen werden, ist nicht demokratieverträglich. Oder, um ein Beispiel aus der anderen Ecke des politischen Spektrums zu nennen: Wer die Dorfbewohner einer amerikanischen

---

6 In meinen Augen gilt dies auch schon für antike, sogar vor-klassische Zeiten, wie beispielsweise ein genaues Studium von Homers *Ilias* nahelegt.

7 Aristotelismus und *rational choice* sind bei richtigem, nämlich kohärentistischem Verständnis nicht unvereinbar.

Kleinstadt mobilisiert, um die stadtbekannte Schwulen-WG zum Wegzug zu veranlassen, ist nicht demokratieverträglich. Genauso wenig wie eine Elterninitiative, die die Evolutionstheorie aus den Schulbüchern verbannen will. In diesen Beispielen geht es eben nicht nur um partikulare Lebensformen, sondern um viel mehr – nämlich die normativen Bedingungen der Demokratie. Die linksliberale These der Verträglichkeit von Partikularitäten und öffentlichem *reasoning*, öffentlichem Austausch von Gründen und Gegengründen, funktioniert nicht. Man kann vielleicht heute mit John Rawls sagen, wir seien uns doch alle einig, was die Gleichberechtigung von Mann und Frau oder die Nichtdiskriminierung von religiösen und ethnischen Minderheiten angehe, dies gehöre zum geteilten Gerechtigkeitssinn, dies sei zu einem zentralen Element des öffentlichen Vernunftgebrauchs in den westlichen Demokratien geworden. Aber wie ist denn die Demokratie entstanden? Waren sich da auch schon alle hinsichtlich ihrer konstitutiven Normen und Werten einig? Natürlich nicht. Die Demokratie ist entstanden aufgrund der ethischen Erkenntnis, dass es keine Herrschaft von Natur gibt. Diese Erkenntnis besagt: Der Fürst ist nicht legitimiert, uns zu beherrschen, jedenfalls nicht qua Geburt. Das war keine Mehrheitsmeinung, es war auch keine kulturelle Praxis, es war vielmehr eine These, dass Menschen ungefähr gleichermaßen vernunftfähig sind, dass es von Natur keine Über- und Unterordnung gibt, sondern dass diese durch die jeweilige Kultur und durch die jeweilige Staatsform gestiftet und daher rechtfertigungsbedürftig ist. Von der harmlosen Vereinbarkeit von partikularen Lebensformen und öffentlichem Vernunftgebrauch kann also keine Rede sein. Die Demokratie wäre ohne normative Wahrheitsansprüche, ohne die Gewissheiten ethischer Erkenntnisse nicht entstanden und sie könnte ohne diese nicht bestehen.

Die von mir vertretene Anthropologie in kohärentistischer Perspektive kann man als eine pragmatistische Auffassung verstehen. Einen Aspekt dieses Pragmatismus habe ich schon genannt: In den Handlungen, in der Alltagspraxis äußern sich bestimmte epistemische und pro-häretische Einstellungen. Die Praxis ist gewissermaßen der Prüfstein der Ernsthaftigkeit von normativen und nicht-normativen Überzeugungen, in der Praxis offenbart sich dies. Das heißt, die Praxis wird nicht abgeleitet, sie ist nicht am Rande, sondern in ihr manifestiert sich das Ganze. Und das hängt eng mit dem *Kohärentismus* zusammen (Nida-Rümelin 2002, Kap. 13). Da die Praxis als Ganze eine Einheit darstellen muss, die Praxis jeder einzelnen Person, aber auch die Praxis einer Gesellschaft, müssen die Dinge halbwegs stimmig sein. Und diese Stimmigkeitsannahme verhindert die schlichten Dichotomien, die – fast wie eine Krankheit – die moderne Philosophie und zum Teil auch die moderne Wissenschaft prägen. Die Dinge hängen zusammen: Unsere Werte, Urteile und Überzeugungen hängen mit unserer Praxis und den kulturellen Prägungen unserer Lebensform unauflöslich zusammen. Auch anthropologische und ethische Stellungnahmen, das ist jetzt die These, hängen unauflöslich miteinander zusammen. Wir können gar nicht anders, als in unserem moralischen Urteilen, in unserer moralischen Motivation anthropologische Annahmen zum Ausdruck zu bringen.[8] Anthropologie ist also nichts, wozu ich mich entscheiden kann: Nehme ich Stellung oder nicht? Sondern wir nehmen immer schon implizit Stellung. Das ist die These, die ich jetzt näher erläutern werde.

4 Normative Anthropologie

Wodurch lässt sich diese „neue" oder „normative" Form von Anthropologie, für die ich plädiere, nun charakterisieren? Zum einen versteht sie sich nicht, auch nicht insgeheim oder versteckt, als eine bloße Beschreibung von empirischen Sachverhalten, ist also nicht krypto-naturalistisch, wie ich es vorher genannt habe. Sie schließt sich auch nicht *a fortiori* dem starken Trend der Gegenwartsphilosophie an, der in einem erstaunlichen Umfang naturalistisch geworden ist. Die Naturalisten, die in den achtziger und frühen neunziger Jahren aufkamen, reagierten auf die Ratlosigkeit, auf eine gewisse Aporie der Ethik, ausgelöst durch siebzig Jahre Dominanz des ethischen Subjektivismus, in den USA, aber auch international, damit, dass sie sagten: Es besteht die Möglichkeit, die Ethik wieder auf ein objektives Fundament zu stellen, und zwar insofern, als wir das Gute für den Menschen als eine empirische Frage bestimmen. Das ist der Kern des neonaturalistischen Arguments: Ich weiß doch, ich kann mir doch überlegen, was für den einzelnen Menschen und was für die menschliche Gesellschaft als Ganze gut ist. Ich weiß doch, was ich essen muss, damit ich gesund bleibe. Das Gute für den Menschen lässt sich doch bestimmen, nämlich instrumentell, dafür gibt es Kriterien. Vielleicht lässt sich darüber streiten, was wirklich ein *gutes* Leben ist, aber es gibt durchaus Essentialia, die allen gemein sind.[9] Es gibt Entitäten, von denen man sagen kann, was für sie gut ist, und es gibt Dinge, für die man es nur instrumentell bestimmen kann. Ob ein Tisch gut ist, entscheidet sich daran, ob er mir oder den Leuten, die ihn gebrauchen, dient, seinen Zweck erfüllt. Dagegen ist schon bei einer Zimmerpflanze klar, was *für* sie gut ist – unabhängig davon, was für mich gut ist. Vielleicht ist für mich gut, wenn sie verdorrt, weil ich mir dann keine Sorgen mehr machen muss, wenn ich verreist bin. Aber für die Zimmerpflanze ist Verdorren jedenfalls schlecht. Und für einen Löwen, der nicht hinrei-

---

8 Inwiefern der analytische Kantianismus, etwa eines Peter Strawson (Strawson 1966), damit zusammenhängt, werden wir später noch klären.
9 Diese Auffassung vertreten etwa die Aristotelikerin Philippa Foot (Foot 2001) sowie die Neo-Naturalisten Peter Railton (Railton 2003) und Richard Boyd (Boyd 1988).

chend ernährt ist, ist das auch schlecht. Es gibt also bestimmte Entitäten, die die merkwürdige Eigenschaft haben, dass man weiß, was für sie *intrinsisch* gut ist. So ist es auch beim Menschen. Auf Grundlage dieser neo-naturalistischen Anthropologie und der darauf aufbauenden Theorie des Guten können wir dann beginnen, Ethik zu betreiben. Manche mutieren zum Utilitarismus, wie Peter Singer (1979), David Brink (1989) und Peter Schaber (1997), nehmen also die Maximierung des kollektiv Guten zum Kriterium, während die Väter der naturalistischen Renaissance, Richard Boyd und Peter Railton, diesen Schritt nicht gingen. Boyd blieb explizit, Railton implizit Marxist und auch der erkenntnistheoretisch komplexe Neo-Naturalismus von Olaf Müller (Müller 2008) wird nicht zu einem utilitaristischen Kriterium zusammengeführt.

Die Kritik an der traditionellen Anthropologie lässt sich auch auf den Neo-Naturalismus übertragen: Boyd oder Railton haben ein sympathisches Menschenbild: Die Leute sind kooperativ und verfolgen ihr eigenes Wohl, wenn auch aufgeklärt im Rahmen einer sozialen Ordnung, die das Wohl aller im Auge hat. Aber denken sie mal an einen Naturalisten, der sich eher am Sozialdarwinismus des späten 19. Jahrhunderts orientiert hat, oder an den gerade en vogue werdenden Nietzscheanismus der Feuilletons, à la Botho Strauß oder Sloterdijk und vieler anderer, die sich die Attitüde Nietzsches zu eigen gemacht haben, sich anderen gegenüber erhaben zu fühlen. Auch wenn sich diese Auffassung „nur" in der Abfassung kühner Texte manifestiert: Was entgegnen wir denen, wenn sie behaupten, es entspreche doch der eigentlichen Natur des Menschen, sich über die Herde zu erheben, das Mittelmaß hinter sich zurückzulassen, ein heroisches Leben zu leben?

Das, wofür ich hier plädiere, vermeidet jede naturalistische Anmutung – sowohl die des traditionellen Naturrechtsnaturalismus des katholischen Thomismus als auch die des zeitgenössischen, marxistisch inspirierten Neo-Naturalismus – ich plädiere für eine genuin normative Anthropologie, die ihre unverzichtbare Rolle im Rahmen einer kohärentistischen und realistischen Ethik spielt. Mit anderen Worten: Anthropologie versteht sich hier als Teilprojekt einer normativen Theorie des Menschen, der menschlichen Praxis, menschlicher Interaktion, menschlichen Selbstbildes usw. und untersteht damit den Kriterien der Abwägung praktischer Gründe. Was für das eine oder das andere spricht, müssen wir abwägen. Die Regeln dieser Abwägung sind lebensweltlich tief verankert, die Philosophie erfindet sie nicht, sondern kann sie allenfalls systematisieren.

Ich hatte zuvor einen Hinweis auf einen möglichen Zusammenhang mit der kantianischen und doch analytischen Philosophie à la Peter Strawson gegeben. Die Metaphysik hatte ja im 20. Jahrhundert zunächst einen sehr schlechten Ruf: Alle behaupten von sich, keine Metaphysiker zu sein, und sind es bei näherem Hinsehen dann doch. Metaphysik als letztbegründende Disziplin übernimmt sich, sie wäre Ausdruck eines erkenntnistheoretischen Fundamentalismus und Zertismus, aber das Projekt der deskriptiven Metaphysik à la Strawson, wonach zu klären ist, welche Begrifflichkeiten wir in welcher Weise immer schon voraussetzen, ist ein wichtiger Beitrag zur Aufklärung dessen, was wir tun, wenn wir Gründe vorbringen und generell an einer deliberativen Lebensform teilhaben. Analog kann man Anthropologie als *deskriptive Metaphysik* verstehen, als eine Disziplin also, die herausarbeitet, welche Festlegungen wir mit bestimmten Argumenten, mit einer bestimmten Terminologie, mit einem bestimmten Sprachgebrauch, mit der Art und Weise, wie wir Gründe austauschen, implizit vornehmen. In dem Sinne erscheint uns dann die Anthropologie als eine Form der Rekonstruktion oder der Systematisierung normativer Stellungnahmen.

Damit das nicht zu abstrakt bleibt, bringe ich noch mal das Beispiel der Kritiker im 18. Jahrhundert, die als Vorläufer der Demokratiebewegung gesagt haben, die Herrschaft des Fürsten sei illegitim. Warum war sie illegitim? Weil niemand als Fürst geboren wird, weil es keine Vorrechte gibt, die Gott oder die Natur irgendeiner einzelnen Person gestiftet hat. Eine Variante dazu entwickelte John Locke: Alle Menschen sind Eigentum Gottes und deswegen ausgestattet mit individuellen Rechten, und wer sich an diesen Menschen vergeht, zerstört Eigentum Gottes, so kann man es auch christlich wenden (Locke 1689, 203). Oder in der Gestalt von Immanuel Kant, den ich vorher ausgelassen habe: Alle Menschen sind gleichermaßen vernunftfähig, jedenfalls müssen wir sie als solche ansehen, und das gibt ihnen eine spezifische Würde, die Fähigkeit, autonom, nach eigenen Maßstäben, nach eigenen Maximen zu leben und diese Maximen so zu beurteilen, dass sie zu vergleichbaren Maximen anderer Personen passen, also sie einer Art Verallgemeinerungstest zu unterziehen. Das macht die Vernunftfähigkeit der Menschen aus, das gibt ihnen eine besondere Würde und das verlangt von uns einen besonderen Respekt im Umgang miteinander. Natürlich ist auch das eine Form von Anthropologie, nämlich eine, die nicht einfach feststellt, „von Natur sind wir so und nicht anders", sondern die behauptet, dass es gute Gründe gibt, sich in dieser und nicht in einer anderen Weise zu verhalten. Und diese verschiedenen guten Gründe, die dafür sprechen, sich so und nicht anders zu verhalten, so und nicht anders zu leben, solche und nicht andere Einstellungen gegenüber anderen Menschen zu haben, zum Beispiel Einstellungen des Respekts, werden als ein anthropologisches Element interpretiert, es muss ja nicht gleich eine anthropologische Theorie sein. Diese Anbindung der Anthropologie an das Geben und Nehmen von Gründen macht die normative Anthropologie, für die ich plädiere – im Gegensatz zur traditionellen Anthropologie – zu einem Element unserer Verständigungspraxis. Das heißt, diese Anthropologie ist nicht mehr wie die traditionelle Anthropologie der Diskussion entzogen, sondern im Gegenteil: Die Anthropologie, wie ich sie jetzt hier entwickle, ist nichts anderes als die Repräsentation einer Praxis des Gründe-Gebens und Gründe-Nehmens, sie ist Teil der kollektiven und inter-subjektiven Verständigung. In diesem Zusammenhang stellen sich dann gelegentlich auch Identitätsfragen. Wie versteht sich unsere kulturelle oder politische Gemeinschaft? Was macht den Kern dieser Demokratie eigentlich aus? Gibt es nur individuelle Rechte im Sinne von Abwehrrechten oder gibt es auch Kooperationspflichten? Darüber kann man diskutieren. Das heißt, diese Form von Anthropologie ist mit Identitätsfragen durchaus vereinbar und beantwortet diese wenigstens zum Teil. Dass da Probleme auftauchen, insbesondere bezüglich des Spannungsverhältnisses Partikularität versus Universalität, ist mir bewusst.

5 Inhalte normativer Anthropologie

Die neue, normative Anthropologie, für die ich plädiere, ist also explizit normativ statt krypto-normativ, sie setzt auf Deliberation statt auf Dogmatik, sie ist kohärentistisch und nicht fundamentalistisch.

Dazu zum Schluss noch ein paar inhaltliche Anmerkungen: Ich habe dargestellt, wie ich mir die Füllung der anthropologischen Lücke vorstelle. Das blieb alles programmatisch, es ging darum zu bestimmen, was Anthropologie leisten kann und was nicht, aber nicht darum, inhaltlich zu bestimmen, was eine gute Anthropologie ausmacht. Tatsächlich habe ich mich aber in den vergangenen zehn Jahren mit gerade diesen Inhalten intensiver befasst, indem ich das, was ich als die kanonische Begrifflichkeit des Normativen verstehe, also die Trias aus Vernunft, Freiheit und Verantwortung, rekonstruiert und verteidigt habe. Diese Trias zu klären ist normative Anthropologie im Anschluss und in Abgrenzung zu Immanuel Kants berühmten Fragen: Was können wir wissen? Was sollen wir tun? Was dürfen wir hoffen? Was ist der Mensch? Das, wofür ich in den letzten zehn Jahren in den unterschiedlichsten Varianten argumentiert habe, ist einerseits scheinbar trivial, nämlich Menschen als vernunftfähig, frei und verantwortlich zu charakterisieren, ohne in den Kantischen Apriorismus zu verfallen, aber auch ein wenig provokativ, zusammengefasst in der Botschaft: Lasst die Finger von den kanonischen Elementen des humanistischen menschlichen Selbstbildes! Wenn der vielleicht bedeutendste Neurowissenschaftler der Gegenwart in Deutschland, Wolf Singer, meint, die Neurowissenschaft habe empirisch festgestellt, dass der Mensch nicht verantwortlich für sein Tun ist (Singer 2004), dann kann man das nicht schnell klären, indem man sich die Experimente anschaut und feststellt: Stimmt, da haben wir etwas übersehen, wir sind ja gar nicht verantwortlich für das, was wir tun (und glauben).[10] Sondern dann steht und fällt mit diesem Befund eine humane Lebensform. Die gesamte Zuschreibungspraxis von Verantwortlichkeit und Würde, die im Übrigen für das Recht unverzichtbar ist, würde kollabieren. Deswegen gibt es unter den wohlmeinenden Vertretern dieser Auffassung solche, die dann meistens eilig hinzufügen: Nun, es gibt zwar keine Willensfreiheit, der Mensch ist nicht verantwortlich für sein Tun, aber es sei eine nützliche Illusion, so zu tun, als wäre es anders. Womit das Recht und die Demokratie als normative Ordnungen zu nützlichen Illusionen mutierten.

Ich habe es in verschiedenen Werken so prägnant wie möglich auszuführen versucht: All die Versuche, Freiheit von Verantwortung oder juridische von ethischer Verantwortung oder auch Vernunft von Verantwortung zu entkoppeln, müssen, wenn meine Analyse stimmt, scheitern. Menschliche Vernunft (Nida-Rümelin 2001), menschliche Freiheit (Nida-Rümelin 2005) und menschliche Verantwortung (Nida-Rümelin 2011) sind begrifflich und empirisch eng, ja unauflöslich miteinander verwobene Phänomene. Der vermeintlich geniale Schachzug, der auf Harry Frankfurt zurückgeht und der die praktische Philosophie bis heute stark beeinflusst, war, sich einerseits einzugestehen, dass genuine Freiheit mit unserem modernen naturwissenschaftlich geprägten Weltbild unvereinbar ist, aber doch menschliche Autonomie zu retten, indem man diese von menschlicher Freiheit im Sinne einer echten Entscheidung zwischen Alternativen (*principle of alternate possibilities*) abkoppelt und sie als eine Praxis, die mit eigenen Wünschen übereinstimmt, definiert.[11] Das funktioniert jedoch nicht, wie sich erstaunlich einfach zeigen lässt (Nida-Rümelin 2005, Kap. III). Diese Art der philosophischen Korinthenpickerei funktioniert deshalb nicht, weil die normativen Grundorientierungen, die eine vernünftige Anthropologie ausmachen, unauflöslich miteinander zusammenhängen. Die normative Ordnung, die eine humane Gesellschaft trägt, ist komplex. Sie ist Ergebnis eines mühsamen Prozesses ethischer Erkenntnis seit der Antike, seit der Stoa, keine zufällige kulturelle Konstruktion. Und im Kern dieses Humanismus steht eine normative Anthropologie, die sich bewähren muss an der Art und Weise, wie Gründe ausgetauscht werden, wie Gründe unser Handeln anleiten, unser Leben formen, unserem Leben

---

10 In *Libet and Liberty* (2010) setze ich mich kritisch mit den berühmten Libet-Experimenten auseinander, die lange Zeit als empirischer Beleg der These der vollständigen Determiniertheit menschlichen Verhaltens gewertet wurden.
11 Vgl. Frankfurts *Alternate Possibilities and Moral Responsibility* (Frankfurt 1969), *Freedom of the Will and the Concept of a Person* (Frankfurt 1971), *Freiheit und Selbstbestimmung* (Frankfurt 2001) (eine Zusammenstellung der wichtigsten Beiträge Frankfurts zu Willensfreiheit und Autonomie) sowie – für einen Überblick über die Diskussion der Frankfurt'schen Perspektive – *The Oxford Handbook of Free Will*, Tl.5 (Kane 2002).

Sinn geben. Diese anthropologischen Elemente sind nicht der Kritik entzogen, sondern sie sind Repräsentanten der Art und Weise, wie wir deliberieren, wie wir Gründe austauschen, wie wir unser Leben deliberativ gestalten. Wir können uns gar nicht anders sehen als verantwortlich, frei und vernunftfähig, sonst kollabieren die etablierten Formen des humanen zwischenmenschlichen Umgangs. Insofern sind diese anthropologischen Prämissen nicht irgendwelche philosophischen Spielereien, die zur Disposition von philosophischen Oberseminaren stehen. Es geht hier um eine wirklich ernste Frage, in der sich Philosophie und Wissenschaft verantwortlich verhalten müssen und nicht leichtfertig den anthropologischen Kern eines humanen Zusammenlebens in Frage stellen dürfen.

Bibliographie

Boyd, Richard (1988): How to Be a Moral Realist. In: G. Sayre-McCord (Hrsg.): Essays on Moral Realism. Ithaca/London: Cornell University Press, 181–228.

David Brink (1989): Moral Realism and the Foundations of Ethics. Cambridge: Cambridge University Press.

Foot, Philippa (2001): Natural Goodness. Oxford: Clarendon Press.

Frankfurt, Harry G. (1969): Alternate Possibilities and Moral Responsibility. In: Journal of Philosophy 66 (23), 829–839.

Frankfurt, Harry G. (1971): Freedom of the Will and the Concept of a Person. In: Journal of Philosophy 68 (1), 5–20.

Frankfurt, Harry (2001): Freiheit und Selbstbestimmung. Ausgewählte Texte. Hrsg. von Monika Betzler und Barbara Guckes. Berlin: Oldenbourg Akademieverlag.

Gehlen, Arnold (1940): Der Mensch. Seine Natur und seine Stellung in der Welt. Wiebelsheim 2009: Aula.

Habermas, Jürgen (1958): Philosophische Anthropologie. In: Ders. (1973): Kultur und Kritik. Verstreute Aufsätze. Frankfurt a. M.: Suhrkamp, 89–111.

Habermas, Jürgen (1991): Erläuterungen zur Diskursethik. Frankfurt a. M.: Suhrkamp.

Habermas, Jürgen (1992): Diskurstheorie des Rechts. Frankfurt a. M.: Suhrkamp.

Hobbes, Thomas (1651): Leviathan oder Stoff, Form und Gewalt eines kirchlichen und bürgerlichen Staates. Herausgegeben und eingeleitet von Iring Fetscher. Übersetzt von Walter Euchner. Frankfurt a. M. 2000: Suhrkamp.

Kane, Robert (Hrsg.) (2002): The Oxford Handbook of Free Will. Oxford (u. a.): Oxford University Press, 279–334.

Locke, John (1689): Zwei Abhandlungen über die Regierung. Übersetzt von Hans Jörn Hoffmann. Herausgegeben und eingeleitet von Walter Euchner. Frankfurt a. M. 2006: Suhrkamp.

Müller, Olaf (2008): Moralische Beobachtungen und andere Arten ethischer Erkenntnis. Plädoyer für Respekt und Moral. Paderborn: Mentis.

Nida-Rümelin (2001): Strukturelle Rationalität. Stuttgart: Reclam.

Nida-Rümelin, Julian (2002): Ethische Essays. Frankfurt am Main: Suhrkamp.

Nida-Rümelin, Julian (2005): Über menschliche Freiheit. Stuttgart: Reclam.

Nida-Rümelin, Julian (2009): Philosophie und Lebensform. Frankfurt a. M.: Suhrkamp.
Nida-Rümelin, Julian (2010): Libet and Liberty (Paper presented May 14th 2010 at the
   Conference Models of Mind, Roma). http://www.julian.nida-ruemelin.de/wp-content/
   uploads/downloads/2012/07/Libet-and-Liberty_Models-of-Mind-Roma.pdf (Stand:
   21.9.2014).
Nida-Rümelin, Julian (2011): Verantwortung. Stuttgart: Reclam.
Nida-Rümelin, Julian/Özmen, Elif (2007): John Rawls, Eine Theorie der Gerechtigkeit. In: M.
   Brocker (Hrsg.): Geschichte des politischen Denkens, Frankfurt a. M.: Suhrkamp,
   651–681.
Plessner, Helmuth (1928): Die Stufen des Organischen und der Mensch. Einleitung in die
   philosophische Anthropologie. 3. Auflage. Berlin/New York 1975: Walter de Gruyter.
Rawls, John (1971): A Theory of Justice. Cambridge (MA): Harvard University Press.
Rawls, John (1997): The Idea of Public Reason Revisited. In: Ders. (1999): Collected Papers.
   Hrsg. von Samuel Freeman. Cambridge (MA)/London: Harvard University Press, 573–615.
Rousseau, Jean-Jacques (1762): Vom Gesellschaftsvertrag oder Grundsätze des Staatsrechts.
   Hrsg. von Hans Brockard. Stuttgart 1998: Reclam.
Schaber, Peter (1997): Moralischer Realismus. Freiburg/München: Karl Alber.
Singer, Peter (1979): Practical Ethics. Cambridge: Cambridge University Press.
Singer, Wolf (2004): Verschaltungen legen uns fest. Wir sollten aufhören, von Freiheit zu
   sprechen. In: Christian Geyer (Hrsg.): Hirnforschung und Willensfreiheit. Zur Deutung der
   neuesten Experimente. Frankfurt a. M.: Suhrkamp, 30–65
Strawson, Peter (1969): The Bounds of Sense: An Essay on Kant's Critique of Pure Reason.
   London: Methuen.

Elif Özmen
The anthropological turn

Über das schwierige, wandelbare, gleichwohl enge Verhältnis von Philosophie und Anthropologie

Die rhetorische Figur des *turn* hat sich ab der zweiten Hälfte des 20. Jahrhunderts etabliert, um diejenigen Akzentverschiebungen und Neuausrichtungen in den Geistes-, Kultur- und Sozialwissenschaften zu bezeichnen, die als radikale Wende zu einem neuen Forschungsprogramm und damit auch als identitätsstiftend begriffen wurden. Nach dem *linguistic turn* des frühen 20. Jahrhunderts bestimmte der *cultural turn* ab den 1960er-Jahren den Gegenstandsbezug und das Selbstverständnis ganzer Disziplinen, bis er in den 1990er-Jahren abgelöst wurde vom *iconic turn*. Gegenwärtig stellt sich die Frage, ob das seit rund 15 Jahren auszumachende, zunächst vorsichtige, nunmehr aber unübersehbare Interesse an anthropologischen Problemstellungen bereits einen *anthropological turn* der Philosophie anzeigt.[1] Wenn man mit einer solchen Wende mehr als eine zeitweilige Aufmerksamkeit meint, nämlich eine inhaltliche und methodologische Neuorientierung, die eine Verschiebung des philosophischen Selbstverständnisses bewirkt und mit analogen Prozessen in anderen Wissenschaften einhergeht, sollte man sich mit einer Antwort zum gegenwärtigen Zeitpunkt noch zurückhalten. Vorläufig erscheint es philosophisch ergiebiger, die Anlässe (1), Schwerpunkte (2) und Herausforderungen (3) der Debatte um einen *anthropological turn* zu reflektieren. Damit wäre die These von einer Wende jedenfalls in einer Hinsicht bestätigt, insofern mit dieser Debatte eine disziplinäre Selbstprüfung und -vergewisserung, letztlich eine Neujustierung des traditionell schwierigen Verhältnisses von Philosophie und Anthropologie einhergehen.

1 Anlässe: Gegebenes und Gemachtes. Das Humanum zwischen Natur, Verbesserung und Transformation

Die anthropologische Grundfrage *Was ist der Mensch?* markiert den Beginn der praktischen Philosophie überhaupt. Während die Vorsokratik sich mit den zeitlosen, allgemeinen und notwendigen Ordnungsprinzipien von Natur und Kosmos

---

1 Zu dieser Frage siehe die Einleitung und die Beiträge in Horn et al. (2013).

beschäftigt, rücken die Sophisten den Menschen und die von den kosmischen Gesetzmäßigkeiten unterschiedenen menschlichen Angelegenheiten in den Fokus der philosophischen Betrachtung. Mit der Gegenüberstellung von *Physis* („Natur" im Sinne des Gegebenen) und *Nomos* („Gesetz" im Sinne des Gemachten, der konventionellen Sitten und Gebräuche) wird der Gegenstand und die Disziplin der politischen Philosophie und der Ethik definiert, aber auch eine Begrifflichkeit eingeführt, mit der man im Laufe der Philosophiegeschichte durchaus verschiedene Antworten auf die Frage nach dem Menschen formuliert hat. So können „Gegebenes" und „Gemachtes" in ein harmonisches (i), konkurrierendes (ii) und lexikalisches (iii) Verhältnis gesetzt werden.

(i) Die Harmonie zwischen Gegebenem und Gemachtem. Bei Aristoteles sind die Konzepte des Gegebenen und Gemachten zwar systematisch unterschieden, aber anthropologisch bleiben sie aufeinander bezogen. So werden das, was die Natur aus dem Menschen als biologischem Wesen macht (*zôê*), was er als Vernunft- und Handlungswesen aus sich selber machen kann (*zôon logon echon, zôon politikon*) und was er, technisch-kulturell begabt, zu seinen eigenen Funktionszwecken herstellt (*technitês*), als verschiedene Aspekte des Menschseins betrachtet. Sowohl die biologische, rational-handlungsbezogene (bzw. moralisch-politische) als auch die technische Perspektive auf den Menschen haben also anthropologische Relevanz.[2] Aber zugleich wird eine Perspektive ausgezeichnet. Die „mit Vernunft verbundene Tätigkeit der Seele und entsprechendes Handeln [ist] das eigentümliche Werk und die eigentümliche Verrichtung des Menschen" (Aristoteles, *Nikomachische Ethik*, 1098a), also das, was ihn von allen anderen Lebewesen unterscheidet, mithin sein Wesen – seine Natur! – definiert und im Übrigen auch normiert. Mit dieser Eigentümlichkeit wird die anthropologische Differenz bestimmt. Denn durch den Logos und die dianoetischen und ethischen Tugenden ist der Mensch befähigt und aufgefordert, nicht bloß animalisch zu leben und zu überleben, sondern ein gutes, d. h. seinem sprachbegabten, rationalen und sozialen Wesen gemäßes Leben zu führen. Das Gegebene und Gemachte fügen sich nach diesem Vorbild harmonisch zusammen für die lange Zeit der Philosophiegeschichte, in der Teleologie und Essentialismus, später dann die christliche Theologie, einen normativen Überbau bilden. Das Gegebene ist eben nicht

---

2 Aristoteles, *De anima* (412a11 ff.): „Leben (*zôê*) nennen wir Ernährung, Wachstum und Vergehen, das durch sich selbst stattfindet." Aristoteles, *Politik* (1253a): „Hieraus erhellt also, daß der Staat zu den von Natur bestehenden Dingen gehört und der Mensch von Natur ein staatliches Wesen ist, und daß jemand, der von Natur und nicht bloß zufällig außerhalb des Staates lebt, entweder schlecht ist oder besser als ein Mensch. [...] Nun ist aber einzig der Mensch unter allen animalischen Wesen mit der Sprache begabt."

grundlos, sondern folgt natürlichen oder göttlichen Zwecken. Das Gemachte ist nicht willkürlich, sondern an solchen gegebenen Normen zu orientieren. Somit ist die *conditio humana* sowohl durch Gegebenes – unsere biologisch-physiologisch-physikalische erste Natur – als auch durch Gemachtes – unsere Kultur und Technik schaffende, rationale, kreative und moralische zweite Natur – bestimmt.

(ii) Die Konkurrenz zwischen Gegebenem und Gemachtem. Das Verhältnis zwischen Gegebenem und Gemachtem wird problematisch, indem mit der neuzeitlichen Philosophie und der Entstehung der Nova Scientia dem Gegebenen der normative Gehalt allmählich entzogen wird.[3] Ein unverstellter, aufgeklärter Blick auf die uns umgebende wie auch unsere eigene Natur lässt keine (vor-)gegebenen Zwecke, Ziele, Tugenden oder Lebensweisen erkennen. Im Zuge dieser „Entzauberung" der natürlichen Welt finden sich seit der Renaissance anthropologische Bestimmungen, nach denen es, durchaus paradox anmutend, zur Natur des Menschen gehört, keine festgelegte Natur zu haben. Als „Gebilde ohne besondere Eigenart" (Pico della Mirandola), als der „erste Freigelassene der Schöpfung" (Johann von Herder), als „das nicht festgestellte Tier" (Friedrich Nietzsche) und „Mängelwesen" (Arnold Gehlen) muss und darf sich der Mensch seine Natur selbst bestimmen. Damit ist das, „was die Natur aus dem Menschen macht" (Kant 1789, 399), keineswegs aufgehoben oder überwunden, aber es bleibt als Gegenstand der Naturwissenschaft vom Menschen für eine philosophische Anthropologie uninteressant und als Antwort auf die Frage, was der Mensch sei, unbefriedigend.

So meint Immanuel Kant, dass sich die philosophische („pragmatische") Anthropologie im Gegensatz zur naturwissenschaftlichen („physiologischen") damit beschäftigen müsse, was der Mensch „als freihandelndes Wesen, aus sich selber macht, oder machen kann und soll" (Kant 1789, 399). Indem das Machenkönnen als spezifisch menschliche Fähigkeit zur Selbstbestimmung und Selbstgestaltung verstanden wird, aus der sich auch die Freiheit und die Pflicht zur pädagogischen, moralischen und politischen Selbstverbesserung speisen, wird der Status des Gegebenen prekär. Einerseits können wir uns dem, was die Natur aus uns macht, nicht entziehen: Auf uns und in uns wirken physikalische Gesetze.

> Wer den Naturursachen nachgrübelt, worauf z. B. das Erinnerungsvermögen beruhen möge, kann über die im Gehirn zurückbleibenden Spuren von Eindrücken [...] hin und her vernünfteln; muß aber dabei gestehen: daß er in diesem Spiel seiner Vorstellungen bloßer Zuschauer ist, und die Natur machen lassen muß, indem er die Gehirnnerven und Fasern nicht kennt, noch sich auf die Handhabung derselben zu seiner Absicht versteht. (Kant 1789, 399).

---

3 Zu dieser Entwicklung habe ich mich ausführlich geäußert in Özmen (2011).

Andererseits sind wir zur Vernunft begabt und damit nicht ausschließlich „bloße Zuschauer" des Gegebenen. Bei der Bestimmung unseres Willens, der Prinzipien unseres Zusammenlebens sowie der Kultivierung unseres Charakters können wir etwas „aus uns machen" – oder dem Wirken der Natur vollständig unterworfen bleiben.

> [Der Mensch hat] einen Charakter, den er sich selbst schafft; indem er vermögend ist, sich nach seinen von ihm selbst genommenen Zwecken zu perfektionieren; wodurch er, als mit Vernunftfähigkeit begabtes Tier (animal rationabile), aus sich selbst ein vernünftiges Tier (animal rationale) machen kann. (Kant 1789, 673)

Hier stehen Gegebenes und Gemachtes in einem Konkurrenzverhältnis: Heteronomie gegen Autonomie, Ohnmacht gegen Selbstermächtigung, Natur gegen Kultur, Zivilisation und Moral. Zwar gilt die Vernunftfähigkeit weiterhin als anthropologische *differentia specifica*, aber anders als in der aristotelischen Perspektive dient sie als Werkzeug zur Bearbeitung, Verbesserung und Disziplinierung unserer Natur mit dem Ziel ihrer partiellen Überwindung.

(iii) Der Vorrang des Gemachten vor dem Gegebenen. Bis vor Kurzem schienen die Möglichkeiten solchen Machenkönnens mit den Mitteln von Erziehung und Bildung, Kultur und Kunst, Moral und Recht sowie Wissenschaft und Technik in eine Richtung definitiv begrenzt zu sein. In Anlehnung an Kant gesprochen: Solange wir die Naturursachen unserer körperlichen, kognitiven, psychischen und genetischen Verfasstheit nicht kennen und uns vor allem nicht auf ihre absichtsvolle, zielgeleitete und kontrollierte „Handhabung" verstehen, müssen wir „die Natur machen lassen". Was die Natur aus uns macht, mag keine normative Berechtigung haben, aber ist gleichwohl signifikant für unser Selbstverständnis. Strukturelle und funktionelle Eigenschaften unserer spezifischen Lebensform bestimmen und erklären ein empirisch valides, kulturinvariantes, wertneutrales, arttypisches Spektrum dessen, was der Mensch aufgrund seiner körperlichen und geistigen Fähigkeiten überhaupt vermag. Dieses Humanum erscheint uns als etwas Gegebenes (was es aus evolutionsbiologischer Perspektive natürlich nicht ist), einfach weil sich bestimmte Aspekte des Menschseins – unsere Sterblichkeit, Leiblichkeit, Verletzlichkeit und weitere körperliche, geistige und sinnliche Bedürfnisse und Beschränkungen – nicht durch unseren Willen oder unsere Handlungen grundsätzlich verändern lassen. Sie stellen quasi-naturalistische Hürden für das dar, was wir aus uns machen können.

Gegenwärtig scheint sich auch diese letzte Grenze zwischen Gegebenem und Gemachtem aufzulösen, insofern die neuen Lebenswissenschaften (neben der modernen Evolutionsbiologie die Neurowissenschaft, komparative Verhaltens-

forschung und Genetik) und die konvergierenden Technologien (also das Zu-
sammenwirken von Nano-, Bio-, Informationstechnologie und Kognitionswissenschaft, kurz *NBIC*) bislang ungekannte *transformative* biotechnologische In-
terventionsmöglichkeiten in unsere körperliche, kognitive, psychische und
genetische Verfasstheit in Aussicht stellen.[4] Damit wären wir in die Lage versetzt,
als frei handelnde Wesen nicht nur aus uns, sondern auch aus unserer Natur etwas
zu machen. Wenn aber das Gegebene – die menschliche Normalnatur, das Humanum – ohnehin keine normative Berechtigung hat und zukünftig unserer ab-
sichtsvollen Handhabung und freien Verfügung unterliegt, wird die Antwort auf
die anthropologische Grundfrage auch gut ohne das Gegebene auskommen
können. Dann ist der Mensch nur mehr, was er aus sich selber macht.

Die wissenschaftlichen, gesellschaftlichen, kulturellen und normativen Dimensionen eines solchen umfassenden Machenkönnens werden seit den 1990er-
Jahren unter dem Stichwort *Human Enhancement* diskutiert. Als Enhancement
bezeichnet man, in Abgrenzung zu medizinischer Therapie und Prävention, die
Modifikation und Perfektionierung (und in der radikalsten, posthumanen Variante die Überwindung) der normal-menschlichen Eigenschaften und Funktionen
(z. B. durch Doping, Transplantationen, Prothetik, Pharmazeutika, Implantate,
Mensch-Computer-Interfaces, kybernetische Organismen, Genetik).[5] Im Rahmen
der moralischen und politikethischen Reflexionen der verschiedenen Enhance-
ment-Praktiken greift man auf geläufige und anerkannte Prinzipien zurück, wie
Risikoabwägungen, Dammbruch-Argumente, das Autonomie- und Nicht-Schädi-
gungsprinzip sowie Gerechtigkeitsüberlegungen. Aber darüber hinaus motivieren
die Diskussionen über zukünftige menschliche, trans- und posthumanistische
Lebensformen ein breit gefächertes Interesse an anthropologischen Problemstellungen. Verschiebungen zwischen Gegebenem und Gemachtem mögen sich in
der Geschichte des wissenschaftlichen und technischen Fortschritts immer wieder
ereignet haben. Aber einige strukturelle und funktionale Eigenschaften, Fähigkeiten und Unfähigkeiten schienen gleichwohl anthropologische Konstanten
darzustellen, sei es als unüberwindbare Hürden für das, was wir aus uns selber
machen können, als Rahmenbedingungen einer naturwissenschaftlichen Sichtweise auf den menschlichen Körper, Geist und Psyche, als Merkmale einer an-

---

4 Die transformativen Interventionen sind gegenüber dem Humanum radikal, so Agar (2014, 2):
„*Radical enhancement* improves significant attributes and abilities to levels that *greatly* exceed
what is currently possible for human beings. Moderate enhancement improves significant attributes and abilities to levels *within or close* to what is currently possible for human beings."
5 Einen guten Überblick über den derzeitigen Stand der ethischen Debatte gibt Murray (2007). Vgl.
auch die ausführlicheren Darstellungen von Parens (1998), Schöne-Seifert/Ach/Opolka/Talbot
(2008), Bostrom/Savulescu (2009), Schöne-Seifert/Talbot (2009) und Heilinger (2010).

thropologischen Differenz, oder sei es als Bezugspunkte einer hermeneutischen Perspektive auf uns selbst oder als regulative Idee einer gemeinsamen Menschlichkeit. Wenn sich diese anthropologischen Konstanten nunmehr verflüssigen, gibt es guten Grund, ihre Funktion, ihren Status und ihre Relevanz kritisch zu reflektieren.

2 Schwerpunkte: Über Menschliches und Übermenschliches. Zum anthropologischen Gehalt der zeitgenössischen Debatte

Die These von der anthropologischen Wende hat ihren Bezugspunkt in einer philosophischen und interdisziplinären Debatte über die Voraussetzungen, Merkmale und mutmaßlich distinkten Eigenschaften der menschlichen Lebensform. Natürlich bezieht sich einerseits jede theoretische und praktische Philosophie auf ein bestimmtes Verständnis des Menschen bzw. setzt dieses voraus. In diesem Sinne führt Immanuel Kant das „Feld der Philosophie" (Metaphysik, Moral, Religion, Anthropologie) und dessen Grundfragen (Was kann ich wissen? Was soll ich tun? Was darf ich hoffen? Was ist der Mensch?) ja bekanntlich zusammen: „Im Grunde könnte man aber alles dieses zur Anthropologie rechnen, weil sich die ersten Fragen auf die letzte beziehen" (Kant 1789, 447 f.). Andererseits macht die aktuelle philosophische Debatte die anthropologische Grundfrage zu ihrem ausdrücklichen (und alles andere als trivialen) Forschungsgegenstand. Dabei bedient sie sich genuin anthropologischer Topoi und Argumentationsweisen, die für längere Zeit aus dem üblichen philosophischen Repertoire genommen waren. So wird neben dem Begriffspaar „Gegebenes" und „Gemachtes" bzw. „Natürlichkeit" und „Künstlichkeit" (i) auf die „Natur des Menschen" verwiesen (ii), ihre normative Relevanz verhandelt (iii), über anthropologische Differenzen bzw. deren Auflösung gesprochen (iv) und die Möglichkeit trans- oder posthumanen Lebens diskutiert (v). Um dieses neuartige Feld der Philosophie zu charakterisieren, werden diese thematischen Schwerpunkte, auf die im Rahmen der zeitgenössischen Debatte über Menschliches und Übermenschliches regelmäßig und unabhängig von disziplinären Hintergründen immer wieder Bezug genommen wird, im Folgenden kurz skizziert.[6]

---

6 Vgl. hierzu auch die Beiträge in Özmen (2015).

(i) Natürlichkeit und Künstlichkeit. Die Frage, was die Natur aus dem Menschen macht im Verhältnis zu dem, was er aus sich selbst bzw. mit sich zu machen vermag, gehört, wie bereits ausgeführt wurde, zu den alten philosophischen Angelegenheiten. Im Zuge einer über Jahrhunderte währenden Auseinandersetzung ist jedenfalls eines sehr deutlich geworden: Die inner- und außerphilosophischen Begriffe von Natürlichkeit und Künstlichkeit sind überaus vielfältig, wandelbar, variabel und schwerlich auf einen verbindlichen Nenner zu bringen.[7] Dass sich die Frage nach der Natur und der Künstlichkeit des Menschen trotzdem immer wieder neu stellt und eben auch gegenwärtig wieder philosophisch verhandelt wird, hängt aber nicht nur mit ihrer historischen und systematischen Komplexität zusammen. Auch die Entwicklungsgeschichte der Wissenschaften und ihrer technischen Umsetzungsmöglichkeiten, die den Unterschied zwischen Gegebenem und Gemachtem ebenso stetig aufweichen wie sie die Möglichkeiten und die Gegenstände des menschlichen Machenkönnens vergrößern, spielt eine wichtige Rolle. Angesichts der rasanten Fortschritte in den Lebenswissenschaften, aber auch der künstlichen Intelligenzforschung, Robotik und den Kommunikationstechnologien, stellt sich die Frage, ob wir gegenwärtig eine historisch ungekannte Implosion dieser Dualismen erleben, sodass sich für unser eigenes Selbstverständnis jede Unterscheidung zwischen natürlich/künstlich demnächst erübrigen könnte.

(ii) Die Natur des Menschen. „Natur" als Referenzpunkt einer Anthropologie mag chronisch unklar, problematisch oder gar hinfällig erscheinen; gleichwohl stellt sich die Frage, ob wir auf das Konzept der Natur überhaupt verzichten können. Einerseits gibt es eine „gegebene" (sowohl deskriptiv: „unveränderliche" als auch normativ: „vorgegebene") Natur nur in unserer Vorstellung – ein stetiger Wandel von Naturformen ist so natürlich wie die menschlichen Veränderungen der natürlichen Umwelt üblich sind. Künstlichkeit ist (mindestens) Teil der Natur des Menschen; diese Überzeugung zieht sich durch die philosophischen Reflexionen über das Wesen des Menschen von Aristoteles bis in die Gegenwart. Andererseits wird die Natur oder das Natürliche nicht nur alltagssprachlich vielfach affirmativ bewertet, in normative Begriffe überführt, ästhetisiert, ethisiert, dient als Orientierungsrahmen, als Bezugspunkt für das wahrhaft Menschliche, Authentische oder Unverdorbene.[8] Auf das Konzept der Natur des Menschen greifen wir, bei aller inhaltlichen Unklarheit und chronischen Missverständlichkeit, regelmäßig zurück in unseren Selbstbeschreibungen und Bezugnahmen auf die (Um-)Welt. Neben

---

7 Vgl. hierzu Schramme (2002) und Birnbacher (2006).
8 Vgl. hierzu auch die Beiträge in Bayertz (2005) und Hartung/Kirchhoff (2014).

diesem hermeneutischen Bezugspunkt gibt es „Natur" als Gegenstand von bestimmten (Natur-)Wissenschaften, etwa wenn es um die Beschreibung und das Verständnis der strukturellen und funktionalen Merkmale der menschlichen Lebensform geht. In diesem biologisch-physiologisch-physikalischen Sinn erscheint die Rede von der Natur des Menschen durchaus verständlich, unproblematisch und unverzichtbar zu sein. Wenn aber ebendiese Natur veränderbar, manipulierbar, verbesserbar würde, stellt sich nicht nur die anthropologische Grundfrage in neuer Dringlichkeit. Es gilt zudem ein normatives Problem zu lösen, nämlich ob der Mensch tief gehende, unumkehrbare und nachhaltige Transformationen an seiner Natur vornehmen darf – und wenn ja, auf welche Weise, aus welchen Gründen, in welchem Ausmaß. Und diese Fragen lassen sich nicht beantworten, ohne zu klären, ob und welche Natur wir weiterhin brauchen und wollen.

(iii) Die Renaissance des Contra-naturam-Argumentes. Im Zuge der Human-Enhancement-Debatte wurde die „Natur des Menschen" auch als normatives Prinzip wiederbelebt. Das erscheint bemerkenswert, weil dieses Prinzip aus dem üblichen Argumentationsrepertoire der Angewandten Ethik herausfällt.[9] Zudem gilt das Argumentieren mit der Natur des Menschen seit Längerem als verdächtig, seine normative Kraft aus metaphysischen, reaktionären oder religiösen Quellen zu ziehen. Diesen philosophischen Bedenken zum Trotz gibt es einen prominenten Bio-Konservatismus, dem zufolge die essentiellen, d. h. natürlichen und notwendigen Eigenschaften der menschlichen Natur strikte normative Grenzen für Modifikationen und vermeintliche Verbesserungen darstellen. Hier wird also das Gegebene dem Gemachten und Machbaren normativ vorgeordnet.[10] In einer anspruchsvolleren, indirekten Argumentation mit der menschlichen Natur wird hingegen auf die Abhängigkeit unserer grundlegenden moralischen und politischen Konzepte (wie Freiheit, Gleichheit, Solidarität, Gerechtigkeit) von einem „vorgängigen, von allen […] geteilten ethischen Selbstverständnis der Gattung" hingewiesen (Habermas 2002, 74). Unsere liberale Moral und die politischen und sozialen Normen des gerechtigkeitsorientierten Zusammenlebens beruhen demzufolge auf einem bestimmten gemeinsamen Verständnis unserer Natur als Gegebenes (Habermas verwendet den Begriff des „Gewachsenen"). Weil unsere Natur, z. B. unsere genetische Verfassung, das Ergebnis einer natürlichen Lotterie ist, können wir für ihre unverdienten Ergebnisse nicht zur Verantwortung gezogen werden. Wir reagieren aber moralisch sensibel auf diese natürlichen Ungleich-

---

9 Zum Beispiel wird es an keiner Stelle des zum Standardwerks avancierten *Principles of Biomedical Ethics* (Beauchamp/Childress 2013) überhaupt nur erwähnt.
10 Zu diesen Bio-Konservativen zählen Fukuyama (2002), Kass (2003) und Sandel (2007). Zur Kritik der biokonservativen bzw. essentialistischen Position vgl. Özmen (2013).

heiten und Unfreiheiten, indem wir jedem Menschen, unabhängig von seinem genetischen Naturschicksal, den gleichen normativen Status zusprechen. Wenn wir aber nunmehr, z. B. durch genetisches *engineering*, vollständig über das Naturschicksal verfügen könnten, würde eben dieser Moral der Gleichheit und Freiheit die anthropologische Voraussetzung entzogen und damit ihre Geltung infrage gestellt.

(iv) Die anthropologische Differenz. Eine mögliche Antwort auf die anthropologische Grundfrage besteht in der Abgrenzung von anderen Seins- und Lebensformen. Demzufolge verfügt der Mensch über eigentümliche Vermögen, Fähigkeiten und Verpflichtungen, die ihn von anderen Lebewesen unterscheiden. Daher kann die Frage, was der Mensch ist, eben mit Verweis auf diese Eigentümlichkeiten und Differenzen beantwortet werden. Schon in der Antike finden wir solche anthropologischen Verortungen durch Grenzziehungen, die im Laufe der Philosophie-, Kultur- und Technikgeschichte stetig ergänzt wurden: Der Mensch ist weder Tier noch Gott, weder Monster noch Maschine, weder Computer noch künstliche Intelligenz. Er ist *animal rationale, homo faber, homo technicus, homo creativus, homo digitalis.* Solche Grenzziehungen haben eine biopolitische Seite: Dichotomien des Eigenen und des („fremden", „monströsen", „barbarischen", „degenerierten") Anderen wurden und werden für soziale und politische Strategien der Entgegensetzung und Diskriminierung von bestimmten Menschen oder Menschengruppen verwendet. Aber das Konzept des Anderen hat auch eine identitätsstiftende, mithin anthropologische Funktion, indem es ein Bewusstsein davon schärft, was uns im Verhältnis zu (anderen) Tieren oder allmächtigen Schöpfern ausmacht, was uns von den Artefakten, die wir zu unseren Zwecken herstellen, unterscheidet. Eben diese Unterschiede und damit auch der Versuch, sich des Menschlichen über Dichotomien zu versichern, stehen gegenwärtig zur Disposition. Die komparative Verhaltensforschung und andere Mensch-Tier-Vergleiche, die Genetik und die synthetische Biologie verwischen die „natürlichen" Grenzen zwischen Menschen, anderen Tieren, Chimären und zukünftig vielleicht sogar künstlichen Lebensformen. Die Kognitionswissenschaft samt künstlicher Intelligenzforschung, Informationstechnologie und Prothetik führen zu weiteren Hybridisierungen von Mensch, Maschine und Computer. Wenn aber der Mensch nunmehr auch (oder nur?) ein Tier ist oder ein gottgleicher Schöpfer oder ein Cyborg: Welche Bedeutung und welche Relevanz hat die Frage *Was ist DER Mensch* überhaupt noch?

(v) Anthropologische Fiktionen. Die Beherrschung und Überwindung der Natur – sich selber zu erschaffen, sich neu, besser oder einfach nur anders zu machen – ist eine menschliche Sehnsucht, die durch die stetige Unzufriedenheit mit unseren

geistigen und körperlichen Vermögen ebenso gespeist wird wie durch Experimentierlust oder Neugier hinsichtlich ihrer Grenzen. Sie findet ihren kulturellen Ausdruck in der langen Geschichte der Fiktionen über künstlich hergestellte Menschen, menschenähnliche und beispiellose Lebewesen, die sehr früh in der Mystik und Literatur beginnt, dann in der bildenden und darstellenden Kunst, seit dem 20. Jahrhundert im Film und den Neuen Medien weitererzählt wird. In der Philosophie des Trans- oder Posthumanismus werden diese Utopien einer radikalen Selbst- und Umgestaltung als alternative ‚humane' Lebensformen mit erweiterten Fähigkeiten und Handlungsspielräumen als eine realistische menschliche Zukunft verhandelt. Hierbei scheinen die Fähigkeit zur Selbstgestaltung und der Wunsch nach Selbstoptimierung ihrerseits anthropologische Konstanten darzustellen: Das Gemachte gehört zum Gegebenen der menschlichen Natur, deren Besonderheit eben ihre Leere ist. Daher *dürfen* und *sollen* sich Menschen verbessern; Einschränkungen dieser Freiheit *sollen* unterbleiben bzw. bedürfen der *Legitimation*. Auch die radikalste, transformative Position in der Human-En-hancement-Debatte verortet sich also in einem normativen Rahmen, der mit einer nicht-essentialistischen, nicht-substantiierten, aber dennoch anthropologischen Argumentation gesteckt wird.[11] Das gegenwärtige philosophische Interesse an anthropologischen Fragen, Gegenständen und Argumenten lässt sich, sowohl mit Blick auf seine Anlässe wie auch seine thematischen Schwerpunkte, gut belegen. In einem unaufgeregten Sinne könnte man also von einem *anthropological turn* sprechen. Aber insofern mit der Auszeichnung als *turn* eine aufregende These, nämlich von einer disziplinären Neuorientierung, verbunden wird, muss zunächst geklärt werden, ob und unter welchen Voraussetzungen die Philosophie eine solche Wende zur Anthropologie unternehmen kann und soll. Im Folgenden werden daher die Herausforderungen und Perspektiven einer solchen Disziplin der genuin philosophischen Anthropologie erörtert.

3 Herausforderungen: Anthropologische Wenden und philosophische Wiedergänger. Noch einmal: *Was ist der Mensch?*

Anthropologie als Oberbegriff für Problemstellungen, Aussagen und Lehren über das Menschsein hat seit der Sophistik einen festen Ort in der Philosophie. Vom

---

11 Eine kritische Würdigung der posthumanistischen Anthropologie habe ich versucht in Özmen (2015a).

Menschen handelt die Philosophie immer schon und sowieso. Dass anthropologische Fragen eine eigenständige philosophische Disziplin begründen können, ist aber eine vergleichsweise junge programmatische These. Erst im späten 18. Jahrhundert entfaltet die philosophische Anthropologie durch die Schriften von Johann Gottfried Herder, Immanuel Kant und Wilhelm von Humboldt eine eigene disziplinäre Dynamik. Parallel erfolgt die Ausdifferenzierung und schließlich Abspaltung der empirischen, historischen und kulturbezogenen Wissenschaften vom Menschen, auf die die Philosophie zweifach reagiert.

Zum einen findet zu Beginn des 20. Jahrhunderts tatsächlich eine anthropologische Wende statt, mit der sich die Philosophie der naturalistischen Provokation durch die neue Wissenschaft der Evolutionsbiologie und die damit verbundene natursystematische und reduktionistische Perspektive auf den Menschen stellt.[12] Die deutsche *Philosophische Anthropologie* (Max Scheler, Helmuth Plessner, Arnold Gehlen) und der amerikanische *Pragmatismus* (John Dewey, G. H. Mead) versuchen auf je eigene Weise, die zunehmende Kluft zwischen Naturwissenschaft, Sozialwissenschaft und philosophischer Ethik zu überbrücken zugunsten einer einheitlichen Beschreibung des Menschen.

Zum anderen und mit großer Wirkungsmacht bis in die Gegenwart hinein wird die Berechtigung einer philosophischen Anthropologie grundsätzlich infrage gestellt. Wenn sie beansprucht, eine eigene philosophische Teildisziplin darzustellen, müsste sie sich über charakteristische Grundfragen und Grundbegriffe oder eine spezifische Methode bestimmen lassen. Aber welche Bedeutung der Frage *Was ist der Mensch?* wäre ihr eigentümlich, sodass die Qualifizierung gegenüber den anderen philosophischen Teildisziplinen und den empirischen, sozialwissenschaftlichen und sonstigen Anthropologien gelingt? Wenn sie sich zudem als eine normative Disziplin versteht, aus der sich genuin anthropologische praktische Gründe und Rechtfertigungen schöpfen lassen, muss sie grundlegende begründungstheoretische Probleme lösen, um den naheliegenden Verdacht des naturalistischen Fehlschlusses und den Metaphysik- und Konservatismus-Vorwurf zu entkräften.[13]

Aus diesen Gründen gleicht die philosophische Anthropologie, trotz des belegbaren und gut begründeten Interesses an anthropologischen Problemstellun-

---

12 Tatsächlich taucht die Rede von einer anthropologischen Wende bereits in diesem historischen Zusammenhang auf, etwa in einem Aufsatz von Friedrich Seifert in den *Blättern für Deutsche Philosophie* 1934/35 mit dem Titel: „Zum Verständnis der anthropologischen Wende in der Philosophie". Vgl. hierzu Birken-Bertsch (2013).
13 Zur Geschichte der philosophischen Anthropologie und ihrer stetig wiederkehrenden Probleme siehe Wils (1997).

gen, gegenwärtig einem „Trümmerfeld".[14] Dieses kann meines Erachtens nur dann aufgeräumt und der systematische Ort der Anthropologie innerhalb der Philosophie nur bestimmt werden, indem man sich drei hartnäckigen Herausforderungen – philosophischen Wiedergängern, die die mutmaßlichen anthropologischen Wenden verlässlich begleiten – stellt und diese auch bewältigt: das problematische Verhältnis von philosophischer Anthropologie und Naturalismus (i), Relativismus (ii) und Essentialismus (iii).[15]

(i) Die Herausforderung des Naturalismus. Hinter die Einsicht des Pragmatismus und der Philosophischen Anthropologie, dass eine philosophische Wissenschaft des Menschen nicht bloß spekulativ, apriorisch oder im klaren Widerspruch zu den empirischen Wissenschaften betrieben werden kann, sollte man nicht zurückfallen – eine solche idealistische oder transzendente Lehre vom Menschen wird allenfalls noch von der Theologie in Betracht gezogen. Aber auch wenn das Gros der zeitgenössischen Bemühungen um eine philosophische Anthropologie interdisziplinär ausgelegt ist, bleibt die Frage zu beantworten, welches empirische Wissen vom Menschen uns eigentlich anleiten sollte für unsere philosophischen Zwecke. Es ist ja nicht so, dass die paläoanthropologische, genetische, physiologische, psychologische, neurowissenschaftliche, soziologische und ethnologische Perspektive auf den Menschen zu einem einheitlichen Forschungsprogramm konvergierten, sodass sich die philosophische Anthropologie auf diesem Sockel von unbestritten relevantem Wissen entfalten könnte. Zudem wohnt der natursystematischen Perspektive eine reduktionistische Tendenz inne: Wenn der Mensch auch bloß ein Tier ist, dessen spezifische physiologische, kognitive, soziale und moralische Eigenschaften in evolutionsbiologischen oder allgemein physikalischen Begriffen erfasst werden können – welchen Mehrwert bringt eine philosophische Ergänzung dieses empirischen Wissensbestandes? Wie überhaupt wäre dieses „Mehr" mit der biologischen Natur des Menschen zu vereinbaren? Vor allem: Lässt sich der Verdacht eines naturalistischen oder Sein-Sollen-Fehlschlusses, der die empirisch argumentierende philosophische Anthropologie stetig begleitet, ausräumen?

(ii) Die Herausforderung der sozial- und kulturwissenschaftlichen Perspektive. Dem naturwissenschaftlichen Reduktionismus könnte mit dem Hinweis auf kulturelle

---

14 So Thies (2004, 7) zu Beginn seiner *Einführung in die philosophische Anthropologie:* „Diese Disziplin trägt zwar einen ehrwürdigen Namen, ‚Lehre vom Menschen', aber trotz einiger Blütezeiten hat sie sich nicht etablieren können; kaum ein philosophisches Teilgebiet kämpft mit solchen Identitätsproblemen."
15 Das Folgende habe ich bereits und ausführlicher dargestellt in Özmen (2015a).

und geistige Phänomene (wie „Vernunft", Religiosität", „Kunst", „Freiheit", „Technik") begegnet und eine sozial- oder kulturwissenschaftliche Perspektive auf den Menschen (und damit auch seine Sonderstellung gegenüber anderen Tieren) plausibilisiert werden. Aber müssen wir dann nicht feststellen, dass diese Phänomene wie auch unser Verständnis davon, was wir sind, nicht einfach vorgefunden werden, sondern der Begriff des Menschen gedeutet und interpretiert werden muss im Lichte der Gesellschaft, in dem er jeweils entsteht? Eine solche kritische, ihre historischen und gesellschaftlichen Kontexte reflektierende Anthropologie kann aber, wie Jürgen Habermas zur Mitte des 20. Jahrhunderts mit großem Einfluss für die deutschsprachige Diskussion festgestellt hat, keine eigene Wissenschaft sein: „Denn ihr Gegenstand ist etwas, das nicht geradewegs zum Gegenstand werden kann: das ‚Wesen' des Menschen" (Habermas 1973, 90). Über das Wesen des Menschen lässt sich nichts „geradewegs" – allgemein, neutral, verbindlich – sagen, sondern immer nur über den (Um-)Weg des Deutens, Sinnstiftens, Sich-so-und-so-Verstehens. Und weil Menschen in „diesem Sinnverständnis ihr Wesen erst feststellen" (ebd.), weil „Menschen sich erst zu dem machen, was sie sind, und das, den Umständen nach, je auf eine andere Weise" (ebd., 106), lassen sich über *den* Menschen keine allgemeinen philosophischen Aussagen treffen. Im Gegenteil, einer postmetaphysischen und säkularen Philosophie müssen solche Verallgemeinerungen und Objektivierungen verdächtig erscheinen, als Wunsch- oder Menschenbilder, deren Wirkungsweisen aufgedeckt oder dekonstruiert, jedenfalls ideologiekritisch reflektiert werden müssen. Philosophische Anthropologie wäre dann richtig verstanden immer „nur" eine philosophische Kritik der Anthropologie.

(iii) Die Herausforderung des Essentialismus. Neben der natur- und sozialwissenschaftlichen Perspektive gibt es ein normatives Verständnis der menschlichen Natur, das sich seit der Antike bis in die Gegenwart auf essentielle, also notwendige und definitorische Eigenschaften des Menschen beruft. Diese gelten einerseits als empirisch validierbar, aber sie übersteigen die biologische oder soziologisch-kulturelle Beschreibung des Menschen, indem sie andererseits als normativ gehaltvoll aufgefasst werden. Ein zeitgenössisches, an den aristotelischen Essentialismus anknüpfendes Beispiel ist der Fähigkeiten-Ansatz von Martha Nussbaum. Ein im Kern kulturinvariantes Wissen über menschliche Grunderfahrungen und Existenzvoraussetzungen ermögliche es, bestimmte Merkmale zu bestimmen, die uns als Menschen gemeinsam sind und gleichsam unsere Natur konstituieren (z. B. Sterblichkeit, Körperlichkeit, bestimmte kognitive Fähigkeiten, Sozialität). Diese sind die Grundlage für eine Liste mit zentralen menschlichen Fähigkeiten, ohne die ein Leben nicht menschengemäß oder menschenwürdig wäre (z. B. Leben, körperliche Integrität, praktische Vernunft,

Zugehörigkeit).[16] Solche Listen mit essentiellen Merkmalen haben eine doppelte Funktion: Sie sind heuristisch, indem sie die tief verwurzelten Selbstbeschreibungen unserer menschlichen Fähigkeiten und Bedürfnisse rekonstruieren (damit sind es nicht bloß und auch nicht beliebige empirische Merkmale). Zudem sind solche Listen normativ, wenn auf Grundlage dieser essentiellen Merkmale bestimmte Fähigkeiten (*capabilities*) ausgezeichnet werden, die zu einem *guten* menschlichen Leben befähigen und den Bezugspunkt der politikethischen Theoriebildung bilden (deswegen sind es nicht bloß gesellschaftliche und kulturelle Deutungen und Konstrukte). Eine solche essentialistische Anthropologie erscheint aber aus zwei Gründen problematisch für die normative Theoriebildung. Zum einen ist es strittig, welche Eigenschaften als notwendig betrachtet werden müssen: Nussbaums *capability*-Listen sind das Ergebnis einer evaluativen Auswahl; ethisch weniger ansprechende Grunderfahrungen und Eigenschaften des Menschen (z. B. Aggressivität, Xenophobie) bleiben unberücksichtigt. Zum anderen bleibt der argumentative Übergang von diesen Beschreibungen zu Normen unklar; erneut stellt sich die Frage, ob von (mutmaßlich charakteristischen) Eigenschaften und Fähigkeiten des Menschen nicht fehlgeschlossen wird auf praktische Gründe, Handlungsimperative und normative Prinzipien. Angesichts dieser Herausforderungen und ja nicht grundlos wiederkehrenden Kritiken können die Erwartungen an eine Anthropologie als eigenständige philosophische Teildisziplin nicht vorbehaltlos sein. Das Verhältnis von Philosophie und Anthropologie ist und bleibt wandelbar und schwierig. Allerdings zeigt sich an der gegenwärtigen Debatte über Menschliches und Übermenschliches nachdrücklich, wie eng dieses Verhältnis dennoch beschaffen ist. Ob wir es mit einem *anthropological turn* zu tun haben, sei erst mal dahingestellt; jedenfalls gilt es ein ganzes Bündel von Fragen nach dem systematischen Ort anthropologischer Topoi zu bearbeiten. Reflektieren die paradigmatischen moralischen, sozialen und rechtlichen Regeln die paradigmatische menschliche Lebensform? Hängt das, was wir (darunter auch die Befürworter trans- oder posthumanistischer Modifikationen des Humanums) für moralisch relevant halten, welche Formen des Lebens wir als gelungen und vorbildlich oder misslungen und unsittlich bewerten, welche Fälle wir als ethisch relevant betrachten, welche moralischen Prinzipien wir anerkennen, nicht auch davon ab, als welche Art von Wesen wir uns verstehen, welche Bedürfnisse und Ängste wir teilen oder für besonders zentral erachten, welche charakteristischen Konflikte wir durch allgemeine Regeln entschärfen wollen? Und ist dieses normative Wissen seinerseits nicht, jedenfalls zu einem Teil, durch

---

16 Die aktuellste Version des Fähigkeiten-Ansatzes findet sich in Nussbaum (2014, Kap. I.7).

die strukturellen Eigenschaften der charakteristischen menschlichen Lebensform konstituiert?

Durch die Fokussierung auf solche meta-theoretischen Fragen plädiere ich also nicht für eine Anthropologie als eigenständige philosophische Disziplin, sondern für eine *Offenlegung des anthropologischen Ausgangs- und Bezugspunktes unserer Normenbildung.* Meine These ist, dass sowohl deskriptive, empirisch validierbare als auch evaluative, einen bestimmten Aspekt unserer natürlichen Fähigkeiten oder Möglichkeiten herausstellende Merkmale der menschlichen Lebensform in moralphilosophische und politikethische Reflexionen eingehen bzw. (zumeist implizit) mit ihnen verwoben sind. Diese anthropologischen Präsuppositionen haben eine strukturierende Funktion für die normative Theoriebildung, insofern sie vorwegnehmen, mit welcher Art von Lebewesen, welchem Spektrum an Verhaltens-, Entscheidungs- und Handlungsweisen und welchen Anwendungsverhältnissen[17] philosophisch gerechnet wird.

Die Frage nach den empirischen und normativen anthropologischen Voraussetzungen philosophischer Theorien mag schon immer ihre Berechtigung gehabt haben. Aber solange die Konstanten und quasi-naturalistischen Begrenzungen des Humanums und die charakteristische menschliche Lebensform nicht ernsthaft zur menschlichen Verfügung standen, war die Kluft zwischen dem, wer wir sind, was die Natur aus uns macht, und dem, was wir werden können, was wir tatsächlich aus oder mit uns machen können, nicht groß genug, um eine radikale Transformation des Humanums – und in diesem Sinne: ein Ende des Menschen – für möglich zu erachten. Wenn wir die Zukunftpotentiale der *NBIC*-Technologien im Sinne einer tief gehenden, nachhaltigen, gegebenenfalls unumkehrbaren Modifikation dieser menschlichen Natur und Lebensform ernst nehmen, sollte die Philosophie die Frage nach dem Ende des Menschen zum Anlass nehmen, sich (noch einmal) mit der anthropologischen Grundfrage und ihrem systematischen Ort im Felde der Philosophie auseinanderzusetzen.

---

17 Ich übernehme den Ausdruck von John Rawls und meine damit die Bedingungen, auf die eine normative Theorie mit Blick auf ihre praktische Umsetzung bereits reagiert, vgl. Rawls (1975, 148): „Die Anwendungsverhältnisse der Gerechtigkeit lassen sich beschreiben als die gewöhnlichen Bedingungen, unter denen menschliche Zusammenarbeit möglich und notwendig ist."

Bibliographie

Agar, Nicholas (2014): Truly Human Enhancement. A Philosophical Defense of Limits. Cambridge MA/London: MIT Press.

Aristoteles: Philosophische Schriften in sechs Bänden. Hamburg 1995: WBG.

Bayertz, Kurt (2005) (Hrsg.): Die menschliche Natur. Welchen und wieviel Wert hat sie? Paderborn: Mentis.

Beauchamp, Tom L./Childress, James F. (2013): Principles of Biomedical Ethics. Oxford: Oxford UP.

Birken-Bertsch, Hanno (2013): Zur Kritik anthropologischer Wenden im Ausgang von Joachim Ritter. In: Studia philosophica 72, 315 – 326.

Birnbacher, Dieter (2006): Natürlichkeit. Berlin/New York: de Gruyter.

Bostrom, Nick/Savulescu, Julian (2009) (Hrsg.): Human Enhancement. Oxford: Oxford UP.

Fukuyama, Francis (2002): Our Posthuman Future: Political Consequences of the Biotechnology Revolution. London: Profile.

Habermas, Jürgen (1973): Anthropologie. In: Ders.: Kultur und Kritik. Verstreute Aufsätze. Frankfurt a. M.: Suhrkamp, 89 – 111.

Habermas, Jürgen (2002): Die Zukunft der menschlichen Natur. Auf dem Weg zu einer liberalen Eugenik? Frankfurt a. M.: Suhrkamp.

Hartung, Gerald/Kirchhoff, Thomas (2014) (Hrsg.): Welche Natur brauchen wir? Analyse einer anthropologischen Grundproblematik des 21. Jahrhunderts. Freiburg/München: Alber.

Heilinger, Jan-Christoph (2010): Anthropologie und Ethik des Enhancements. Berlin/New York: de Gruyter.

Horn, Anita et al. (2013) (Hrsg.): Die anthropologische Wende. Basel: Schwabe (zugleich Studia Philosophica 72).

Kant, Immanuel (1789): Anthropologie in pragmatischer Hinsicht. Weischedel-Werkausgabe, Bd. XII. Frankfurt a. M. 1964: Suhrkamp.

Kass, Leon (2003): Beyond Therapy – Biotechnology and the Pursuit of Happiness. New York: Harper Collins.

Murray, Thomas (2007): Enhancement. In: Bonnie Steinbock (Hrsg.): The Oxford Handbook of Bioethics. Oxford: Oxford UP, 491 – 515.

Nussbaum, Martha (2014): Die Grenzen der Gerechtigkeit. Behinderung, Nationalität und Spezieszugehörigkeit. Frankfurt a. M.: Suhrkamp.

Özmen, Elif (2011): Ecce homo faber! Anthropologische Utopien und das Argument von der Natur des Menschen. In: Julian Nida-Rümelin/Klaus Kufeld (Hrsg.): Die Gegenwart der Utopie. Zeitkritik und Denkwende. Freiburg/München: Alber, 101 – 130.

Özmen, Elif (2013): Bedeutet das „Ende des Menschen" auch das „Ende der Moral"? Zur Renaissance anthropologischer Argumente in der Angewandten Ethik. In: Studia philosophica 72, 257 – 270.

Özmen, Elif (2015a): Wer wir sind und was wir werden können. Überlegungen zu einer (post-)humanistischen Anthropologie. In: Özmen 2015 (i. E.).

Özmen, Elif (2015) (Hrsg.): Über Menschliches. Anthropologie zwischen Natur und Utopie. Münster: Mentis (i. E.).

Parens, Erik (1998) (Hrsg.): Enhancing Human Traits: Ethical and Social Implications, Washington: Georgetwon UP.

Rawls, John (1975): Eine Theorie der Gerechtigkeit. Frankfurt a. M.: Suhrkamp.

Sandel, Michael (2007): The Case Against Perfection. Ethics in the Age of Genetic Engineering. Cambridge, Mass./London: Harvard UP.

Schöne-Seifert, Bettina/Ach, Johann/Opolka, Uwe/Talbot, Davinia (2008) (Hrsg.): Neuro-Enhancement. Ethik vor neuen Herausforderungen. Paderborn: Mentis.

Schöne-Seifert, Bettina/Talbot, Davivia (2009) (Hrsg.): Enhancement. Die ethische Debatte. Paderborn: Mentis.

Schramme, Thomas (2002): Natürlichkeit als Wert. In: Analyse & Kritik 24, 249 – 271.

Thies, Christian (2004): Einführung in die philosophische Anthropologie, Darmstadt: WBG.

Wils, Jean-Pierre (1997): Anmerkungen zur Wiederkehr der Anthropologie. In: Ders. (Hrsg.): Anthropologie und Ethik. Biologische, sozialwissenschaftliche und philosophische Überlegungen. Tübingen/Basel: Francke.

Michael Quante

Pragmatistische Anthropologie und Ethik in Anwendung: eine philosophische Skizze

> Es hindert uns also nichts, unsre Kritik an
> die Kritik der Politik, an die Parteinahme in der
> Politik, also an *wirkliche* Kämpfe anzuknüpfen
> und mit ihnen zu identifizieren. Wir treten dann
> nicht der Welt doktrinär mit einem neuen Prinzip
> entgegen: Hier ist die Wahrheit, hier kniee
> nieder! Wir entwickeln der Welt aus den
> Prinzipien der Welt neue Prinzipien.
>
> Karl Marx

Wer heute *pragmatistische Anthropologie* hört, denkt eventuell: „Was für ein überzogener Entwurf!" Oder auch: „Das ist doch historisch überholt!" Vermutlich werden sich alle hinsichtlich der Konzeption, die ich in diesem Beitrag in Grundzügen vorstellen möchte, in dem Urteil einig sein, dass sie (noch) in einem rudimentären Zustand ist. Mir sind deren Fragilität und Baufälligkeit bewusst; als Reaktion wünsche ich mir daher, plausible Gründe dafür zu hören, dass sich dieses Projekt auszuarbeiten lohnt (oder eben nicht). In diesem Beitrag möchte ich philosophische Anthropologie (in einer spezifischen Version) und Ethik in einen Diskurs bringen, indem ich der Frage nachgehe, was eine zeitgemäße Anthropologie für die Ethik – positiv wie negativ – austragen könnte. Ich werde im ersten Schritt die Grundidee meiner Konzeption einer pragmatistischen Anthropologie skizzieren und anschließend in einem zweiten Schritt andeuten, wo aus meiner Sicht ihre produktiven, aber auch problematischen Bezüge für eine Ethik in Anwendung liegen.

Die philosophiegeschichtlichen Wurzeln meiner Überlegungen liegen in der klassischen deutschen Philosophie, wobei ich Ludwig Wittgenstein zu dieser Tradition hinzuzähle. Auf diesen auch systematisch relevanten Aspekt werde ich im Folgenden allerdings nicht ausführlich eingehen können. Die allgemeine Perspektive, in der ich meine Konzeption einer pragmatistischen Anthropologie entwickeln möchte, lässt sich als Explikation der Lebensform menschlicher Personalität bestimmen. Da die mit dieser Perspektive einhergehenden Erkenntnisinteressen und Akzentsetzungen Konsequenzen für meine Konzeption einer pragmatistischen Anthropologie haben, möchte ich einleitend kurz etwas über die personale Lebensform sagen, die das übergeordnete Ziel ist, zu dem sie beitragen soll (1.). Dann werde ich erläutern, was mit *pragmatistischer Anthropologie* gemeint ist, da das Wort *Anthropologie* und die Kennzeichnung *Philosophische Anthropologie* – zumindest im deutschsprachigen Raum – spezifische Konnotationen haben; dies gilt vor allem dann, wenn *Philosophisch* großgeschrieben wird (2.). Eine solche Erläuterung kann und muss in erster Linie durch Abgrenzungen erfolgen, was für den Entwurf eines Grundrisses nicht ungünstig ist: Solange man seine Konzeption durch Abgrenzungen definiert und definieren kann, ist das philosophische Geschäft halbwegs mehrheitsfähig. Abschließend werde ich ausführen, was eine solche pragmatistische Anthropologie, verstanden als zentraler Bestandteil einer Explikation der menschlich-personalen Lebensform, für die Ethik in Anwendungskontexten austrägt (3.).

1 Die menschlich-personale Lebensform

Meine Explikation der personalen Lebensform lässt sich als Versuch charakterisieren, menschliches Existieren entlang zweier Achsen zu begreifen: Die eine Achse wird durch die Spannung zwischen einem leiblich organismischen und einem geistig intentionalen Leben konstituiert. Die zweite Achse resultiert aus der Spannung, die sich daraus speist, dass Menschen als in der Regel zur Selbstbestimmung fähige Subjekte und zugleich als konstitutiv sozial verfasste Wesen zu begreifen sind (vgl. Quante 2012). Diese Sozialität beginnt nicht erst dann, wenn autonome Individuen als freie Subjekte durch die Natur wandern und glücklicher- oder auch unglücklicherweise auf Wesen der gleichen Art treffen, um sich, bevor sie sich gegenseitig umbringen, in Rechtsverhältnissen gegenseitig zu domestizieren. Sondern Sozialität ist immer schon da, bevor eines dieser menschlichen Individuen auf die Idee kommt und kommen kann, sich als autonomes Handlungssubjekt zu begreifen. Dies ist nicht nur als eine entwicklungspsychologische, sondern auch als eine begriffliche These zu verstehen. Es soll also nicht nur die empirisch unbestreitbare Tatsache zum Ausdruck gebracht werden, dass Menschen sich nur durch Sozialisationsprozesse zu autonomen Subjekten entwickeln können; gemeint ist darüber hinaus, dass eine Explikation der personalen Autonomie aufweist, dass personale Autonomie nur innerhalb sozialer Interaktionen konstituiert werden kann (vgl. dazu Quante 2011, Kap. 11).

Dieser fundamentalen Sozialität menschlicher Subjektivität ungeachtet zeichnet sich die personale Lebensform des Menschen meiner Auffassung nach wesentlich durch den Versuch aus, *Autonomie* und *Verantwortung* zu realisieren, d. h. sich die eigenen Handlungen als verantwortungsfähige Subjekte zuzuschreiben und zuschreiben zu lassen. *Wesentlich* steht hierbei sowohl für die ontologische Annahme, dass es sich bei diesen Fähigkeiten um für Personalität konstitutive Merkmale handelt, als auch für die ethische These, dass Autonomie und Verantwortung intrinsisch wertvoll sind.

Im Kontext meiner Explikation der biografischen Verfasstheit menschlich-personalen Lebens habe ich für eine philosophisch begründete Arbeitsteilung plädiert: Die Frage der Identität (im Sinne eines biografischen Selbstverhältnisses) ist ein aus der Teilnehmerperspektive mittels des Begriffs der Person zu verstehendes Phänomen. Dagegen sind die in der traditionellen Debatte um personale Identität verhandelten ontologischen Fragen nach dem Existenzbeginn und Existenzende einer menschlichen Person mittels des Begriffs des Menschen zu klären (vgl. dazu Quante 2002). Wenn wir uns zum Beispiel in der Medizinethik fragen, bis wann eine Handlung Verhütung ist und ab wann Abtreibung beginnt, oder festlegen wollen, wann und unter welchen Bedingungen der Tod eines Menschen eintritt, dann beziehen wir uns auf den organismischen Aspekt menschlichen Lebens. Fragen dieser Art sind nur im Zusammenspiel naturwissenschaftlicher, medizinischer, allgemein metaphysischer und naturphilosophischer Annahmen zu beantworten. Dies impliziert eine operative Dualität, legt mich aber nicht auf einen ontologischen Dualismus von Substanzen fest. Es handelt sich um eine philosophisch begründete methodologische Unterscheidung, die nicht auf einen Naturalismus in Form der Annahme, man könne das Wesen der menschlich-personalen Lebensform vollständig in einer (zukünftigen) naturwissenschaftlichen Theorie explizieren, verpflichtet ist. Meine Explikation der personalen Lebensform des Menschen wirft lediglich Teilfragen auf, die man als Philosoph an andere Disziplinen delegieren muss oder zumindest ohne Einbeziehung von deren Kompetenzen nicht angemessen beantworten kann.

Neben Autonomie und Verantwortung ist *Anerkennung* ein drittes zentrales Element meiner Konzeption: Es steht dafür, dass personale Identität im Sinne eines biografischen Selbstverhältnisses ein Geltungsphänomen ist, welches es nur innerhalb sozial geteilter Praxen geben kann und das inhaltlich durch soziale Interaktion konstituiert wird (vgl. Quante 2007). Die Ethik anerkennungstheoretisch zu fundieren, ist nicht nur für das theoretische Design der Praktischen Philosophie relevant; für viele medizinethische Fragen – zum Beispiel die Umsetzung von Patientenverfügungen, für die Frage, wer letztendlich die Verfügungsgewalt bei Entscheidungen, auch über den eigenen Körper, hat oder wem die Deutungshoheit bei der Bestimmung der Lebensqualität eines menschlichen Lebens zukommt, wer in Fragen der Organentnahme vom Leichnam berechtigt ist mitzusprechen – ergeben sich daraus konkrete Auswirkungen.[1]

---

1 Vgl. dazu mit Bezug auf Hegel Siep (2010, 243–309) und in Bezug auf Fragen der Ethik in Anwendung Siep (2013, 25–46).

Dieses weite Feld – die komplexe personale Lebensform des Menschen – ist der Fluchtpunkt der hier skizzierten Konzeption einer pragmatistischen Anthropologie: Das Projekt ist nicht, *das* Wesen *des* Menschen philosophisch zu explizieren. Vielmehr gilt es zu verstehen, was es heißt, als endlicher Organismus einer bestimmten Art ein personales Leben zu führen.[2] Diese Frage lässt sich im Rahmen einer philosophischen Anthropologie behandeln, wenn man sie in eine Tradition stellt, die schon lange vor dem deutschen Sonderweg im 20. Jahrhundert – in Form der Philosophischen Anthropologie Plessners, Gehlens und Schelers – begonnen hat. Manchmal verschwindet es aus dem Bewusstsein, dass wir schon bei Kant und Hegel, bei Feuerbach und Marx eine philosophische Anthropologie finden. Deshalb ist es hilfreich, gelegentlich an diese philosophische Traditionslinie zu erinnern. Damit komme ich zum ersten Hauptteil, in dem ich die beiden Bestandteile meiner Konzeption einer pragmatistischen Anthropologie erläutern möchte.

2 Pragmatistische Anthropologie

Anthropologie als philosophische Teildisziplin hat immer noch einen in verschiedenen Hinsichten problematischen, möglicherweise sogar prekären Status. Dieser Beitrag wird keinen Versuch unternehmen, auf die vielen Fragen und Probleme, die sich hier ergeben, eine Antwort zu geben. Stattdessen möchte ich in diesem Abschnitt die beiden Bestandteile meiner Konzeption einer *pragmatistischen Anthropologie* erläutern und damit die Möglichkeit eröffnen, sie mit der modernen Moralphilosophie und der philosophischen Ethik in Beziehung zu setzen.

2.1 Anthropologie

Wer aus der Tradition des Deutschen Idealismus kommt, ist an anspruchsvolle Vernunft- und Subjektivitätsbegriffe gewöhnt: Von dem starken Apriorismus und Universalismus, der von Kant, Fichte oder Hegel bei Geltungsfragen methodologisch in Anschlag gebracht wird, ist es ein weiter Weg zu dem Punkt, an dem

---

2 In diesem Beitrag werde ich nicht den Versuch unternehmen zu definieren, was unter der Disziplin *philosophische Anthropologie* zu verstehen ist. Diese für das Selbstverständnis der philosophischen Disziplin zentrale Fragestellung umgehe ich durch die oben gegebene Auskunft darüber, was die zentrale Fragestellung meiner Konzeption einer pragmatistischen Anthropologie sein soll. Damit wird nicht der Anspruch eines allgemeingültigen Definitionsvorschlags erhoben.

diejenigen Aspekte des Menschseins, die nicht in seiner Vernunftfähigkeit aufgehen, angemessen in den Blick kommen können. Angemessen meint dabei, das Menschsein nicht nur als äußere Limitation unserer Fähigkeit zur vernünftigen Selbstbestimmung aufzufassen, sondern als einen integralen Aspekt zu begreifen. In den auf uns Menschen unbestreitbar zutreffenden Bestimmungen der Leiblichkeit, der sozialen Dependenz, einer allgemeinen Bedürftigkeit und einer irreduziblen Verletzlichkeit drückt sich etwas aus, das für unsere Lebensform genauso charakteristisch ist wie die Fähigkeit zur rationalen oder sittlichen Selbstbestimmung. Diese Seite unserer Existenz ist, so lautet zumindest die Prämisse meiner folgenden Überlegungen, ontologisch gleich ursprünglich und evaluativ gleich berechtigt. Der rationalistische Zweig der Aufklärungsphilosophie hat sie jedoch zumeist recht einseitig akzentuiert. Autoren wie Feuerbach oder Marx haben, nach Hegels groß angelegtem Versuch, alle sich aus dieser Dualität ergebenden Spannungen in einer Vernunftsynthese auf den Begriff zu bringen, an diesem Rationalismus Korrekturen vorgenommen.

Eine zentrale Herausforderung, der wir uns – in der eigenen Lebensführung und in der Ausgestaltung gesellschaftlicher Institutionen – auf verschiedene Weise stellen können, besteht darin, einem Ideal von Autonomie zu folgen und dabei zugleich darum zu wissen, als leibliche Wesen Bedürfnisse zu haben, verletzlich zu sein und die eigene Autonomie nur durch die Unterstützung anderer überhaupt erst realisieren und später aufrechterhalten zu können. Es liegt ein großer Unterschied darin, wenn man sich z. B. der Pflegeethik oder dem, was wir in der Public-Health-Debatte diskutieren, nähert, ob die Angewiesenheit auf die Solidarität anderer nur als Beschränkung der eigenen Freiheit, nur als notwendiges Übel oder maximal als instrumentell wertvolle Größe aufgefasst wird oder aber als intrinsisch wertvoller Modus der Realisierung der genuin menschlichen Dimension meiner Existenz gilt. Es macht einen großen Unterschied, wie man sich diesen Phänomenen und den mit ihnen verbundenen Problemen nähert.[3] Eine

---

3 Entgegen einer gerade in der gegenwärtigen analytischen Philosophie weitverbreiteten Auffassung, man könne durch philosophische Analyse DIE richtige Bedeutung unserer zentralen Begriffe ermitteln, gehe ich davon aus, dass jede philosophische Konzeption die von ihr verwendeten Begriffe mit Blick auf die Zwecke der Theoriebildung und unter Ausweis möglicher evaluativer Zielsetzungen, die mit der Konzeption verfolgt werden sollen, festlegen muss. Die Rechtfertigung der dabei getroffenen Festlegungen erfolgt zum einen durch die theoretische Leistungsstärke der vorgelegten Konzeption, d. h. ihres Potentials, unsere lebensweltlichen Erfahrungen zum Ausdruck zu bringen und zu erhellen. Zum anderen kann, wenn es sich um Kategorien der praktischen Philosophie handelt, ihre Rechtfertigung auch darin liegen, dass eine solche Konzeption für uns eine „vivid option" im Sinne von William James darstellt, d. h. es uns ermöglicht, auf ihrer Grundlage ein gutes und gelingendes Leben zu führen. Mit meinen Überlegungen in diesem Beitrag soll also keineswegs ausgeschlossen werden, dass alternative phi-

Philosophie, in der die Akzente auf Autonomie und Dependenz anders zueinander in Beziehung gesetzt werden als in den traditionellen individualistischen Autonomiekonzeptionen, kann es beispielsweise den Menschen, die phasenweise oder sogar permanent auf die Hilfe anderer angewiesen sind, erleichtern, solche Lebensumstände der Dependenz oder Pflege anzunehmen, sie auch in der Sinnhaftigkeit, die darin liegen kann, sich selbst zuzurechnen und diese Situationen nicht nur als Verlust der eigenen Autonomie oder lediglich als Beraubung der eigenen Möglichkeiten zu erleben.[4] Dieses schwierige und leidvolle Thema soll hier nicht weiter behandelt werden; ich möchte lediglich andeuten, warum wir in unserer Gesellschaft diesen Fragen nachgehen müssen, denn das große Elend und das drängende ethische Problem ist nicht, wie wir beispielsweise mit menschlichen embryonalen Stammzellen in Forschungskontexten umgehen, sondern es sind die teilweise bedrückenden Zustände in der Pflege, der Betreuung von dementen Menschen oder auch in den Spätphasen menschlichen Lebens. Hier ergeben sich große Herausforderungen für alle Beteiligten, und hierfür müssen wir als Philosophen sinnvolle und lebbare Angebote machen.

Die philosophische Anthropologie hat, gelegentlich in polemischer Überzeichnung, betont, dass der Mensch ein soziales Wesen ist und kein „lonesome rider", der nur aus Angst und Schrecken, nur aus Klugheitsgründen soziale Gebilde aufbaut oder soziale Bindungen eingeht. Autonomie kann zwar auch unseren Handlungen und uns als Personen bzw. unserer Lebensführung attribuiert werden; seinen ursprünglichen Sinn hat das Prädikat „ist autonom" jedoch in Bezug auf vernünftig verfasste soziale Gebilde. In erster Linie sind vernünftig verfasste Gebilde, in denen sich normal entwickelte und angemessen sozialisierte menschliche Wesen bewegen, das, was wir als Realisierung von Autonomie begreifen sollten. Autonom sind gerade nicht einzelne heroische Subjekte, die sich gegen die Feindseligkeit des Marktes oder der Natur und gegen die egoistischen Interessen der anderen Menschen autark durchboxen. Obwohl in der neuzeitlichen Philosophie artikuliert, sowie im gegenwärtigen gesellschaftlichen und politischen Bewusstsein durchaus verbreitet, halte ich eine solche Konzeption für

---

losophische Konzeptionen genauso leistungsfähig oder sogar besser geeignet sein können, die anvisierten Probleme zu lösen. Dies lässt sich aber nicht vorab entscheiden; vielmehr gilt es, mögliche Theoriealternativen zu entwickeln und dann zu sehen, welche die – als gemeinsam vorausgesetzten – Zwecke und Ziele besser zu erreichen im Stande sind.

4 Damit soll nicht bestritten werden, dass eine Korrektur des Selbstverständnisses der involvierten Personen für sich genommen nicht ausreicht, die Praxis ethisch akzeptabler zu gestalten. Ohne hinreichende ökonomische Ressourcen oder die angemessene Ausbildung z. B. des Pflegepersonals wird es unserer Gesellschaft sicher nicht gelingen, diese Herausforderungen in ethisch vertretbarer Weise zu meistern.

eine Schwundstufe des Verständnisses von Autonomie. Deswegen gehören Aspekte der Anerkennung in einem wohlverstandenen Sinne zu jeder Analyse von Autonomie hinzu. Wohlverstanden meint hier gerade nicht, dass ich die autonomen Entscheidungen und Handlungen anderer Personen als *brute facts* schlicht zu respektieren habe, weil sie sozusagen Grundrechte markieren (obwohl dieses Verständnis einen gerade im Recht zentralen Aspekt trifft). Wohlverstanden steht hier für die philosophisch begründete Einsicht, dass ich mich selbst überhaupt nur als autonomes Subjekt begreifen kann, weil ich an-erkenne, dass andere mich aus diesem Blickwinkel interpretieren und mich an dieser Messlatte messen. Dies ist eine zentrale Einsicht Fichtes, die von Hegel zur Grundstruktur von sozialen Institutionen und von Verfahren in Institutionen ausgearbeitet wurde. Nicht jede Anerkennung ist die des sprichwörtlichen Kampfes Auge um Auge, sondern Anerkennung ist zumeist einfach der vernünftige, institutionell geregelte Ablauf von Verfahren, die ich bei begründetem Verdacht überprüfen kann, aber nicht ständig kontrollieren muss, um meine Rechte durchzusetzen, sondern in die ich mit dem Vertrauen hereingehen kann, dass der Geist dieses Ganzen gerade der Verwirklichung auch meiner eigenen Autonomie dient. Das mag angesichts so mancher sozialen Realität naiv oder sogar gefährlich romantisch klingen; trotzdem sollte eine normative Sozialphilosophie soziale Institutionen als unverzichtbare Elemente der autonomen Lebensführung anerkennen und sie nicht als das ganz Andere, beispielsweise als sinnfreien Systemzusammenhang, oder gar als eine prinzipielle Bedrohung der individuellen Autonomie ansehen. Hier ist ein Blick auf die deutsche Philosophische Anthropologie lehrreich und heilsam zugleich: Mir ist bewusst, dass Institutionalität bei Arnold Gehlen häufig in einer politisch reaktionären Weise gegen personale Autonomie ausgespielt wurde. Dies ist einer der Gründe, weshalb vieles, was in der Philosophischen Anthropologie verhandelt wurde, aus ethischer oder aus Sicht der Politischen Philosophie höchst kritikwürdig ist. Dennoch kann man an der in diesem Beitrag skizzierten Kernidee festhalten, denn es ist nicht notwendigerweise so, dass ein solches Projekt personale Autonomie zugunsten der Stabilität von Institutionen oder die Rechte der Individuen zugunsten des Wohls von Kollektiven abwerten muss.

Die Endlichkeit und die Zeitlichkeit unserer Existenz kommen in den Haupttypen der heute populären Moralphilosophien und politischen Theorien häufig zu kurz. Alternative Konzeptionen, in denen diese Aspekte zum Ausgangspunkt gemacht werden, erfreuen sich, zum Teil aufgrund mangelnder theoretischer Qualität völlig zu Recht, keiner großen Beliebtheit. Meiner Überzeugung nach müssen wir, egal in welchem theoretischen Rahmenwerk, das Faktum der Endlichkeit der eigenen Existenz, der Endlichkeit der Kontrollierbarkeit unserer Handlungen, der Fallibilität aller unserer Entscheidungen und Überzeugungen berücksichtigen – vor allem in der Art, wie wir Begründungen verlangen und anstreben. Dabei müssen wir in jeder Hinsicht klarmachen, dass diese Gebilde, sowohl das eigene Leben als auch soziale Institutionen, in niemals eliminierbarer Weise fragil und störanfällig sind. Man kann sich gar nicht oft und hinreichend genug verdeutlichen, wie komplex und wie ineinandergreifend bestimmte Dinge sein müssen, damit etwas als Hintergrund unthematisch gegeben ist, in dem wir unsere Autonomie ausleben können. Im Störfall, wenn etwas nicht mehr normal oder gar nicht mehr funktioniert, sieht man erst, wie komplex diese Mechanismen sind. Dies ist auch in unseren Biografien nicht anders: Wenn Leiblichkeit und Geistigkeit nicht mehr hinreichend im Einklang sind, das reicht von den kleinen Ticks über emotionale Instabilitäten bis hin zu Ausfällen, Demenzen, Schlaganfällen, dann merkt man in der Selbstwahrnehmung oder auch in der Deutung solcher Personen und ihrer Handlungen, dass jetzt auf einmal Dinge asynchron sind, die wir immer in synchroner Einheit beanspruchen und voraussetzen, um etwas als eine Person, als eine Handlung, als einen Sprechakt, der ja auch eine komplizierte Verwobenheit von Bedeutung, Geltung, Schallwellen ist, zu begreifen. Die philosophische Anthropologie ist ein Angebot, dieser Komplexität nachzugehen und dabei nicht bei der regulativen Idee von Formalisierung, dem Ideal strikter Begründbarkeit oder der Forderung nach Universalität anzufangen, sondern in und mit der Kontextualität und Komplexität der Strukturen zu beginnen.

Letztendlich steht hinter dieser Überlegung die pragmatistische Überzeugung, dass menschliche Begriffe Werkzeuge zur Bewältigung von Lebensaufgaben sind. Wie alle Werkzeuge haben sie ihre Funktionen und Kontexte, ihre Reichweite und ihre Grenzen. Es gibt bestimmte Arten des Philosophierens, die so tun, als seien Bedeutungen oder Geltungen abstrakte und ahistorische, in diesem Sinne platonische Invarianzen. Vielleicht sind mathematische Entitäten von dieser Art; und ich will nicht behaupten, dass man mit einer solchen Konzeption in keinem Kontext sinnvoll arbeiten kann.[5] Aber ich bin davon überzeugt, dass alles, was für eine philosophische Explikation des menschlichen Lebens gebraucht wird, einen Index hat, durch den es auf die menschliche Lebensform (in jeweils zu spezifi-

---

5 Ich möchte nicht einmal ausschließen, dass die regulative Idee der strikten Universalität moralischer Geltung oder die Operation der Verallgemeinerbarkeit für manche Fragestellungen in der Ethik geeignet oder sogar unverzichtbar sind. Skeptisch bin ich jedoch, dass eine philosophische Ethik, die in Form einer rein apriorischen und strikt kontextfreien Moralphilosophie entwickelt wird, das Spezifische der menschlichen Lebensform angemessen in den Blick bekommt. Es macht, aber dies wäre durch einen Theorievergleich zu erweisen, einen Unterschied, ob man von den kontextuellen und spezifischen Konzeptionen aus eine (behutsame) Universalisierung vornimmt oder ob man sich von einer solchen universalistischen Kernkonzeption her mittels einer inhaltlichen Anreicherung der Realität nähert.

zierenden Kontexten) bezogen ist. Diesen Rahmen, auch in seiner Begrenztheit, sichtbar zu machen, ist eines der Ziele, die ich verfolgen möchte. Seine Relevanz kann man in der Auseinandersetzung mit dem Transhumanismus, der versucht, diese Kontexte zu eliminieren, spüren, wenn man sich auf einmal fragt: „Was ist es eigentlich, was da gerade verloren geht?"[6]

Dieser Punkt lässt sich auch methodologisch wenden: Wenn man etwa von der reinen praktischen Vernunft redet, muss man angeben, *wovon* diese gereinigt werden soll, und sagen, wo die Grenze zwischen einer philosophisch sinnvollen und einer überzogenen Reinigung verläuft, die sich nur dem selbstzweckhaften Verfolgen eines methodologischen Ideals verdankt. Man wird erklären müssen, wie denn das, was völlig purifiziert ist, mit uns als endlichen Wesen noch etwas zu tun haben kann, die wir doch nie in diesen Sphären einer reinen oder perfekten Rationalität spielen. Methodisch gewendet lauten die Fragen dann: Wie weit, und zu welchen Zwecken, sollten wir idealisieren; wo, und warum, sind für die Praktische Philosophie Idealisierung und Entkontextualisierung brauchbare oder sogar unverzichtbare Strategien? Man wird gegen meinen Vorschlag, von den unsere menschliche Lebensform zum Ausdruck bringenden dichten Begriffen auszugehen, den Einwand des Relativismus vorbringen. Aber Relativismus scheint mir die falsche Diagnose zu sein, denn es geht allein darum, die Relationalität und Gebundenheit sowie die Kontingenz und Fallibilität aller menschlichen Unterfangen anzuerkennen. Technische Fortschritte im Bereich der Biotechnologien, man denke etwa an die Synthetische Biologie, zeigen uns gegenwärtig sinnfällig, dass Vorgaben, die uns gattungsgeschichtlich fundamental ausmachen, zur Diskussion und zur Disposition stehen können. Es gibt eine lebensweltlich sehr tief verankerte, auch von Entwicklungspsychologen als eine sehr frühe kognitive Leistung identifizierte Unterscheidung zwischen Organismen und Artefakten. Doch wenn die Synthetische Biologie Fortschritte macht und ihre Ziele erreicht, dann stellt sich vielleicht heraus, dass diese Unterscheidung viel weniger kategorial ist, als wir zweieinhalbtausend Jahre lang gedacht haben. Wenn man diese Dinge philosophisch thematisieren möchte, dann muss sich die pragmatistische Anthropologie auch mit der Kontingenz ihrer eigenen Grundannahmen beschäftigen. Dies steht in Spannung dazu, dass die Explikation der Natur des Menschen in einer bestimmten Tradition geradezu als Kontingenzüberwindung in dem Sinne betrieben worden ist, ein invariantes und als notwendig auszuweisendes Wesen des Menschen zu finden. Deshalb stellt die pragmatistische Anthropologie in dem von mir intendierten Sinne eine Alternative zu einem weit geteilten Vorverständnis

---

6 Vgl. hierzu auch Heilinger (2010, Kap. 9) und Müller (2014, 227 ff.).

philosophischer Anthropologie dar.[7] Welche Akzente durch diesen qualifizierenden Zusatz gesetzt werden sollen, möchte ich im nächsten Abschnitt kurz ausführen.

2.2 Pragmatistisch

Die Qualifikation dieser soeben erläuterten Auffassung von philosophischer Anthropologie als *pragmatistisch* kann man zuerst einmal mit bestimmten philosophischen Positionen verbinden. Auf Karl Marx geht die Einschätzung zurück, bei Hegel sei das fundamentale Prinzip letztendlich das der Arbeit oder, allgemeiner, das der Handlung gewesen; und, wie er in den Feuerbachthesen ausführt, sei überhaupt die tätige Seite der menschlichen Existenz im Deutschen Idealismus entwickelt worden. Schon bei Fichte bildet diese aktivische Seite als Tathandlung die Grundlage des Systems, und nach meinem Verständnis sind solche Autoren wie Fichte, Schiller oder Hegel die ersten Pragmatisten in der philosophischen Tradition, mit der ich vertraut bin. Es geht mir aber nicht darum, welches die ältere oder die erste Strömung ist, die man mit guten Gründen als pragmatistisch charakterisieren kann, sondern darum, dass es sich hierbei um eine philosophische Einsicht handelt, die gewonnen und wieder verloren wird. Pragmatismus ist, wenn man so will, eine strategische Entscheidung, von welchen Phänomenen aus – und mit welchen Zielen – man versucht, philosophisch-systematisch zu arbeiten.

Ich selbst verstehe unter *pragmatistisch* den Ansatz, die eigene philosophische Konzeption vom Begriff der Handlung als ihrem zentralen Prinzip aus zu organisieren; das bedeutet letztendlich, bei allen Phänomenen der Analyse zu fragen: Wie ist dieses auf menschliches Handeln bezogen? Welchen Sitz hat es in unseren Handlungskontexten? Für viele Fragen macht dieser Zugang einen Unterschied: Ob man sich der Mathematik von der Konzeption des Handelns her nähert oder sich vom Modell der Wesensschau abstrakter Entitäten leiten lässt, trägt sicher in der Durchführung und in den erreichbaren Resultaten etwas aus. Dies gilt auch für die Einzelwissenschaften: Ob man Disziplinen und Theorien als Handlungsprodukte und Handlungsstrategien begreift, oder als eine andere Art von abstrakten Entitäten, hat weitreichende Folgen. Pragmatistisches Denken verlangt, dass das philosophische Primat auf dem Praxisaspekt liegt, und das Ziel des Praktischen ist weder unbedingt noch in letzter Instanz, das Wahre im Sinne einer von unseren Kontexten unabhängigen Sachverhaltsbestimmung zu treffen,

---

7 Dieses Vorverständnis wird übrigens häufig gerade von denen geteilt, die der Disziplin der philosophischen Anthropologie prinzipiell skeptisch gegenüberstehen.

sondern es ist die mindestens hinreichende Verwirklichung unserer Zwecke. Das Streben nach Wahrheit wird hierfür in Dienst genommen; es mag sogar Kontexte rein theoretischer Neugierde geben, in denen der einzige Zweck die Wahrheitsfindung ist, aber in einem pragmatistischen Ansatz liegt der Akzent auf der aktivischen Verfasstheit menschlicher Subjektivität.[8] Wenn ich richtig sehe, weist die empiristische Tradition der Philosophie diesen Akzent bis in ihre ethischen Theoriebildungen hinein so nicht auf. Hier liegt ein philosophisch fundamentaler Unterschied, selbst wenn es zutrifft, dass mit William James einer der Gründerväter des Pragmatismus sich selbst in die empiristische Tradition gestellt hat.

Eine pragmatistische Anthropologie, die ihre Ansprüche entlang dieser Richtlinie formuliert, kann letztlich nur als orientierende und kritische Disziplin betrieben werden. Orientierend ist sie, indem sie uns allererst verdeutlicht, was uns an bestimmten Fällen irritiert, indem sie aufweist, welche Dinge zum Beispiel durch technische Veränderungen aus dem Gleichgewicht geraten, und indem sie uns erst einmal klarmacht, was in unseren evaluativen Debatten überhaupt auf dem Spiel steht. Kritik kann sie in dem Sinne sein, dass sie aufzeigt, welche Verluste und welche Chancen wir bei welchen Handlungen oder der Entscheidung für bestimmte Maximen zu erwarten haben. Aufgrund der dem Pragmatismus eingeschriebenen Rückbindung an menschliche Erkenntnisinteressen und Zwecksetzungen sowie seines Festhaltens am Fallibilismus muss eine so ausgelegte philosophische Anthropologie ihre Geltungsansprüche zurücknehmen und mit Universalisierungen behutsam umgehen: Deshalb kann ihr nicht primär eine vorschreibende Funktion zukommen. Dies steht in deutlicher Spannung zu der in der Moderne dominant gewordenen Vorstellung, das Wesen der modernen Moral sei gerade ihr vorschreibender, gesetzesartiger Charakter. Wenn es stimmt, dass hier eine bedeutsame Differenz zwischen dem Selbstverständnis der modernen Moralphilosophie einerseits und der pragmatistischen Anthropologie andererseits liegt, muss das Verhältnis zwischen beiden genauer bestimmt werden. Hier ergeben sich mehrere Optionen, die sich anhand dreier Fragen unterscheiden lassen:

(1.) Ist die pragmatistische Anthropologie ethisch neutral?[9]

Wenn man diese erste Frage bejaht (1.1), dann lautet die Anschlussfrage:

---

8 Auch die zentrale Frage, welche Wahrheitskonzeptionen mit dem Pragmatismus verträglich sind, muss ich in diesem Beitrag leider unbehandelt lassen.

9 Mit *ethisch neutral* ist gemeint, dass die pragmatistische Anthropologie weder direkt ethische Annahmen formuliert noch indirekt Annahmen enthält, aufgrund derer sie mit irgendwelchen ethischen Annahmen unvereinbar wird.

(2.) Sollten die Reichweite und die Grenze der Ethik auf die der pragmatistischen Anthropologie beschränkt werden?

Bejaht man auch diese Anschlussfrage (2.1), dann müsste die hier identifizierte Spannung zu einer Revision der Konzeption der modernen Moralphilosophie führen. Verneint man diese Anschlussfrage (2.2), dann muss es eine von der pragmatistischen Anthropologie prinzipiell nicht erfassbare Begründungsressource für die moderne Moralphilosophie geben.

Verneint man dagegen die erste Frage und hält damit die pragmatistische Anthropologie nicht für ethisch neutral (1.2), dann ergibt sich aus der hier identifizierten Spannung folgende Anschlussfrage:

(3.) Wie verhalten sich die ethisch nicht neutralen Aspekte der pragmatistischen Anthropologie zur modernen Moralphilosophie?

Es liegt auf der Hand, dass sich an dieser Stelle mindestens folgende Optionen ergeben:

(3.1) Die ethisch nicht neutrale pragmatistische Anthropologie ist auf der Grundlage der modernen Moralphilosophie als moralisch inadäquat abzulehnen. Hieraus ließe sich entweder die Forderung ableiten, das Projekt einer pragmatistischen Anthropologie zugunsten einer ethisch neutralen philosophischen Anthropologie aufzugeben (damit stellte sich die Anschlussfrage (2.) auch für diese ethisch neutrale philosophische Anthropologie). Oder es wäre die stärkere Forderung abzuleiten, philosophische Anthropologie als generell ethisch inakzeptables Unterfangen aufzugeben (wenn man davon ausgeht, dass es keine ethisch neutrale philosophische Anthropologie geben kann).

(3.2) Alternativ könnte man zwischen einem Bereich der modernen Moral und einem weiter gefassten Bereich der Ethik unterscheiden. Aufgrund der starken Geltungsansprüche der modernen Moralphilosophie wäre diesem Bereich dann ein lexikalischer Vorrang einzuräumen; Aspekte der mit der pragmatistischen Anthropologie kompatiblen oder in ihr enthaltenen Ethik wären dann so weit zulässig, wie sie mit den Implikationen der modernen Moralphilosophie verträglich wären.

(3.3) Schließlich könnte man auch die Forderung erheben, die Ansprüche der modernen Moralphilosophie so weit zurückzunehmen, dass sie mit den Vorgaben der pragmatistischen Anthropologie verträglich werden. Oder es ließe sich die stärkere Forderung aufstellen, die Konzeption der modernen Moralphilosophie als generell mit der pragmatistischen Anthropologie unvereinbare abzulehnen.

Im Rahmen dieses Beitrags ist es mir weder möglich zu ermitteln, ob sich an dieser Stelle noch weitere Theorieoptionen ergeben, noch kann ich hier genauer ausführen, welche dieser Optionen ich für die bestbegründete halte. Die im ersten Teil dieses Beitrags skizzierte Konzeption einer pragmatistischen Anthropologie ist weder ethisch neutral noch ließe sie sich in eine ethisch neutrale Version überführen. Deshalb bleiben an dieser Stelle nur die Optionen (3.2) und (3.3) übrig, zwischen denen ich mich im Folgenden aber nicht entscheiden werde. Eine solche Entscheidung ist an dieser Stelle nicht nur nicht möglich, weil sie weitreichende Begründungen erforderte, die ich in diesem Beitrag nicht geben kann. Sie ist auch nicht erforderlich, weil es mir im zweiten Abschnitt darum geht zu zeigen, was eine so verstandene pragmatistische Anthropologie für die gegenwärtige Ethik austragen kann. Vom Standpunkt der modernen Moralphilosophie ist dies, wenn nicht gar inakzeptabel, so doch viel zu wenig oder zumindest nicht viel. Ob und für welche Zwecke man dem Theorieideal der modernen Moralphilosophie folgen sollte, wäre zu diskutieren. Vom Standpunkt einer pragmatistischen Anthropologie aus muss man jedoch erst einmal die Zeche zahlen und sagen: Das Grundgeschäft der in ihrem Rahmen darstellbaren Praktischen Philosophie ist Orientierung – und kritische Hermeneutik ist ihre Methode.

3 Pragmatistische Anthropologie, moderne Moralphilosophie und Ethik

Wer sich Praktischer Philosophie mit der für das Selbstverständnis der modernen Moralphilosophie prägenden Zielvorstellung nähert, entweder moralische Vorschriften gut zu begründen oder aber mit ebenso guten Gründen zurückzuweisen, den wird das ethische Angebot der pragmatistischen Anthropologie nicht zufriedenstellen. Der Vorwurf der modernen Moralphilosophie lautet deshalb zumeist, dass die philosophische Ethik auf diesem Wege letztlich nicht mehr als klugen Rat geben könne. Als Diagnose, dass sich im Rahmen einer pragmatistischen Anthropologie die Geltungsansprüche der modernen Moralphilosophie nicht einlösen lassen, stimmt das. Aber dies ist meines Erachtens kein Mangel, sondern lediglich das Eingeständnis der begrenzten Leistungsfähigkeit der philosophischen Ethik.[10]

---

10 Um es noch einmal zu sagen: Ich möchte in diesem Beitrag offen lassen, ob sich eine Moralphilosophie jenseits der Grenzen, die einer philosophischen Ethik durch eine pragmatistische Anthropologie gezogen werden, plausibel entwickeln und begründen lässt.

Dennoch kann auch eine solche auf Orientierung abstellende Ethik in Anwendungskontexten eine relevante Größe, sowohl im konkreten Geschäft der Beratung als auch im allgemeinen gesellschaftlichen Diskurs sein. Daher gibt es auch keinen Grund für einen Pessimismus, eine auf der pragmatistischen Anthropologie beruhende Ethik sei für diese Kontexte prinzipiell untauglich. Die von mir gewählte Charakterisierung *Ethik in Anwendung* bezieht ihren Witz aus der Abgrenzung von der heute üblichen Vorstellung einer *angewandten* Ethik oder Philosophie. Ob sich hinter dieser Gegenüberstellung ein tiefer reichender Dissens verbirgt, hängt von dem dabei zugrunde gelegten Verständnis von Anwendung ab. Diese Metapher kann irreführend sein, wenn sich dahinter die Vorstellung verbirgt, man habe hier seine fertige Theorie und dort die Welt mit ihren moralischen Problemen, auf die man seine Theorie anwenden könne. Die Bewegung der kritischen Hermeneutik ist dagegen nicht linear, sondern verläuft hin und her: In der Theorie und durch ihre Anwendung werden mir Sachverhalte in ihrer ethischen Relevanz klarer und mit diesem Erkenntnisgewinn kann ich die Theorie weiterentwickeln, anschließend angemessener wieder in die Praxis intervenieren usw. Dabei gibt es weder einen fixen materialen Ausgangspunkt noch lässt sich im Endeffekt sicheres Gelände erreichen (dies ist Ausdruck des irreduziblen Fallibilismus, durch den sich das pragmatistische Denken auszeichnet). Alles kann mit guten Gründen an bestimmten Stellen hinterfragt werden, aber – das ist die erste antiskeptische Pointe des Pragmatismus – nicht alles gleichzeitig. Die universale Skepsis ist eine sinnlose oder zumindest erst einmal folgenlose, rein philosophische Position: Es kommt entscheidend darauf an, die gut motivierte Kritik an bestimmten Sachverhalten von der philosophischen Universalkritik, alles könnte im Prinzip falsch sein, klar zu unterscheiden. Die zweite antiskeptische Pointe des Pragmatismus ist damit ebenfalls schon zum Ausdruck gebracht: Auch skeptische Äußerungen und kritische Anmerkungen bedürfen, um einen Begründungsprozess in Gang zu setzen, einer Rechtfertigung. Selbstverständlich kann man auf der Basis einer an Autonomie orientierten und Demokratie befürwortenden Praktischen Philosophie davon sprechen, dass (hinreichend) autonome und rationale Subjekte prinzipiell das Recht haben, Begründungen für normative Regelungen zu verlangen. Ob eine solche Nachfrage jedoch im einzelnen Fall ihrerseits so gut begründet ist, dass sie zur kritischen Prüfung oder zur Dispensierung einer eingespielten und stabilen Praxis ausreicht, muss selbst in der fraglichen Diskurssituation etabliert werden. Bloß hypothetische Zweifel der Form „Es könnte doch sein, dass jemand die Position vertritt, dass ...“ reichen hierfür, zumindest jenseits der philosophischen Seminare, nicht aus.

3.1 Pragmatistische Anthropologie und Ethik in Anwendung

Wenn das soeben entworfene Bild von der Ethik in Anwendung etwas systematisch Bedeutsames trifft, dann ergibt sich für das Selbstverständnis des Philosophierens, dies ist keineswegs auf die pragmatistische Anthropologie beschränkt, die Konsequenz, dass sie sich – zumindest in vielen ihrer Bereiche – auf die Lebenswelt oder auch die Wissensbestände von Einzelwissenschaften einlassen muss. Im Bereich der Lebenswissenschaften ist beides jedenfalls durchgehend der Fall. In Anwendung ist die Ethik, um mich hier auf diese philosophische Disziplin zu beschränken, doppelt kontextuell gebunden und deshalb auch nicht autark zu betreiben: Ohne die Daten der Lebens- oder der empirisch arbeitenden Gesellschaftswissenschaften verfügen wir nicht über genügend Informationen, um unsere ethischen Fragen oder Antworten auf transdisziplinäre Anfragen sinnvoll und verantwortbar zu formulieren. Eine solche interdisziplinäre Zusammenarbeit ist anstrengend und benötigt Zeit, die uns in der Regel nicht gewährt wird. Die überaus wirksame, aber grundfalsche Leitidee versteht unter Interdisziplinarität häufig, Fachexperten für kurze Zeit zusammenbringen, damit diese ihr disziplinäres Wissen addieren, sodass die Summe dann das interdisziplinäre Ergebnis darstellt. Doch der Unterschied zwischen einer Summe, die man auch als Sammelband darstellen kann, und einem gemeinsam verfassten Text, den alle mitgeschrieben haben und gemeinsam verantworten, ist einer ums Ganze. Letzteres braucht Zeit und das wechselseitige Einlassen auf die anderen Disziplinen; es braucht also ein Einüben des interdisziplinären Diskurses und wechselseitiges Vertrauen. Hinzu kommt, dass viele der in den Lebenswissenschaften sich stellenden Probleme nicht nur interdisziplinär angegangen werden müssen, sondern auch transdisziplinär ausgerichtet sind: Wir müssen Fragen, die uns die Gesellschaft stellt, aufgreifen, doch die Gesellschaft und die Politik stellen diese Fragen zumeist nicht in einer Weise, die sich innerhalb der Wissenschaft direkt bearbeiten lässt. Die Entgegnung „So kann man aber nicht fragen" darf jedoch nicht zum Standard werden; vielmehr kommt es darauf an, diese Fragen so zu modifizieren, dass die Fragenden sich darin noch wiedererkennen und dass sie zugleich im interdisziplinären Diskurs operationalisierbar werden (vgl. dazu Gethmann et al. 2014).

Wenn die philosophische Ethik im Rahmen einer pragmatistischen Anthropologie betrieben wird, dann hat dies nicht nur die von mir soeben angedeuteten Auswirkungen auf ihr methodologisches Selbstverständnis. Der enge Bezug zur philosophischen Anthropologie bringt es auch mit sich, dass die zumeist rein formalen Grundbegriffe der modernen Moral in unseren Begründungen durch dichte Begriffe ersetzt werden müssen. Damit aber kommen materiale Gehalte in die Ethik hinein, die in Spannung zu einem der in unserer Gesellschaft zentralen normativen Prinzipien stehen können: dem Respekt vor der Autonomie.[11]

Um diese Spannung philosophisch besser zu begreifen und zugleich auch, um diesen Konflikt nicht in die Alternativlosigkeit eines „Entweder unzulässige Gefährdung der Autonomie oder Verzicht auf dichte Begriffe in der ethischen Theoriebildung" zu führen, unterscheide ich begrifflich zwischen dem guten und dem gelingenden Leben. Das *gelingende* Leben ist das, was aus der Sicht eines autonomen Subjekts festlegt, worin es seine Werte und seine Ziele sieht. Diese individuelle Konzeption des gelingenden eigenen Lebens muss sich mit der intersubjektiven Konzeption eines guten Lebens nicht decken. Die Vorstellung des *guten* Lebens, in die auch Einsichten der philosophischen Anthropologie oder historische Erfahrungen einfließen, stellt gegenüber individuellen Lebensentwürfen autonomer Subjekte ein Korrektiv dar; diese Korrektur sollte in der Regel nicht in Verbote oder rigide Vorschriften münden, sondern in der Möglichkeit kritischer Rückfragen und in institutionell verankerten Prüfungs- und Beratungsverfahren bestehen. Doch es gibt auch menschliches Leben, das noch nicht, nicht mehr oder zu keinem Zeitpunkt der Existenz eines Individuums zur Autonomie fähig ist. Angesichts der Fortschritte in der Medizin benötigen wir unabweisbar auch hierfür Bewertungsmaßstäbe. Wenn man auf die angedeutete Weise zwischen gelingendem und gutem Leben unterscheidet, lauten die entscheidenden Fragen, wie man beides miteinander in Einklang bringen kann, welcher Gesichtspunkt im Falle eines unauflöslichen Konflikts den Vorrang haben sollte und vielleicht auch, ob man so etwas wie allgemeine Grenzen der Autonomie plausibel begründen kann.

Um hier eine komplexe und für die Einzelfälle brauchbare Ethik entwickeln zu können, benötigt man, dies ist zumindest meine Arbeitshypothese, sowohl eine plausible philosophische Anthropologie als auch eine philosophische Ethik, die das axiologische und das deontologische Begriffsinstrumentarium und Begrün-

---

[11] Die von der liberalen Praktischen Philosophie immer wieder hervorgehobene Möglichkeit eines Konflikts ergibt sich, wenn diese materialen Gehalte evaluativ gedeutet werden und ihnen eine gegenüber den autonomen Lebensentwürfen bindende oder überstimmende normative Geltung zugeschrieben wird. Es sollte klar sein, dass dieser Konflikt keine unvermeidliche Konsequenz darstellt; zum einen ist man durch die Verwendung dichter Begriffe nicht darauf festgelegt, ihnen eine überstimmende, die Selbstbestimmung aushebelnde Geltung zuzusprechen. Und zum anderen ist gar nicht klar, dass diese materialen Gehalte vollkommen unabhängig von individuellen Konzeptionen des gelingenden Lebens bestimmt werden müssen. Um an dieser Stelle konzeptionellen und ethischen Spielraum zu erhalten, ist es allerdings entscheidend, die (implizite) Forderung, eine philosophische Ethik sei nur dann akzeptabel, wenn sie diesen Konflikt prinzipiell ausschließen kann oder kategorisch zugunsten der Selbstbestimmung auflöst, zurückzuweisen.

dungsrepertoire gleichermaßen bereithält. Möglicherweise lässt sich das Axiologische über die Leiblichkeit und Bedürftigkeit, das Deontologische dagegen aus der Verfasstheit der praktischen Vernunft qua Regelbegriff und Regelfolgen verständlich machen.[12] Ohne eine solche Synthese wird es für die philosophische Ethik schwer, auf die vielfältigen Probleme plausible Antworten zu entwickeln. Eine solche Ethik ist eine orientierende Wissenschaft, die Angebote macht und zugleich sowohl gegenüber individuellen Handlungen als auch gegenüber gesellschaftlichen Entwicklungen kritisch sein kann. Sie muss nicht zwingend affirmativ gegenüber dem Bestehenden sein. Sie kann begründete Kritik aufgreifen und evaluative Gesichtspunkte zur Geltung bringen, die sich im Rahmen einer formalistischen modernen Moral gar nicht artikulieren oder nur auf indirektem Wege einfangen lassen. Eine solche Ethik wird sich also einmischen, obwohl sie nicht von sich behauptet, dass sie Begründungsleistungen erbringen kann, die in einem strengen Sinne objektive Verbindlichkeit haben. Vielleicht lassen sich solche universalistisch abgesicherten Begründungen für manche Fragestellungen plausibel entwickeln; diese Möglichkeit möchte ich nicht kategorisch ausschließen. Sicher bin ich mir dagegen, dass wir sehr viele Fragen anders behandeln müssen, denn viele der Probleme haben mit konkreten Entscheidungssituationen und mit spezifischen Individuen zu tun, sind also in vielfältiger Hinsicht kontextuell. Die Antwort der Philosophie darf dann nicht so ausfallen: „Ja, auf *der* Ebene kann universelle Moralphilosophie des Typs X einfach nichts sagen, deswegen äußern wir uns dazu nicht." Unsere Probleme sind nicht in erster Linie ein Testgelände für metaethische Fundamentalintuitionen, sondern ein höchst realer gesellschaftlicher Kampfplatz, den die philosophische Ethik nicht räumen sollte. Denn man muss kein Prophet sein, um zu ahnen, wer eine solche Leerstelle – ganz ohne Selbstzweifel, Bescheidenheit oder irgendeinen Skrupel – ausfüllen wird. Deshalb sollte sich die philosophische Ethik auch mit geltungstheoretisch schwächeren Werkzeugen und mit dem Wissen einbringen, ein Diskussionsangebot zu unterbreiten, das letztendlich in Form von politischen, gesellschaftlichen oder auch individuellen Entscheidungen aufgegriffen werden kann. Deren Ziel ist es letztendlich ja nicht, die Wahrheit zu treffen, sondern das Lebbare und das Vernünftige zu ermitteln.

---

12 Dies ist nicht dahingehend misszuverstehen, dass die pragmatistische Anthropologie mit der Axiologie zusammenfällt, denn der pragmatistische Zuschnitt stellt auch die Grundlage für die deontologischen Aspekte bereit. Fraglich ist allerdings, ob die starken Geltungsansprüche der modernen Moralphilosophie, sofern sie sich unabhängig von einem anthropologischen Fundament überhaupt plausibel begründen lassen, mit einer derartigen Ethikkonzeption kompatibel sein können. Ich werde mich in diesem Beitrag jedoch, wie schon gesagt, nicht zwischen den sich hier ergebenen Optionen entscheiden.

Trotz all dieser Beteuerungen wird eine solche philosophische Ethik auf Misstrauen, zumindest auf ein weitverbreitetes Unbehagen stoßen. In unserer auf Autonomie und Demokratie ausgelegten Gesellschaft gibt es eine sehr tief verankerte, historisch gut begründete Sorge, dass eine solche Konzeption letztendlich zu einer illiberalen und inhumanen Bevormundung führen müsse. In Bezug auf die Fundierung meines Vorschlags in einer pragmatistischen Anthropologie artikuliert sich diese Sorge in philosophischen Debatten zumeist auf zwei Weisen, auf die ich hier abschließend noch kurz eingehen möchte.

3.2 Die Gefahr des Essentialismus

In manchen Diskussionskontexten ist, ähnlich vielleicht dem metaethischen Klassifikationsbegriff *Utilitarismus*, der Terminus *Essentialismus* negativ konnotiert. Mit Blick auf das Zusammenspiel von pragmatistischer Anthropologie, Ethik in Anwendung und dem evaluativen Selbstverständnis unserer Gesellschaft ist es unerlässlich, verschiedene Arten des Essentialismus zu unterscheiden. Der Hauptgegner der Kritiker ist ein aristotelisch oder naturrechtlich aufgezäumter Essentialismus, der ein universales, ahistorisches und invariantes Wesen von Entitäten postuliert, welches sich deskriptiv erfassen lässt und zugleich normativ aufgeladen ist. Es liegt auf der Hand, dass ein solcher Essentialismus in einer plural verfassten und an Autonomie orientierten Gesellschaft überaus problematisch sein muss. Genauso liegt aber auf der Hand, dass ein solcher Essentialismus für eine pragmatistische Anthropologie weder in Reichweite ist noch eine sinnvolle Theorieoption darstellt.

Wenn man diese Gefahr gebannt hat, bleibt als nächster Kandidat eine Variante übrig, die man wissenschaftlichen Essentialismus nennen kann. Es ist eine weitverbreitete – auch unter den Essentialismuskritikern nicht selten anzutreffende – Annahme, dass uns letztendlich die Naturwissenschaften sagen (werden), was das Wesen der Dinge ist und was die Welt im Innersten zusammenhält. Doch auch dies ist ein Essentialismus, der in einer an Autonomie und Demokratie orientierten Gesellschaft durchaus problematisch werden kann (beispielsweise dann, wenn demokratisch zu erörternde Alternativen durch eine wissenschaftliche oder technokratische Expertokratie als scheinbar rein wissenschaftliche Probleme usurpiert werden). Für die in diesem Beitrag skizzierte pragmatistische Anthropologie stellt er deshalb keine sinnvolle Option dar.

Der philosophische Terminus *Essentialismus* ist mehrdeutig und es gibt Varianten, die mit einer pragmatistischen Anthropologie und der hier skizzierten Ethik in Anwendung unvereinbar sind. Für beides ist die Annahme unverzichtbar, dass Essentialismus mit Kontingenz kompatibel sein kann. Es muss möglich sein, dass ein Merkmal für eine Lebensform oder für ein Individuum einer bestimmten Art konstitutiv ist und trotzdem, beispielsweise durch technische Interventionen, modifiziert werden kann. Ob wir in einem solchen Fall dann sagen, dass sich die Essenz dieser Lebensform oder dieses Individuums geändert hat, oder zu dem Schluss kommen, das Resultat einer solchen Intervention falle nicht mehr unter den vorausgesetzten Begriff, der die Essenz zum Ausdruck gebracht hat, scheint mir a priori und rein begrifflich nicht entscheidbar zu sein. Mit Hegel und dem späten Wittgenstein bin ich der Meinung, dass sich ein neues Sprachspiel etablieren wird und die Philosophie im Nachgang rekonstruieren kann, was vor sich gegangen ist. Während eines solchen Prozesses lässt sich aber durch die Ethik in Anwendung zeigen, dass ein für diese Lebensform (oder dieses Individuum) fundamentales Merkmal zur Disposition steht und es evaluativ beschreibbare Konsequenzen haben wird, wenn dieses Merkmal nach einer Intervention nicht mehr vorhanden ist. Um noch einmal die Synthetische Biologie anzuführen: Die Unterscheidung von Artefakt und Organismus wäre solch ein für unsere Lebensform fundamentales Merkmal der Weltdeutung. Wenn wir Techniken entwickeln, die sie unterlaufen, dann werden wir vieles in unseren gelebten Handlungskontexten neu beschreiben, also viele Umorientierungen vornehmen müssen.

Eine gewisse Art von Kontingenz ist mit Essentialismus kompatibel; und wenn wir es mit Wesen zu tun haben, die sich selbst interpretierende soziale Wesen sind, dann kann deren Essenz eine historische Dimension aufweisen, indem sich biografische oder gesellschaftliche Erfahrungen der Selbstrealisierung in diese Essenz einschreiben. Auch die ahistorische Invarianz wäre in einem solchen Falle also kein notwendiges Merkmal des Essentialismus. Verabschiedet man sich vom klassischen Bild des Essentialismus im Sinne einer ahistorischen, universalen und abstrakt ontologisierten Struktur, die unverfügbar ist und zumeist auch noch normativ tabuisiert wird, dann lassen sich schwächere Varianten des Essentialismus entwickeln. Zu diesen wäre dann nur noch eine rein formalistische Philosophie oder aber ein radikaler subjektiver Konstruktivismus die Alternative.

Generell wird man um modale Geltungsansprüche ohnehin nicht herumkommen, weil unsere Sprache in zentralen Bereichen (z. B. Kausalerklärungen, Dispositionsbegriffe, kontrafaktische Aussagen) sonst nicht mehr funktionierte. Wenn man überdies akzeptiert, dass die Ausbildung und Ausübung individueller Autonomie zum Wesen des menschlichen Existierens gehört, dann ist in einem solchen Essentialismus der Ort für individuelle Lebensentwürfe und Selbstinterpretation schon vorgesehen, sodass es nicht notwendig ist, das Wesen des menschlichen Existierens gegen die autonome Selbstgestaltung auszuspielen oder beides gar für begrifflich unvereinbar zu halten. Diese Annahme ist einer der Gründe für meine Unterscheidung zwischen dem guten und dem gelingenden

Leben. Die beiden Konzepte können auseinanderfallen, aber sie sind nicht zwingend inkompatibel; viel kommt darauf an, die Konstellationen zu identifizieren, in denen sie auseinandertreten, um dann zu überlegen, welche Vorrangregel für welche Fälle gelten sollen; vermutlich wird es häufig sogar nur plausible Einzelfallentscheidungen geben. Auch in dieser Hinsicht werden wir angesichts der Fortschritte in den Lebenswissenschaften lernen müssen; und es ist schon viel gewonnen, wenn man die Konflikte als solche dieser Art beschreiben darf, ohne dass einem diese Diagnose gleich als unzulässig, da autonomiegefährdend, untersagt wird, weil man in sie Begriffe wie *menschliche Natur* oder *Bedürftigkeit des Menschen* einbaut, die dem Autonomiediskurs heteronom sind. Hier schließt sich der Kreis: Die von mir anvisierte Konzeption personaler Autonomie soll diese Aspekte als integrale Elemente enthalten, doch dies öffnet prinzipiell die Tür für eine Kritik individueller Entscheidungen; und dieser Preis erscheint vielen schon als zu hoch.

3.3 Das Gespenst des Perfektionismus

Die zweite Weise, in der sich das Unbehagen gegen eine solche Ethik in Anwendung artikuliert, lässt sich philosophisch auf den Terminus des Perfektionismus bringen; auch dies ist bei den einen ein Hurra- und bei den anderen ein Pfui-Wort. Analog zum Fall des Essentialismus kommt es darauf an, Unterscheidungen einzuführen, um hier klarer zu sehen und attraktive Theorieoptionen nicht von vornherein durch undifferenzierten Begriffsgebrauch zu verschließen. Denn Perfektionismus steht einmal für die Idee, es gebe ein objektives Ziel des menschlichen Lebens, das zugleich das für unsere Lebensform erreichbare Optimum darstelle. Jedes Individuum habe dies anzustreben, es sei ihm also objektiv auferlegt und man dürfe, wenn ein Individuum sich diesem Ziel nicht verschreibt, es durch Erziehungs- oder andere Programme gerechtfertigterweise dahin bringen. Ich will nicht verhehlen, dass ich die Gefahr, die Gesundheits- und Bildungspolitik als moralische Anstalt des Menschengeschlechts zu betreiben, auch sehe – eine mindestens zwiespältige gesellschaftliche Tendenz. Wichtig ist, darauf zu bestehen, dass es diesen starken Perfektionismus und diese Konzeption von Perfektion in der philosophischen Tradition zwar gibt, man aber auch eine schwächere Variante in Gestalt von Ermöglichungsbedingungen für ein gutes und gelingendes menschliches Leben vertreten kann (vgl. v. Maydell et al. 2006). In all den Listen von Ermöglichungsbedingungen, die wir z. B. bei Sen oder Nussbaum finden, so unsystematisch sie auch sein mögen, zeigt sich, dass wir im Großen und Ganzen schon ziemlich genau wissen, welche Rahmenbedingungen für die Möglichkeit autonomer Lebensführung zuträglich sind und welche nicht. Meiner Ansicht nach benötigen wir in der

Sozialphilosophie oder im Sozialrecht lediglich solche Listen, auch wenn sie gewissen philosophischen Systematisierungs- oder Begründungsansprüchen nicht genügen. In anderen Kontexten, wenn es etwa um die Sicherung individueller Grundrechte geht, reichen sie dagegen vermutlich nicht aus.

Anders gesagt: Eine Ethik in Anwendung sollte sich mit dem Begriff der Ermöglichungsbedingungen und des Fähigkeitenansatzes materiale, im Rahmen einer pragmatistischen Anthropologie begründbare Inhalte zur Verfügung stellen, ohne sich deshalb dem starken Perfektionismus mit seiner gesellschaftlich gar nicht zur Debatte stehenden Ideal-Blaupause zu verschreiben. Die Konzeption eines schwachen Perfektionismus der Ermöglichungsbedingungen eröffnet einen konzeptuellen Spielraum, doch die philosophische Debatte verläuft eher in der strikten Opposition des „Entweder materiale Inhalte oder formal prozedurale Moralphilosophie". Dies ist in meinen Augen eine unfruchtbare und damit letztendlich auch falsche Alternative. Um hier weiterzukommen, erscheint es mir hilfreich, eine Konzeption personaler Autonomie zu entwickeln, die sich von idealisierten Vorgaben löst und stattdessen den Menschen in seiner Fragilität und Endlichkeit zum Ausgangspunkt nimmt, damit das Leitmotiv der personalen Autonomie für uns als menschliche Wesen lebbar wird. Normative Standards in die Welt zu setzen oder durch die Hintertür der eigenen Theorievorgaben einzuschmuggeln, von denen man weiß, dass sie von Wesen wie uns niemals erreicht werden können, ist weder heroisch noch klug. Es führt einfach nur dazu, dass die Menschen sich an diesen Angeboten der Philosophie nicht orientieren und stattdessen nach alternativen Orientierungen suchen. Da sind meines Erachtens evaluative Vorgaben, die aus philosophischer Sicht nicht ganz so rein sind, die sich nicht ganz so strikt begründen lassen, die auch nicht immer funktionieren, die vielleicht in manchen Bereichen Inkonsistenzen erzeugen, angemessener, weil sie zumindest ein attraktives Ziel anbieten, das man ernsthaft zur Diskussion stellen kann.

Pragmatistisch gewendet bedeutet dies, Extreme in der Theoriebildung und in der Wahl der Lösungsstrategien zu vermeiden. Als Philosophen müssen wir uns damit abfinden, dies ist eine aristotelische Einsicht, dass die Ethik, weil sie aus dem Handeln entspringt, ein für Theorie in einem sehr anspruchsvollen Sinn nicht geeigneter Bereich ist. Wenn wir dies anerkennen, sollte uns die hier skizzierte Ethik in Anwendung auf Grundlage einer pragmatistischen Anthropologie nicht mehr als Ethik zweiter Klasse erscheinen, sondern als ein philosophisches Angebot, sich in schwierigen Gewässern unter realen Bedingungen zurechtzufinden.[13]

---

13 Ich danke Dominik Düber und Amir Mohseni für ihre kritische Rückmeldung und viele hilfreiche Hinweise.

Bibliographie

Gethmann, Carl Friedrich/Carrier, Martin/Hanekamp, Gerd/Kaiser, Matthias/Kamp, Georg/Lingner, Stephan/Quante, Michael/Thiele, Felix (2014): Interdisciplinary Research and Transdisciplinary Validity Claims. Berlin/Heidelberg: Springer.

Heilinger, Jan-Christoph (2010): Anthropologie und Ethik des Enhancements. Berlin/Boston: Walter de Gruyter.

Maydell, Bernd v./Borchardt, Katja/Henke, Klaus-Dirk/Leitner, Rupert/Muffels, Ruud/Quante, Michael/Rauhala, Pirkko-Liisa/Verschraegen, Gert/Zukowski, Maciej (2006): Enabling Social Europe. Berlin/Heidelberg: Springer.

Müller, Oliver (2014): Selbst, Welt und Technik. Berlin/Boston: Walter de Gruyter.

Quante, Michael (2002): Personales Leben und menschlicher Tod. Frankfurt a. Main: Suhrkamp.

Quante, Michael (2007): The social nature of personal identity. In: Journal of Consciousness Studies 14, 56–76.

Quante, Michael (2011): Die Wirklichkeit des Geistes. Frankfurt a. Main: Suhrkamp.

Quante, Michael (2012): Person. Zweite, erweiterte Auflage. Berlin/Boston: Walter de Gruyter.

Siep, Ludwig (2010): Aktualität und Grenzen der Praktischen Philosophie Hegels. München: Wilhelm Fink.

Siep, Ludwig (2013): Moral und Gottesbild. Münster: Mentis.

Volker Gerhardt
Ethik als Technik der Kultur

1 Mängel im Überfluss

Dass Anthropologie und Ethik etwas miteinander zu tun haben, ist in der Nachfolge Kants zwar mehrfach bestritten worden, aber es ist niemand Geringeres als Kant selbst, der uns grundsätzlich auf diese Verbindung verpflichtet. Wenn er im letzten Abschnitt der *Dialektik* der *Kritik der praktischen Vernunft* die Erwägung anstellt, die Natur könne uns „stiefmütterlich" behandelt haben, weil wir nicht in der Lage seien, unseren Einsichten so zu folgen, wie wir es von einem vollkommenen Wesen erwarten (nämlich: *wie von selbst* – weil das Richtige und das Gute unmittelbar vor unseren Augen liegen), macht Kant die Notwendigkeit, *aufgrund eigener Bemühungen* moralisch zu sein, direkt abhängig von der anthropologischen Konstitution des Menschen. Es ist unsere Unvollkommenheit, die uns nötigt, der Moral zu folgen (Kant 1788, 146).

Doch es ist nicht einfach nur die Unvollkommenheit, die den Menschen als Naturwesen kennzeichnet und die er durch eigene Anstrengungen auszugleichen hat. Das ließe sich irgendwie von allen Lebewesen behaupten. Auch wenn es noch so bequem ist, bloß den Kopf zu senken, um die Mahlzeit schon angerichtet zwischen den Hufen vorzufinden, die Mücken im freien Flug aufzuschnappen oder, wie die Made im Speck, inmitten der Nahrung warm und gut geschützt zu leben: Alles Leben dürfte auf seine Weise riskant und mühselig sein. Und da hört es sich schon ziemlich wehleidig an, wenn der Mensch über die Mängel klagt, die er erst aufwendig durch *Werkzeuge, Institutionen* und *Verhaltensregeln* zu kompensieren hat, um so leben zu können, wie er es gerne hätte. Allein eigene Wünsche haben zu können, ist ein Luxus, der uns für vieles, das wir entbehren, entschädigt.

Die partiellen Mängel in unserer Konstitution können es somit nicht sein, die uns ethischen Ansprüchen aussetzen. Ursächlich ist vielmehr das *Missverhältnis* zwischen einer außerordentlichen Begabung zur *Erkenntnis*, zum *Wissen* und zur *Einsicht* auf der einen, und der eklatanten *Schwäche*, daraus die *angemessenen praktischen Konsequenzen zu ziehen*, auf der anderen Seite. Und da dieses Missverhältnis zu allem Überfluss von niemandem so stark empfunden wird wie ausgerechnet vom Menschen, kann man schon von einer besonderen Last sprechen, die er zu tragen hat.

Die Rede von der „stiefmütterlichen" Behandlung und von der mangelhaften Ausstattung setzt also bereits einen Überschuss an Fähigkeiten voraus, der ein bereits auf sie bezogenes Defizit empfinden lässt. Hier liegt der Pferdefuß der später terminologisch gewordenen Rede vom Menschen als einem „Mängelwesen" (Gehlen), so sehr sie schon durch Platon vorgebildet und von Herder, im Anschluss an Kant, erneuert worden ist.[1] Arnold Gehlen übersieht, dass die älteren Konzeptionen dem Menschen einen weitreichenden Erkenntnisvorschuss gewähren, in dessen Licht ihm seine Mängel überhaupt erst als Defizit erscheinen können.

In der Erfahrung des Missverhältnisses zwischen intellektueller Ausstattung und praktischer Umsetzung liegt unzweifelhaft ein anthropologisches Kennzeichen des Menschen, und so muss man es als ein elementares Erfordernis ansehen, mit dem vom Menschen selbst empfundenen Defizit so umzugehen, dass es zu seinem Selbstverständnis passt. Was dazu nötig ist, mag uns nicht in jeder Hinsicht gefallen, kann aber mit Blick auf unsere Natur gleichwohl als unvermeidlich angesehen werden.

Wenn Kant zum Beispiel die Bemerkung macht, der Mensch sei ein Wesen, das einen „Herrn über sich braucht", dann ist das eine anthropologische Feststellung, aus der man z. B. einen anthropologischen Grund für die Unerlässlichkeit einer politischen Organisation ableiten kann – dann nämlich, wenn man die weiter reichende, schon bei Platon zu findende Feststellung trifft, dass dieser Herr *niemand anderes als ein Mensch* sein kann.

Das gilt auch für den Fall, dass sich Einzelne oder bestimmte Glaubensgemeinschaften in die Überzeugung hineinsteigern, dieser Herr könne ein göttliches Wesen sein. Denn niemand, der einen Gott in die Stellung des über den Menschen bestimmenden Herrn zu bringen versucht, kommt dabei ohne Menschen aus, welche die (wie immer auch begriffene) Herrschaft Gottes stellvertretend auszuüben suchen. Somit sind es nicht nur im alltäglichen Leben, sondern insbesondere auch in den entscheidenden Momenten ihres Daseins *stets Menschen*, die sich als Herren zu erweisen haben, so sehr sie sich dabei auch als Stellvertreter Gottes gebärden mögen.

Also kann man ein anthropologisches Charakteristikum des Menschen darin sehen, dass er in der Gemeinschaft, ohne die er nicht leben kann, eine Herrschaftsform finden muss, die es ihm ermöglicht, mit menschlichen Mitteln nicht nur *über sich als Individuum*, sondern auch *über seinesgleichen* zu verfügen. Er braucht einen Herrn, der er aber jederzeit auch selbst sein können muss, insbesondere dann, wenn er sich als ein gehorsames Geschöpf des von ihm geglaubten Gottes erweisen will.

---

1 Der geniale Student Gottfried Herder gehörte zu den frühen Hörern des Privatdozenten Immanuel Kant. So ist er durch die eingestreuten anthropologischen Reflexionen in dessen Vorlesungen über *Physische Geographie*, *Ethik* und *Metaphysik* bereits vor Kants disziplinärer Beschäftigung mit Fragen der Anthropologie vertraut gewesen.

Wie man sieht, ist die Problemkonstellation in der Ethik der in der Politik analog. Auch im moralischen Handeln hat der Mensch zu lernen, sein eigener Herr zu sein. Dafür stehen die Begriffe der *Selbstbestimmung* und der *Autonomie*. In ihrem Gebrauch wird nicht geleugnet, dass der Mensch *als Naturwesen* von vielem abhängig ist und dass er in seiner notwendig *sozialen Existenz* auf seinesgleichen und auf das, was ihm in Geschichte, Gegenwart und Zukunft wichtig ist, Rücksicht zu nehmen hat.

Alles das hat er in seine *Erkenntnis* aufzunehmen und zum Bestandteil seiner *eigenen Einsicht* zu machen, die dann allein den Ausschlag darüber zu geben hat, was er *mit Gründen* tut. Und in dem, was er tut, versteht er sich (ohne dabei etwas von seiner Bindung an die *Natur* und die *Gesellschaft* zu verlieren) als *kulturelles* Wesen. Das entspricht der Zuordnung der Ethik zur jeweiligen *Kultur* einer menschlichen Gemeinschaft.

2 Philosophische Schwierigkeiten mit der Technik

Die Verbindung der internen Kondition der Selbstbestimmung mit der externen der Kultur tritt bei Kant mit aller wünschenswerten Klarheit hervor; sie ist die Grundkonstellation einer jeden *Ethik*, die ihren Namen verdient. Ob jemand eine Tugend- oder eine Mitleidsethik vertritt, ob er meint, er könne das jeweils Beste für eine Vielzahl von Individuen, Situationen oder Handlungen ermitteln, um danach zu entscheiden, was er im vorliegenden Fall zu tun hat: In allen Fällen wird eine *Einsicht* zum Ausgangspunkt gewählt, in der sich der Handelnde als *eigenständig* und somit als Herr seiner selbst begreift. Aber er kann dies nur als ein auf *Erkenntnis* und *Einsicht* eingestelltes Wesen, das eine langjährige Erziehung sowie eine Gewöhnung an Üblichkeiten und Erwartungen benötigt, allein um sich in seiner Umgebung *seiner selbst sicher* zu sein.

Mit dieser kurzen Beschreibung ist die basale Verbindung zwischen Ethik und Anthropologie sichtbar gemacht. Zugleich ist der Ort der Ethik im Gefüge von *Natur*, *Gesellschaft* und *Kultur* angedeutet. Die anthropologische Grundlage stellt sicher, dass sich die Ethik nicht von den sie tragenden natürlichen und gesellschaftlichen Bedingungen löst. Ihre kulturelle Ortsbestimmung aber lässt keinen Zweifel daran, dass sie selbst eine *kulturelle Leistung* darstellt, deren Besonderheit darin zu sehen ist, dass sie ihren Sinn stets erst in einem allgemeinen Bedeutungsrahmen unter Wahrung seiner individuellen Ursprungsbedingungen erhält. Semiotisches und Symbolisches werden hier nur wirksam, sofern sie von Individuen ausdrücklich *individuell* aufgenommen, geäußert und gebraucht werden können.

Das hört sich einfach an und ist durch den alltäglichen Sprachgebrauch belegt, in dem wir *natürliche, gesellschaftliche* und *kulturelle* Bereiche, so als seien sie natürlich gegeneinander abgegrenzt, unterscheiden. Tatsächlich aber ist hier so gut wie gar nichts selbstverständlich. Um sich dies vor Augen zu führen, braucht man nur die schöne pyramidale Stufenfolge aus *Natur, Gesellschaft* und *Kultur* einer einzigen Frage, nämlich der nach der *Stellung der Technik,* auszusetzen, um ihre unerhörte interne Verbindung sichtbar zu machen. Die Frage lautet: Wohin gehört die *Technik?* Zur *Natur,* zur *Gesellschaft* oder zur *Kultur?*

Stellt man in Rechnung, wie groß der Bogen ist, den die Philosophie von der Antike bis in die jüngste Gegenwart um die Technik macht, müsste die Antwort ein Achselzucken sein. Wohin soll sie schon gehören? Und was liegt eigentlich an ihr? Sie wird erfunden und gewählt, weil es die Menschen bequemer haben wollen. Sie mag zwar die Wichtigtuer begeistern, zieht vornehmlich aber das Interesse der Trägen, vielleicht auch der Faulen auf sich, die in ihr wirksamere Mittel finden, weniger oder gar nicht arbeiten zu müssen. Gewiss, wenn aus einer technischen Innovation etwas wird, kann sie auch *anderen* Arbeitszeit ersparen, dies aber um den Preis, dass eben für diese Ersparnis, aufs Ganze gesehen, viele arbeiten müssen. Für dieses Ineinander, das gewiss noch keine „Dialektik" ist, steht heute die doppelte Einsicht, dass Technik zwar in bestimmten Bereichen neue Arbeitsplätze schafft, sie im Ganzen aber vernichtet.

Technik besteht aus dem angesammelten, in Methoden und Instrumenten aufgehobenen Arbeitsertrag vieler, der – erfunden und einmal erbracht – den nachfolgenden Generationen in der Tat viel Mühe erspart. Die zum Einsatz kommende Technik nimmt denen, die sie gebrauchen, aber nicht nur einen mitunter beträchtlichen Anteil an eigener physischer Anstrengung, sondern auch an intellektueller Eigenständigkeit, an Selbsterkenntnis und eigenem Risiko ab. Sie kann die Bequemlichkeit fördern und zur Abspannung der eigenen Kräfte beitragen.

Vielleicht wird damit verständlich, warum die Technik bislang nur eine geringe philosophische Aufmerksamkeit gefunden hat: Jahrtausendelang wurde die Arbeit zwar wie eine Tugend gelobt, aber in ihrer Härte und Mühe nur wenig geschätzt. Erst als sich das mit dem Aufstieg der Nationalökonomie im 18. und 19. Jahrhundert änderte, geriet die Technik in Verdacht, sie lenke den Menschen von sich selber ab. Denn sie schiebt sich angeblich zwischen ihn und die lebendigen Dinge und kann daher als der Ursprung – wenn nicht des *Bösen,* so doch wenigstens der *Entfremdung* angesehen werden.

Gewiss, die Handvoll ernsthafter Technikphilosophen, die es immerhin gibt,[2] würden dem entschieden und mit besten Gründen widersprechen. Man braucht nur auf den Gewinn zu sehen, den die Technik für den Verkehr der Menschen miteinander hat, für ihre Beweglichkeit und ihre Lust, durch weitere Erfindungen noch weiter zu gehen, und damit auch für die Wissenschaften, die Künste und den Sport, die durch die Einbindung der Technik eine geradezu explosionsartige Entwicklung genommen haben, um den sicheren Eindruck zu gewinnen, dass die Technik nicht nur die physische, sondern auch die affektive und intellektuelle Mobilität des Menschen dramatisch erhöht.

Aber ausgerichtet haben diese offen zutage liegenden Innovationen ebenso wenig wie die Theorien der Technik, obgleich doch die Technik das Leben der Menschen in einem stetig steigenden Maße bestimmt. Je größer die Bedeutung der Technik ist, umso größer ist das Ärgernis der Missachtung, die ihr die Philosophen entgegenbringen. Die Kollektivneurose, die hier sichtbar wird, lässt das Schlimmste befürchten, nämlich dass der Mensch in der Verleugnung der Technik vornehmlich seiner *Selbsterkenntnis* aus dem Wege geht.

3 Der Körper als technischer Apparat

Um hier nicht gleich zum Human- oder Sozialpathologen zu werden, wähle ich ein Randproblem aus und frage, was denn eigentlich die Technik mit der *Ethik* verbindet. Das hat, wie sich schnell zeigen wird, auch mit der *Anthropologie* zu tun, ist aber vornehmlich deshalb reizvoll, weil die Ethik – mitsamt der von ihr beherrschten Kulturkritik – nicht selten größten Wert darauf legt, sich von der Technik abzugrenzen.

Es versteht sich von selbst, dass ich meine Antwort hier nur in der Form einer Skizze geben kann, die aber deutlich machen soll, dass eine philosophische Behandlung der Technik so beiläufig gar nicht ist.

Im *ersten* Schritt wäre zu zeigen, dass es die *Technik* ist, durch die sich die *Natur* in eine *neue Form*, nämlich in die der *Kultur* überführt. Angesichts der seit der Antike festgeschriebenen Unterscheidungen zwischen Natur und kultureller Leistung, sagen wir: zwischen *physis* und *thesis* (die sich bis heute zu einem vielfältigen Kaleidoskop von Gegensätzen ausgewachsen haben), scheint das ein nahezu aussichtsloses Unterfangen zu sein. Gleichwohl bin ich überzeugt, dass

---

2 Ich verweise *pars pro toto* auf Ernst Cassirers großen Aufsatz über *Form und Technik* (Cassirer 1930), erinnere aber gern auch an die Pionierleistung von Ernst Kapp: Grundlinien einer Philosophie der Technik. Zur Entstehungsgeschichte der Kultur aus neuen Gesichtspunkten (Kapp 1877). Vgl. Gerhardt (2012).

uns die umfassenden Einsichten in die Frühgeschichte des Menschen, in die Ursprungsgeschichte unserer Kulturen (beginnend mit der Steinzeit und gefolgt von den großen Zivilisationen im afroeurasischen Halbmond ab 6.000 v.Chr.) sowie in die Logik der kulturellen Evolution eine belastbare argumentative Basis für den Erweis der These geben können, dass die menschliche Kultur *eine Form der Natur* ist, die wesentlich durch Technik möglich ist.[3]

Zur These von der Kultur als Form der Natur gehört der Nachweis, dass Technik dem Menschen keineswegs nur äußerlich ist, sondern dass sie auch seine innere (physiologische) Organisation sowie seinen reflexiven Umgang mit sich selbst bestimmt.

Das ist den Medizinern und den Psychologen seit Langem vertraut. Aber es bereitet uns auch im alltäglichen Leben offenbar keine Probleme, unsere Extremitäten nach Art von technischen Werkzeugen zu begreifen. Die Hand ist das Modell für den Hammer, den Teller, die Schale, den Löffel oder die Kelle, mit der die Polizei uns stoppt. Die Kamera haben findige Techniker nach dem Modell des Auges konstruiert, und so erklären die Physiologen inzwischen die Leistung des Auges unter Bezug auf die Funktion eines Fotoapparats.

Damit haben wir eines unserer wesentlichen Organe in den Funktionskreis einer Technik eingeholt, nach der schon in der Antike der Körper beschrieben wurde. Dass von den Organen des Kopfes Steuerungsimpulse in den ganzen Körper ausgeschickt werden, ist ebenfalls seit der Antike bekannt. Seit man die Wirkung des Luftdrucks entdeckt hat, wird unser Herz als „Pumpe" begriffen. Das hat heute längst schon das Kabarett erreicht: Bei Otto Waalkes nehmen sich die Organe wechselseitig in die Pflicht: „Auge an Großhirn, Großhirn an Nase und Ohr, beide an Großhirn", und noch bevor das Großhirn Befehle an Arme und Beine geben kann, veranlasst das Kleinhirn, dass der Mensch die Flucht ergreift.

Kurz: Der Körper wird seit Jahrtausenden (wie bei Homer, Aristoteles oder Livius) als eine *soziale Kooperative verschiedenster Organe* und seit Jahrhunderten als *Maschine* (und somit in beiden Fällen als *technisch*) begriffen. Dabei muss man aus dem Blickwinkel unseres heutigen Wissens sagen, dass die mechanistischen Modelle der Neuzeit sich die maschinelle Einheit des Körpers ein wenig zu einfach vorgestellt haben:

Die organische Integration aller Funktionen, ihr flexibles Zusammenspiel mit den Konditionen ihrer Umwelt, die Besonderheit der sozialen Interaktion, die Leistungen der medialen Kommunikation und die Tiefenstruktur der Selbst-

---

3 Beispiele: Domestikation des Feuers; Arbeitsteilung und großräumiger Tauschverkehr um 70.000 v.Chr.; Recht als frühe Institution zur Regelung von Landbesitz, Heirat, Erbfolge und Handel; Bildproduktion und Symbolisierung; Entwicklung der Schrift und des Rechts.

steuerung – von der molekularen über die physiologische bis hin zur affektiven, semantischen und intellektuellen Ebene – , alles das wurde in den mechanischen Modellen heillos unterschätzt. Gleichwohl lehren uns die ungleich komplexeren, sich selbst steuernden elektronischen Geräte, in welchem Umfang auch Leib und Geist des Menschen technisch rekonstruierbar sind.

4 Die Technik des Begreifens

Wie ist es, bei genauerem Hinsehen, mit unseren reflexiven, unseren geistigen Leistungen? Die Frage ist nicht leicht zu beantworten. Viele glauben bis heute, eine Antwort sei dem Menschen gar nicht möglich, und sie verweisen auf Gott.[4] Ich denke, dass hier ein Fall vorliegt, in dem sich der Mensch ausnahmsweise einmal unterschätzt.

Wer ernst damit macht, die Funktionsweise unserer Begriffe ebenfalls nach dem Modell zu beschreiben, das bereits die Etymologie des *Be-griffs* (des *Be-greifens*, des *Zu-griffs*, des In-den-*Griff*-Bekommens etc.) bestimmt, der kann beträchtlich weiterkommen. Wir erkennen, dass man hier zumindest nicht auf unüberwindliche Hindernisse stößt. Entscheidend ist, dass wir die Sphäre des Begrifflichen vom Bann vorschneller ontologischer Separation befreien und ernsthaft daran gehen, ihre funktionale Einbindung in den einheitlichen Kontext des Lebens zu erfassen. Hier geht es, nebenbei bemerkt, auch um mehr *technisches Verständnis* für die integralen Leistungen der Natur.

Erkennen und Begreifen sind zweifellos etwas höchst Besonderes, das nicht durch Reduktion auf die Kausalmechanik der Natur erfasst werden kann. Wir haben hier schier unglaublich bewegliche Vermögen, die etwas vollkommen Neues und zugleich gänzlich Anderes leisten, für das es in der physischen Welt kein Beispiel gibt. Deshalb stellt sich bei den geistigen Leistungen auch so leicht die Assoziation zum Göttlichen ein. Mit dem Begreifen und dem Denken ist man augenblicklich sowohl am Anfang wie auch am Ende der Welt, ehe die Techniker nur daran denken konnten, das erste Weltraumschiff zu bauen.

---

4 So geschieht es bei Max Scheler ziemlich unvermittelt. In *Die Stellung des Menschen im Kosmos* (1927) entwirft er ein eindrucksvolles Panorama der Einbindung des Menschen in die Natur, um im Übergang zur Behandlung des Geistes mit einem *Salto mortale* aus ihr herauszuspringen. Hier wird sowohl dem Geist wie auch dem mit ihm beschworenen Göttlichen Unrecht getan, denn beides ist stärker mit der lebendigen Natur verbunden, als es sich eine Theologie, die Gott als transzendentes Wesen denkt, vorstellen kann. Dass man Gott auch anders denken kann, zeige ich in: Der Sinn des Sinns. Versuch über das Göttliche (Gerhardt 2014).

Aber es ist nicht nötig, sich erst das Ganze des Raums oder der Zeit auszudenken: Schon die Fähigkeit der Begriffe, überhaupt *etwas* definitiv *als etwas* festzulegen und damit *Identität* auszusagen, vollführt das doppelte Kunststück, in *einem Akt Individuelles und Universelles* zu verknüpfen. Beides gibt es so, wie wir es denken, nirgendwo als physischen Tatbestand; aber kein physischer Tatbestand ist ohne sie zu begreifen. Schon „dies da" zu sagen oder zu zeigen, ist ohne Begriff, der *Universelles* hernimmt, um es exemplarisch auf *dieses eine Individuelle* zu konzentrieren, gar nicht möglich.

Wir können diese wechselseitige Zuspitzung von Individualität und Universalität als das Erstaunlichste im Unscheinbaren unseres alltäglichen Denkens und Sprechens ansehen, sollten es aber für möglich halten, dafür eine Erklärung zu finden. Dazu muss man sich vielleicht nur die Mühe machen, genau zu beschreiben, was durch das „Dieses da" im Miteinander verschiedener Menschen angesichts einer Welt, die *jedem anders* erscheint, erreicht werden kann: Dadurch wird es immerhin möglich, dass verschiedene Menschen an *einer* Aufgabe beteiligt sind, deren Lösung auch unabhängig von ihnen durch wieder andere Individuen, womöglich auch unter ganz anderen Umständen, eine Hilfe sein kann.

Zwar können die Insektenforscher sagen, das sei auch Termiten und Ameisen möglich, wenn sie aufgrund ihrer instinktiven Ausstattung zu arbeitsteiligen Lösungen ohne jede Erkenntnis, ohne Bezug auf Individualität und Universalität gelangen. Was aber ist, wenn von der Lösung der Aufgabe erwartet wird, dass sie durch die Beiträge der nachfolgenden Individuen von Generation zu Generation verbessert werden soll? Dann muss die Lösung *als solche* aufgefasst werden können, sodass sie nicht länger nur der Lebenssicherung der aktuell an ihr beteiligten Individuen dient, sondern, sagen wir, der Kultur, in der sie leben.

Und was ist, wenn weniger Zeit zur Verfügung steht, sodass man nicht erst auf den genetischen Niederschlag von Erfolg und Misserfolg warten kann, sondern die Individuen ihre aktuell gemachten Erfahrungen auch aktuell an die nächste Generation weitergeben können sollen? Dann muss bereits mit Bezug auf „Dieses da" gelernt werden können. Und dann brauchen die Individuen *für sich selbst* einen Begriff, dem sie sich unterstellen.

Mit diesem Lösungsvorschlag greifen wir auf das Selbstverständnis der beteiligten Individuen aus, die in der Lage sein müssen, *sich selbst* nach Art eines „Dieses da" begreifen zu können. Ein schlichteres Modell wäre es, die Besonderheit des Denkens darin zu sehen, dass wir es selbst schon nach Art eines tätigen Einteilens und Ordnens ansehen, das *Formen* bietet, in denen *Stoffliches* in einer Weise bestimmt wird, in der es sich *mitteilen* lässt. So erscheinen Begreifen und Denken selbst als eine *Form vorausschauender Organisation von Handlungen im sozialen Raum*, die es erlauben, sich bereits *vor* einem Geschehen über dessen *Voraussetzungen*, dessen *Ablauf* und dessen *mögliche Folgen* zu verständigen.

Vielleicht simuliert der Intellekt eben das, was in einer geordneten Folge von Tätigkeiten Kooperation ermöglicht, sodass man ihn – in seiner präsenten Verständlichkeit durch viele – selbst bereits als eine *Form soziotechnischer Kooperation* – im Zustand der Simulation – bezeichnen kann.

So gesehen könnte die alte platonische Unterscheidung zwischen (göttlicher) Idee und (sinnlich präsenten) Dingen eine ziemlich genaue Veranschaulichung der Leistung des Geistes enthalten; denn die Idee bietet das uneingeschränkte Verständnis eines Sachverhalts, der stets nur unter den üblichen lokal-historischen Einschränkungen vergegenwärtigt oder gar geschaffen werden kann. So kann *dasselbe* überall und jedes Mal *anders* sein.

Dynamisiert man den soziotechnischen Vorlauf der organisierenden Leistung des Geistes, kommt man in die Nähe der aristotelischen Begrifflichkeit von *Form* und *Stoff*. Diese Unterscheidung kann als die Ursprungsleistung des Verstandes angesehen werden; sie folgt einem *technischen Modell der Trennung* von etwas, das ursprünglich zusammengehört, sich in der Aufteilung aber besser genießen, bearbeiten oder weitergeben lässt.

Man braucht den Geist also nur versuchsweise als eine kooperative, die produktiven Teilnehmer in ihrer Tätigkeit *sozial und technisch vermittelnde Größe* zu verstehen, und schon erkennt man die intellektuelle Form als eine Absprache, Planung und exakte Herstellung ermöglichende *Organisation von Teilen* zu einem jeweiligen Ganzen, das wir als Werkzeug, Ware, Bild oder Institution – und in jedem Fall als Leistung – begreifen können. Das wiederum ist dann der „Stoff", aus dem die gegenständliche Welt besteht.

Doch wie dem auch sei: Der Begriff ist selbst immer auch ein *Instrument*, das uns Sachverhalte und mit ihnen die Welt vermittelt. Und das leistet er niemals bloß für den, der es gerade tut, auf augenblicklich einsichtige Weise, sondern zugleich so, dass es auch anderen *so* einleuchtet, dass es als allgemeine Erkenntnis erscheint, selbst dann, wenn sie die Feststellung für unzutreffend halten. Wenn es ihnen wichtig erscheint, nehmen sie den Begriff zum Anlass, den durch ihn bezeichneten Sachverhalt zu prüfen. Auch das ist ein *technischer Effekt*.

5 Organe der Mitteilung

In den skizzierten Leistungen ist das Bewusstsein nicht einfach nur das im Inneren ins Innere geöffnete Auge eines im Inneren wirkenden Geistes, sondern es ist das *interindividuelle Organ*, das in der Lage ist, alles Erkenn- und Benennbare in der Welt (und sogar die Welt selbst) zum *Mittel der Mitteilung* zwischen handelnden Individuen zu machen. Erst in dieser Mitteilung entsteht die Welt als ein Gegenstand der Bearbeitung; erst in der über Sachverhalte ermöglichten Verständigung kommen die beteiligten Individuen zu ihrem Selbstbewusstsein in einer Welt, die in allem eine Funktion ihrer Leistungen ist. Individuum, Sachverhalt und Welt sind somit *Funktionsstellen* in einem unter zunächst nur natürlichen, aber zunehmend auch unter kulturellen Zwecken stehenden System einer Organisation, die wir nur nach Analogie technischer Leistungen verstehen können.

Damit haben Bewusstsein und Geist nicht nur einen sich ganz in einem (von ihnen geschaffenen) allgemeinen Ganzen bewegenden Charakter, sondern sie sind auch in sich selbst *instrumentell* verfasst: Alles erfolgt unter dem immer auch technischen Imperativ einer Mitteilung zu Absichten, die in der Regel nur im technischen Zusammenhang verständlich sind.

Damit können wir die Begrifflichkeit aus der Höhle bloßer Innerlichkeit befreien. Die Begriffe versetzen uns in das Licht der Öffentlichkeit.[5] Die Organe, die das Bewusstsein ausmachen, mögen „innen", d. h. im Inneren des Körpers, liegen, ihre intellektuelle Leistung aber kommt nur im Außenbereich des Körpers zum Tragen, genauer: im *sozialen Raum*, der wesentlich das Ganze ist, das aus den intentionalen Absichten selbstbewusster Individuen entsteht, die darin erst zu ihrem Selbstbewusstsein gelangen. Dichter könnte das immer auch technische Grundgerüst des Geistes gar nicht sein.

Das kann man sich leicht daran veranschaulichen, dass es ohne äußere Organe gar nicht zu geistigen Leistungen käme, die darüber hinaus auch stets darauf angewiesen sind, nicht nur physische, sondern auch soziale Stimulation zu erhalten. Bei genauerem Zusehen zeigt sich, dass sie überhaupt nur im Zwischenraum der Individuen „sind". Sie bedeuten und sie gelten nur etwas unter den Bedingungen sozialer Kooperation. Es bedarf der anderen, damit überhaupt so etwas wie Verstehen, Vorstellen, Begreifen oder Geist entsteht. In seinen Leistungen ist das Bewusstsein extrovertiert, und es hat seinen Ort im durch Handeln und Herstellen eröffneten Zwischenraum der vergesellschafteten Individuen – also in der Kultur. Kultur ist der in der Reflexion ausgespannte und mit den Erträgen reflexiver Leistungen gleichsam institutionell gefüllte, aber durch und durch von Natur getragene Raum des Geistes.

6 Die kulturelle Dimension des Bewusstseins

Etwas für uns zu behalten, ist nicht durch die Natur des Bewusstseins vorgegeben; es ist vielmehr bereits eine Leistung des prinzipiell auf Öffentlichkeit angelegten Bewusstseins. Deshalb gibt es auch keinen natürlichen Schutz des Bewusstseins

---

5 Dazu Gerhardt (2012).

durch sich selbst. Es ist nicht „von Natur aus" *innen*, sondern im Gegenteil „von Natur aus" *außen*! Das Bewusstsein ist in jedem von uns die ursprüngliche (so in der Natur gar nicht vorkommende) *Offenheit vor- und füreinander.*

Es ist somit auch eine stets erst zu erlernende, durch individuelle Disziplin einzuübende und in gesellschaftlichem Umgang anderen geschuldete, aber auch dem eigenen Schutz dienende Leistung, das jeweilige Bewusstsein für sich behalten zu können! Nicht gleich alles zu äußern, was man sieht; nicht mit jeder Neuigkeit herauszuplatzen, sondern bedächtig mit dem umzugehen, was man an neuen Informationen erhält, insbesondere dann, wenn sie andere Personen betreffen. Erst nachzudenken, bevor man spricht; sich nicht zu verraten, wenn man etwas Verbotenes getan oder etwas nur für wenige Bestimmtes erfahren hat; taktvoll sein zu können und im richtigen Augenblick das Passende sagen zu können ... Alles das sind Artigkeiten, die im gesellschaftlichen Umgang mit den Mitmenschen nicht nur einfach von Vorteil, sondern im Interesse eines humanen Umgangs miteinander geboten sind.

Man muss Zurückhaltung wahren können, wenn man mit seinesgleichen einvernehmlich leben möchte. Und man muss sich und andere schonen können, wenn man es mit ihnen aushalten können will. Also muss man lernen, sein Bewusstsein, das ein Zustand welt- und sachbezogener Ausrichtung auf anderes seiner selbst ist, gleichsam gegen seine ursprüngliche Intention auf sich selbst zu beschränken. Das, was prinzipiell auch anderen bewusst sein kann, muss (wenigstens für eine Zeit lang) beim einzelnen Träger des Bewusstseins verbleiben. Er hat dann nach den jeweiligen Umständen zu entscheiden, wann und wie er davon den Gebrauch macht, der dem Charakter der Mitteilung und der Disposition des jeweiligen Situationsbewusstseins entspricht. Und diese ursprüngliche und bleibende Eigenart des Bewusstseins ist –: *Mitteilung zu sein.*

Mitteilung bleibt es auch, wenn einer etwas für sich behält: Dann teilt er es, solange es ihm bewusst bleibt, sich selber mit. Das bringt dann die oft beschriebene Doppelung des Selbst in „ich" und „mich" mit sich, das als zusätzlicher Beleg für den ursprünglich *kommunikativen Charakter des Bewusstseins* dienen kann.

Die Subjektivität, die den Philosophen seit mehreren Jahrhunderten als die ursprüngliche Verfassung des Bewusstseins gilt, muss also erst erzeugt und anerzogen werden, ehe sie als „natürlich" erscheint. So kann sie dann tatsächlich erlebt werden, weil sie, wie das Atemholen und das Ausatmen, notwendig beim Individuum ansetzt. Im Vorstellen und Erinnern scheint sie so sehr an das Innere des Individuums gebunden zu sein, dass man vergessen kann, wie sehr sie alles, was sie sachlich ausmacht, nicht nur *von* außen, sondern auch *für* das Außen hat. Zwar gibt jedes Individuum den ihm bewussten Inhalten eine eigene Qualität, so wie sich die Luft beim Ein- und Ausatmen erwärmt. Aber das Bewusste, also der jeweilige Inhalt eines Bewusstseins, ist in seiner gedanklichen Form so wenig rein innerlich, wie man dies von der Luft im Inneren der Lunge sagen kann.

Folglich kann man weder das Bewusstsein noch seine Inhalte als subjektiv bezeichnen. Sie haben an sich selbst eine soziale Form und müssen als etwas begriffen werden, das über die bloße Leiblichkeit des Organismus hinaus als Produkt und Element der menschlichen Kultur angesehen werden kann. Das Bewusstsein darf daher als ein soziales Organ angesehen werden, das in seiner soziomorphen Verfassung zwischen den Leibern vermittelt und eben damit eine sie umhüllende Atmosphäre des Verstehens schafft. Wann immer es dies aber tut, hat es nicht nur eine kulturelle, sondern auch eine *technische Funktion*. Denn es wird etwas *mithilfe* von etwas anderem *vermittelt*.

Man braucht nur die in vielerlei Hinsicht naheliegende Vermutung für zutreffend halten, dass die kollektive wie die individuelle Entstehung des Bewusstseins an die Sprache gebunden ist, dann kann man die technische Dimension des Bewusstseins so wenig bestreiten wie die immer auch technische Leistung des Sprechens. Was muss nicht alles gegeben und gelernt sein, ehe man das erste Wort über die Lippen bringt. Nicht umsonst spricht der Volksmund von den „Sprechwerkzeugen".

7 Die technische Dimension der Tugenden

Gesetzt, es gelänge, den hier skizzierten Beweis für die soziotechnische Verfassung des menschlichen Bewusstseins zu führen, wäre es auch möglich, einen engen Zusammenhang zwischen Ethik und Technik aufzuweisen. Und dies könnte in einer Weise geschehen, die nicht den Verdacht auf sich zieht, der Ethik einen Ausnahmestatus zuzuschreiben, sobald wir sie als technisch qualifizieren. Die Überlegung brauchte auch nicht den Vorwurf auf sich zu ziehen, sie werte die Ethik ab, weil sie ihr „nur" einen technischen Status zuerkennt. Wenn alles Bewusste, alles Geistige zu den Techniken gehört, durch die sich der Mensch seinen kulturellen Rang erwirbt und ihn zugleich erhält, sichert und vielleicht auch erweitert, wird die Ethik keineswegs ab-, sondern vielmehr aufgewertet. Denn sie wird in den Zusammenhang der Steigerung der besten Kräfte des Menschen gestellt, zu denen nun einmal die Potenzen des Bewusstseins und des Geistes gehören.

Wie aber ließe sich der Beweis für die innere, das heißt: für die zur Ethik selbst gehörende technische Verfassung der Ethik führen? Sehr leicht und ohne besonderen Aufwand, wenn es nur um die antiken *Tugendethiken* ginge. Sie sind ohnehin auf das jeweils „Beste" in einer Handlungslage gerichtet, in der ein Individuum – nach seinen besten Kräften – das für es selbst Beste anstrebt. Eine

Tugend ist die generalisierbare Verfassung eines Individuums, in der es sein (von anderen anerkanntes) *Optimum* erzielen kann. Tugendethiken machen Verhaltensweisen verbindlich, die eine *individuelle Tüchtigkeit* zu erzielen vermögen. Unter Voraussetzung der Angemessenheit sowohl in Relation zur Situation wie auch im Verhältnis zur individuellen Disposition eines Menschen kann dann von der generalisierbaren *aretē* gesprochen werden, die man überall dort erwartet, wo gleiche Ausgangs- und Realisierungsbedingungen gegeben sind. In jeder Tugend, die man in einem bestimmten Fall fordert, sind Individualität und Universalität vermittelt.

Tapferkeit, um nur ein Beispiel zu nennen, ist die Tugend, die dazu dient, den Krieg auf optimale Weise zu führen, oder – in der demokratischen Fassung des platonischen Sokrates – die Fähigkeit, mit Zivilcourage dafür zu sorgen, dass in der politischen Versammlung offen und wahrhaftig die besten Argumente zum Vortrag kommen. Hier gibt es eine Funktionalität, in der Individuelles und Universelles zur Deckung kommen und zugleich das allgemeine Beste befördert wird. „Technischer", wenn ich so sagen darf, kann man gar nicht denken.

Entsprechendes gilt für die Tugenden der Gerechtigkeit, der Besonnenheit, der Weisheit und der Frömmigkeit. Auch sie lassen sich in ihrer *aretē* stets nur in einem politischen, individuellen oder kosmischen Kontext bestimmen, in dem sie ein „Bestes", ein *Maximum* also, zur Geltung bringen. Hier dominiert das Technische nicht nur in der Zweck und Mittel angemessen verbindenden Problembewältigung; es tritt auch in der Optimierungserwartung, in der zur Tugend hinzugehörenden Steigerungsleistung hervor. *Das Technische ist der Tugendethik von innen her* eingeschrieben.

8 Tugend als Berechenbarkeit

Der Moralitätskritiker Nietzsche hat die technische Dimension der von ihm unnachsichtig kritisierten Moral auf den denkbar besten Begriff gebracht, indem er das „souveräne Individuum" als dasjenige bezeichnet, das sich aus eigenem Anspruch „berechenbar" macht (Nietzsche 1887).

Zum „souveränen Individuum" kann nur werden, wer „versprechen darf". Versprechen *darf* jemand, dem man seine Versprechen abnimmt, weil er sich bereits als verlässlich erwiesen hat. Man traut ihm zu, auch in künftigen Handlungslagen Wort zu halten. Also unterstellt man ihm die Macht, nicht nur über sich selbst, sondern auch über Kommendes zu verfügen.

Damit ist die Assoziation zur „Souveränität" hergestellt, von der man sprechen kann, wenn jemand Herr über sich selbst sowie über die Situationen ist, in denen er sich befindet. Der Mensch ist das Tier, das einen Herrn über sich braucht, und

seine moralische Auszeichnung besteht darin, sich selbst als dieser Herr zu erweisen. Die Moralität besteht darin, von sich aus einen Anfang machen und das
Ende selbst bestimmen zu können. Also hat jeder, in sicherer Kenntnis der Umstände, sein eigener Herr zu sein.

Wenn das alles wäre, was die Ethiker je gelehrt hätten, hätte Nietzsche vermutlich niemals zum Kritiker der Moral werden müssen. Leider hat er sich nicht
klar gemacht, dass die großen Moralphilosophen tatsächlich nicht viel mehr
gesagt haben. Doch das steht auf einem anderen Blatt. Mir genügt für unseren
Zusammenhang die Feststellung, dass ethische Prinzipien und moralische Vorgaben auch für Nietzsche ohne Bedeutung sind, wenn niemand die Macht oder die
Kraft hat, sich an sie zu halten. Denn die Verfügung über Macht und Kraft sowie
über die dazu nötigen Mittel, zu denen letztlich auch der Handelnde selbst gehört,
hat eine offenkundig technische Dimension.

Bei Nietzsche kommt hinzu, dass die Lebenstechnik des „freien Geistes" mit
der Lebenstechnik anderer „freier Geister" zur wechselseitigen Steigerung ihrer
„Selbstüberwindung" übereinzustimmen hat. Für „alle" im logisch allgemeinen
Sinn unberechenbar, macht der „freie Geist" sich unter seinesgleichen „berechenbar". Nur der Umstand, dass Nietzsche nicht in der Lage ist, einen univer-
sellen Begriff der Gesellschaft zur Anwendung zu bringen, nötigt ihn, seiner
Konzeption der „neuen Tugenden" einen höchst eingeschränkten, sagen wir ru-
hig: elitären Begriff von Individualität zugrunde zu legen. Damit gelangt er nicht
zu einem wahrhaft menschlichen Begriff der Moralität. Gleichwohl dominiert das
technische Moment selbst noch in seiner elitistischen Konzeption für „freie
Geister".

Das ist deshalb bemerkenswert, weil Nietzsche, dessen Aufmerksamkeit kaum
etwas entgeht, was für den Menschen von Bedeutung ist, für den kulturellen Rang
der Technik gar keinen Sinn zu haben scheint. Obgleich er als Brillenträger,
Klaviervirtuose und Buchautor, als Eisenbahnfahrer und als unermüdlicher
Kunde sowohl der Post wie auch der Apotheken ständig auf Wissenschaft und
Technik angewiesen ist, nimmt er sie in ihrer technischen Funktion nicht wahr. Es
wäre eine Studie wert, den Motiven für Nietzsches Technikblindheit nachzugehen.

9 Die Technik im Zugang zur Selbstbestimmung

Das *experimentum crucis* für eine innere technische Verfassung der Ethik hat darin
zu bestehen, die Ethik, die sich grundsätzlich gegen jede technische Rationalität
zu sperren scheint, auf ihre Verträglichkeit mit der Technik zu prüfen. Diese
Moralphilosophie ist die kritische Ethik Immanuel Kants.

In der Form seiner Imperative scheint Kant die sukzessive Entfernung des moralischen Denkens von einer technischen und pragmatischen Rationalität begrifflich vorzuzeichnen, indem er drei Typen von Imperativen unterscheidet, von denen erst der dritte Typus spezifisch moralisch genannt wird. Kant unterscheidet bekanntlich *erstens technische Imperative*, welche die Mittel vorschreiben, wenn die Ziele bereits vorgegebenen sind. Wenn ich einen wissenschaftlichen Vortrag halten will, muss ich etwas Neues zu sagen haben. Das Ziel des Vortrags schreibt das Mittel einer innovativen Aussage vor.

Zweitens sind die *pragmatischen Imperative* zu nennen, in denen ein allgemeines Ziel, etwa das eines guten Auskommens oder eines zufriedenen Zustands, im Blick ist. Für sie hat man ebenfalls die geeigneten Mittel auszuwählen: Wenn ich gesund bleiben möchte, habe ich mich um eine mäßige Lebensweise zu bemühen. Hier liegt die Besonderheit nicht nur in der größeren Reichweite der Ziele und des größeren Spielraums tauglicher Mittel, sondern vor allem auch darin, dass die Auswahl der geeigneten Mittel selbst Einfluss auf die Ziele nehmen kann.

Gleichwohl sind auch die pragmatischen Imperative im Grunde *technischer* Natur; nur tragen sie der Komplexität lebensweltlicher Entscheidungsprozesse Rechnung. Hier müssen Mittel und Ziele im Kontext wahrgenommen werden, sodass eine wechselseitige Korrektur zu der Klugheit gehört, die in pragmatisch zu bewältigenden Lebenslagen erforderlich ist. Am technischen Charakter dieser Orientierungs- und Entscheidungslage ist dennoch nicht zu zweifeln. Deshalb liegt mir an der Feststellung, dass die größere Reflexionsspannweite der pragmatischen Imperative durchaus unter den Titel der Ethik fällt. Hier also hat Kant nicht die geringste Scheu, die Technik ins Zentrum der ethischen Reflexion zu stellen.

Im strengen Sinn als moralisch gilt Kant *drittens* jedoch nur der *kategorische Imperativ*. Diese Freistellung gegenüber dem *technischen* und dem *pragmatischen* Handlungsfeld wird von Kant mit einer Grundsätzlichkeit vollzogen, dass man sich als Kantianer schon ziemlich warm anziehen muss, um hier tatsächlich etwas Technisches entdecken zu wollen. Das sage ich als Theoretiker, der sich im Wesentlichen dem Ansatz Kants verpflichtet weiß und es dennoch wagt, von der implizit technische Dimension des kategorischen Imperativs zu sprechen.

Die Frage ist freilich, ob nicht durch die Sonderstellung des die Ethik auszeichnenden kategorischen Imperativs jeder Überlegung, Ethik und Technik zu verbinden, der Boden entzogen wird. Damit müsste es auch als unerheblich erscheinen, auf die technischen Implikationen der technischen und der pragmatischen Imperative zu verweisen. Denn im kategorischen Imperativ wird jeder technischen Erwägung ein Riegel vorgeschoben. Ja, man könnte sagen, dass der kategorische Imperativ das kategorische Verbot einer Übertragung technischer Überlegungen auf moralisches Verhalten zum Ausdruck bringt.

Tatsächlich ist es so gemeint, und mir liegt nicht im Geringsten daran, die exponierte Stellung des kategorischen Imperativs in Abrede zu stellen. Dennoch ist nicht zu übersehen, dass der kategorische Imperativ Kants *technische Elemente* enthält, die man schwerlich als beiläufig bezeichnen kann. Wenn ich sie abschließend benenne, geschieht das in dem Bewusstsein, selbst noch nicht genau zu wissen, welche Schlussfolgerungen für das Verhältnis von Ethik und Technik daraus generell zu ziehen sind.

10 Technische Elemente im kategorischen Imperativ

Wenn Kant – in der wichtigsten Fassung seines kategorischen Imperativs – sagt: „Handle so, dass die Menschheit in der Person eines jeden anderen niemals bloß als Mittel, sondern immer auch als Zweck gelten kann" (Kant 1785, 419), dann ist die Technik in der Unterscheidung zwischen Zweck und Mittel offenkundig eingeschlossen. Und zugestanden ist auch, dass sich die Dimension des *Gebrauchs* (als Mittel) niemals ausschließen lässt: „niemals bloß als Mittel" sagt ja mit aller Klarheit, dass ich gar nicht vermeiden kann, jemanden als Mittel zu meinen Zwecken zu „gebrauchen".[6]

Um nur ein Beispiel zu nennen: Leser eines für sie geschriebenen Textes oder Hörer eines vor ihnen gehaltenen Vortrags sind jederzeit das *Mittel*, das einem Autor dazu dient, unter dem Anspruch eines öffentlichen Vollzugs seine Gedanken so zu sortieren, dass daraus eine systematisch abgesicherte philosophische Einsicht werden kann. Ich wüsste nicht, was daran schlecht sein sollte, und es steht dem kategorischen Imperativ nicht nur nicht entgegen, sondern es muss als seine Voraussetzung angesehen werden. Jeder, zu dem ich sprechen darf, ist für mich stets auch ein Mittel, das mir Anlass ist, so verständlich und so klar wie möglich zu sein.

Andererseits ist jeder Autor auch für seine Leser und Hörer ein *Mittel zum Zweck*, nämlich zur Erweiterung ihrer Erkenntnis – möglicherweise auch nur (aber was heißt hier „nur"!) ein Mittel zur Unterhaltung oder zur Ablenkung von ernsteren Fragen. Vielleicht bin ich für den einen oder anderen am Ende nur das Mittel zu der Erkenntnis, dass es sich nicht lohnt, sich philosophische Vorträge anzutun. Doch wie immer die Einsichten in der Hörerschaft auch sein mögen: Der

---

6 „Gebrauch" und „gebrauchen" – Lieblingsausdrücke Kants, die, mit Verlaub, gar nicht anders als technisch zu verstehen sind.

Gebrauch, den die Hörer von einem Referenten machen, verstößt nicht von vornherein gegen den kategorischen Imperativ.

Also ist, um das Mindeste zu sagen, die Technik in der Anwendung des kategorischen Imperativs gegenwärtig. Sie kann unter keinen Umständen ausgeschlossen werden. Wenn sie aber gar nicht eliminiert werden kann, was bedeutet das dann für die Moralität des kategorischen Imperativs? Eine mich selbst überzeugende Antwort habe ich, wie gesagt, noch nicht. Aber es gibt Hinweise, die man als Fingerzeig deuten kann:

Erstens: Der kategorische Imperativ (also das Verfahren, mit dem ich meine Maximen prüfe) ist ein *Instrumentarium* zur widerspruchsfreien Ermittlung meiner mir wichtigen Ziele. Er ist Teil einer methodischen Überlegung, die man selbst als Technik zu einem kritischen Test bezeichnen kann. Man kann auch sagen, der kategorische Imperativ ist ein *Instrumentarium der Vernunft.*

Zweitens: Der Imperativ prüft *Maximen.* Das sind, wie Kant sagt, „subjektive Grundsätze", die jeder Handelnde braucht, der sich nach Einsichten richtet. Denn alles ausdrückliche menschliche Handeln folgt der Einschätzung von Situationen und Motiven sowie von eigenen und fremden Kräften und ist daher auf Regeln gegründet. Kant geht somit davon aus, dass jeder in allen ihm wichtigen Handlungslagen seine individuellen Grundsätze hat. Und wer moralisch handeln will, hat seine Grundsätze nach dem kategorischen Imperativ zu prüfen. Das ist der Stoff fürs Proseminar. – Aber warum sagt Kant „Maxime"? Weil er mit den Ethikern aller Zeiten, insbesondere denen des Altertums, unterstellt, dass es um Tugenden geht und jeder letztlich *sein Bestes* geben will. *Maximen sind Optimierungsgrundsätze, die unterstellen, dass man seine Sache möglichst gut machen will.* Also gilt auch hier, was über die technische Grunddisposition der antiken Tugendlehren zu sagen ist.

Drittens: Die kritische Prüfung steht im Dienst der Autonomie des Individuums. Alle Bemühung um die Moralität des Handelnden ist ein Akt der Selbstbestimmung und kann in deren Vollzug selbst als ein Mittel zur Emanzipation des Individuums und zur Wahrung von dessen Eigenständigkeit verstanden werden. Also erfüllt die Prüfung eine – nicht anders als *technisch* zu nennende – Funktion in der kulturellen Entfaltung des Individuums und damit der Menschheit, die in der Person eines jeden Individuums zu sichern ist.

Viertens: In der Ethik setzt jeder seine eigenen Ziele, und in ihr sucht er, seine Person als „Zweck an sich selbst" zu wahren. In dieser Stellung ist die Ethik selbst gewiss kein Mittel zur Vervollkommnung der Menschheit. Das liefe auf eine restlose technische Einbindung in einen kulturellen Zweck hinaus, dem das Individuum gänzlich ausgeliefert wäre. Auch wenn sich das Individuum selbst in seiner Unvollkommenheit damit bescheiden kann, dass alles, was es an Gutem selbst nicht erreicht, unter den Bedingungen der Menschheit erreicht werden kann, kann es keinen Funktionär der Menschheit geben, der das Individuum zum Mittel degradierte, damit der Zweck der Kultur erreicht werden kann. Jeder Einzelne hat sich selbst als den Zweck zu begreifen, auf den alle anderen Mittel zulaufen. Aber wie kann man das denken, ohne die Technik im Hintergrund zu haben?

Es ist nichts weniger als Sophistik, wenn man in dem Versuch, sich von technischen Konditionen zu befreien, selbst schon eine Technik erkennt. Es gelingt tatsächlich nicht, sich von der Technik unabhängig zu machen. Denn man müsste sich bereits von den organischen Implikaten seines Daseins lösen und hätte noch hinter die Funktionsweise seines Denkens zurückzugehen. Denn bei allem, was der Mensch aus Einsicht (oder auch nur mit Bewusstsein) tut, bringt er die epistemischen Prämissen seines Selbstbegriffs zur Geltung. Mit ihnen aber gehen technische Voraussetzungen selbst noch in die entschiedenste Distanzierung gegenüber der Technik ein. Also ist es ein Tatbestand, dass der Mensch nicht nur als organisches, sondern auch als intelligibles Wesen vollkommen in den Funktionskreis von Zweck und Mittel eingelassen ist. Er entkommt der Technik auch dort nicht, wo er sie infrage stellt oder sich über sie erhebt.

Man kann somit dem kategorischen Imperativ die *Intention einer Abgrenzung von der Technik* zugestehen. Doch das Kalkül, dem diese Absicht folgt, bleibt ein technisches Mittel, das sich aus der Freiheit der Selbstbestimmung ein Ziel setzt (wie z. B. die „Menschheit in der Person eines jeden Menschen"), dem man sich selbst als optimales Mittel verbindet.

Fünftens: So wenig das Individuum einem fixierten oder diktierten Ziel der Kultur unterworfen (und insofern von vorgegebenen Zwecken frei) ist, kann doch das lebendige wie das geistige Verhalten des Menschen niemals gänzlich frei von technischen Konditionen gedacht werden. Denn sie ermöglichen es allererst, dass sich der Mensch aus eigener Einsicht der Kritik seiner Vernunft unterwerfen kann. Also hat auch hier die Technik eine nicht nur unverzichtbare, sondern auch eine exponierte Position in der Selbstbestimmung des Individuums. Und selbst im Fall eines Versagens kann sich der Einzelne mit Kants Geschichtsphilosophie trösten: Wenn er unter den endlichen Bedingungen seines Daseins nicht das erreicht, was er sich vorgenommen hat, kann er darauf hoffen, als Mensch in der Gattung der „Perfektion" des Humanen näher zu kommen. Auch in diesem geschichtsphilosophischen Vollkommenheitsideal, das Kant in denkbar kritischer Distanz entwirft, hat das auf Technik beruhende Grundgerüst eine tragende Funktion.

So findet die Ethik doch ihren Platz in einer Geschichte, in der sich jeder selbst als ein Mittel zu einem erlösenden Zweck begreifen kann – sofern er sich ethisch selbst bestimmt. – So verbinden sich am Ende Ethik und Technik gleichwohl in einem umfassenden Zweck.

11 Mit der Technik über sie hinaus

Soweit die Skizze des vorläufig umrissenen Zusammenhangs von Ethik und Technik. Dass er besteht, kann nach dem Gesagten, so meine ich, keinem Zweifel unterliegen. Die Frage bleibt nur, wie weit der Zusammenhang reicht, was ihn trägt und was er selbst zu fundieren in der Lage ist. Dazu kann ich abschließend nur eine Andeutung machen:

Das größte Problem am Ende einer Aufklärung der Welt aus dem ihr innewohnenden technischen Kalkül könnte darin liegen, dass es uns schwerfiele, überhaupt etwas zu benennen, was *nicht technisch* ist. Und das wäre allein deshalb schon zu viel, weil, wenn *alles* technisch wäre, es letztlich bedeutungslos wäre, überhaupt etwas Technisches auszugrenzen. Denn jeder Begriff, wenn er sinnvoll gebraucht werden können soll, braucht die Abgrenzung zu dem, was er *nicht* bezeichnet. Das gilt bereits für das Sein, die Wirklichkeit und die Natur. Es hat auch für die Technik zu gelten.

Der Sinn des Moralischen könnte somit darin liegen, der unverzichtbaren, selbst noch die Möglichkeit und die Verfahren der Ethik bedingenden Technik das Ziel zu setzen, von der Technik nicht abhängig zu sein. So tragend sie in allem auch sein mag, gebietet es die Selbstachtung des Menschen, *nach eigener Einsicht* über die technischen Mittel zu verfügen. Aber was könnte diese von aller Technik unabhängige Kraft der Verfügung über Technik sein? Was könnte es geben, das von technischen Voraussetzungen unabhängig wäre und in der Realisierung nicht auf Technik angewiesen ist?

Kants Formulierung des kategorischen Imperativs – mit dem „niemals bloß", sondern „immer auch" – könnte eine Lösung sein, die zwar keine Befreiung von der Technik verspricht, wohl aber eine die Technik distanzierende Reflexion erfordert, in der sich keiner niemals bloß mit *einer* Perspektive zufriedenzugeben, sondern immer auch eine andere in den Blick zu nehmen und sich dabei klar zu machen hat, dass er dies selbst zu tun hat. Das Individuum hat sich selbst im Umgang mit Individualität und Universalität zu bestimmen.

Wie schwer es ist, moralisch zu sein, hätte sich damit auch mit Blick auf die Technik erwiesen – ganz unabhängig davon, ob der Mensch „gut" oder „böse" ist. Immerhin wäre deutlich geworden, dass er sich nicht einfach nur gegen etwas Äußeres behaupten muss, sondern immer auch gegen etwas in sich selbst. Und mit Blick auf die Kultur der Menschheit dürften die Verlockungen durch die Technik mindestens so folgenreich sein wie die durch die Geschlechtlichkeit.

Mehr kann ich derzeit über die ethische Herausforderung durch die Technik noch nicht sagen, hoffe aber kenntlich gemacht zu haben, dass man das Thema Ethik und Technik nicht einfach übergehen kann – allein schon deshalb nicht, weil sich der vermutlich größere Teil aller neuen ethischen Fragen aus den technisch indizierten Veränderungen der menschlichen Lebenswelt ergibt. Darüber habe ich heute auch deshalb nicht gesprochen, weil ich glaube, dass dies an einem Ethikzentrum ohnehin offenkundig ist.

Bibliographie

Cassirer, Ernst (1930): Form und Technik. In: Hamburger Ausgabe, Bd. 17. Hrsg. v. Birgit Recki. Hamburg 2004: Meiner, 139–183

Gerhardt, Volker (2012): Menschwerdung durch Technik. Zu Ernst Cassirers Theorie des Geistes. In: Birgit Recki (Hrsg.): Philosophie der Kultur – Kultur des Philosophierens. Ernst Cassirer im 20. und 21. Jahrhundert. Hamburg: Meiner, 601–622.

Gerhardt, Volker (2012): Öffentlichkeit. Die politische Form des Bewusstseins. München: C. H. Beck.

Gerhardt, Volker (2014): Der Sinn des Sinns. Versuch über das Göttliche. München: C. H. Beck.

Kant, Immanuel (1788): Kritik der praktischen Vernunft. In: Akad. Ausg., Bd. 5. Berlin 1908: de Gruyter.

Kant, Immanuel (1785): Grundlegung zur Metaphysik der Sitten. In: Akad. Ausg., Bd. 4. Berlin 1911: de Gruyter.

Kapp, Ernst (1877): Grundlinien einer Philosophie der Technik. Zur Entstehungsgeschichte der Kultur aus neuen Gesichtspunkten. Braunschweig: Westermann.

Nietzsche, Friedrich (1887): Zur Genealogie der Moral. In: Friedrich Nietzsche: Sämtliche Werke. Herausgegeben von Giorgio Colli und Mazzino Montinari. Kritische Studienausgabe Band 5. Berlin/New York: de Gruyter.

Scheler, Max (1927): Die Stellung des Menschen im Kosmos. Darmstadt: Reichl.

II Kontexte

Oliver Müller

Normative Selbstverhältnisse und pragmatische Anthropologie

Überlegungen zur Verschränkung von Anthropologie und Ethik am Beispiel des Neuro-Enhancement

Eine Verschränkung von Anthropologie und Ethik scheint auf den ersten Blick eine unkomplizierte Angelegenheit zu sein. In den Anthropologien fragen wir, was der Mensch ist oder was Menschen sind. Die Ethik befasst sich mit dem guten oder schlechten Handeln von Menschen, mit den Werten, an denen sich Menschen orientieren, oder mit den normativen Grundlagen für ein gutes Zusammenleben. Insofern scheint die Verbindung von Anthropologie und Ethik eine geradezu folgerichtige zu sein. Otfried Höffe hat zwei grundlegende Weisen, wie Anthropologie und Ethik aufeinander bezogen werden können, unterschieden: „Anthropologisch gesehen existiert die Moral zunächst auf zweierlei Weise: wegen der Intelligenz und Weltoffenheit als Moralfähigkeit, wegen des Gefahrenpotentials im Antriebsüberschuß und der Weltoffenheit aber auch als Moralbedürftigkeit" (Höffe 2007, 54). Mit Moralfähigkeit auf der einen und Moralbedürftigkeit auf der anderen Seite benennt Höffe zwei Traditionslinien, in denen über das Verhältnis von Anthropologie und Ethik reflektiert wurde. Die erste Traditionslinie unterstreicht dabei die „natürliche" *Moralfähigkeit* des Menschen. Im Mittelpunkt steht hier die Frage, ob der Mensch von Natur aus moralisch ist oder nicht und ob der Mensch seiner Natur nach ein Wesen ist, das sein moralisches Potential entfalten kann und/oder soll. Die Anthropologie wird als Moralbegründungsressource betrachtet. Dabei wird der Mensch hinsichtlich seines zur moralischen Selbsterziehung fähigen Wesens gedeutet. In diese Tradition fallen auch aristotelische Ansätze über die „natürliche Tugendhaftigkeit" des Menschen und Theorien der evolutionären Ethik. Die zweite Traditionslinie, die Höffe als *Moralbedürftigkeit* des Menschen bezeichnet, bezieht sich auf die fragile und vulnerable Existenz des Menschen, für die ein ethischer Schutzraum reklamiert wird. Diese Tradition hat weniger mit Ethikbegründung als vielmehr mit Wertbildungsprozessen zu tun, zu denen auch die Menschenrechte und die Würde des Menschen gehören.

Doch schaut man sich sowohl die Philosophiegeschichte als auch die jüngeren Debatten an, scheinen Anthropologie und Ethik eher als Disziplinen verstanden zu werden, die sich gegenseitig ausschließen. Um mit Kant nur den prominentesten Anthropologiekritiker zu nennen: Kant hat in seiner *Grundlegung zur Metaphysik der Sitten* gesagt, dass sich eine Ethik nur auf die Vernunft, nicht aber auf anthropologische Einsichten stützen solle; nicht das „Mindeste" an

Wissen will Kant der Anthropologie entlehnt haben (Kant 1785, 389). Seitdem ist in vielen Variationen gesagt worden: Rationale Strukturen und ethische Begründungsleistungen dürften anthropologisch nicht „verunreinigt" werden.[1] Gleichzeitig hat Kant selbst einen Vorschlag gemacht, wie Anthropologie und Ethik produktiv verschränkt werden können – allerdings auf einer anderen Ebene, nicht mehr auf der Ebene der Begründung, sondern „in pragmatischer Hinsicht". In seiner *Anthropologie in pragmatischer Hinsicht* hat er demonstriert, wie die menschliche Lebensführung in ihren verschiedenen Facetten von Normen durchtränkt ist (Kant 1789). Für Menschen ist es typisch, dass sie ihr Leben führen und sich dabei an Standards, Regeln, Normen und Werten ganz unterschiedlicher Art und unterschiedlicher Verbindlichkeit orientieren, die zum großen Teil aus dem für die humane Lebensform Charakteristischen generiert wurden. Die Beschreibung des Menschen und die normative Orientierung sind in einer pragmatischen Anthropologie verschränkt.[2]

Diesem Ansatzpunkt einer im weiten Sinne pragmatischen Anthropologie will ich in diesem Text nachgehen, da er mir eine gute Möglichkeit zu sein scheint, Wissen um die menschliche Lebensform normativ fruchtbar zu machen. Die pragmatische Anthropologie ist nicht die einzige, vielleicht nicht einmal die beste Möglichkeit, das „Verhältnis" von Anthropologie und Ethik auf einer grundlegenden Ebene zu klären, doch mir scheint die pragmatische Anthropologie ein sehr guter Ansatz zu sein, anthropologische Wissensformen in (ganz bestimmte, wenn auch begrenzte) normative Orientierungsprozesse zu integrieren. Mein aktuelles Beispiel, an dem ich meine Überlegungen veranschaulichen will, ist die Debatte um das sogenannte „Enhancement", die medizinische oder biotechnologische „Verbesserung" von gesunden Menschen, die seit einigen Jahren in der Medizinethik geführt wird. In dieser Debatte haben wir es meines Erachtens oft mit Normen oder Konglomeraten von Wertvorstellungen zu tun, die prinzipienethisch oder normativ-ethisch nicht unbedingt erfasst werden können, sondern die eine „Menschenkenntnis" im kantischen Sinne verlangen – insbesondere dann, wenn Medizin und Biotechnologie selbst beanspruchen, zur Lebensgestaltung von Gesunden beizutragen, wie es etwa das Schlagwort einer „life-style neuroscience" zum Ausdruck bringt (vgl. Farah 2011).

---

1 An dieser Stelle könnte man diskutieren, ob Kants Ethik nicht doch auf anthropologischen Vorannahmen beruht, die mit seinem Begriff der Vernunft zu tun haben. Menschen sind Personen, die ihre endliche Vernunft auf eine ganz bestimmte Weise „gebrauchen". Und insofern geht es auch bei Kant um die Integration bestimmter Rationalitätsstrukturen in das menschliche Leben – was ihn durchaus in die Nähe von anthropologischen Ansätzen rückt.

2 Das gilt letztlich auch für Blumenbergs Beschreibung des Menschen, die in vieler Hinsicht Kant verpflichtet ist (Blumenberg 2006).

Im Folgenden werde ich *erstens* das Normgefüge, in dem sich Menschen immer schon bewegen, genauer beschreiben. Auf dieser Grundlage will ich *zweitens* zeigen, wie in einer pragmatischen Anthropologie normative Selbstverhältnisse zum Thema gemacht werden können, die wiederum zur Orientierung bei ethischen Fragen beitragen können. Diese Überlegungen will ich dann *drittens* an die Debatte um das Enhancement rückbinden.

1

In der Diskussion um Anthropologie und Ethik wird immer gern auf den sogenannten Sein-Sollen-Fehlschluss verwiesen (vgl. Hume 2011).[3] Bei diesem Fehlschluss geht es bekanntlich darum, zu zeigen, dass es problematisch ist oder sein kann, aus deskriptiven Befunden normative Aussagen abzuleiten. Wir können nicht ohne Weiteres sagen: Etwas ist so und so, also soll oder sollte dieses Etwas auch so und so sein. So wichtig diese methodische Warnung auch ist, der Sein-Sollen-Fehlschluss wird häufig auch falsch verwendet – insbesondere in dem uns hier interessierenden Terrain des Verhältnisses von Anthropologie und Ethik. Denn zu schnell wird gesagt: Anthropologie befasst sich mit dem Deskriptiven, nämlich mit dem, was der Mensch ist, und die Ethik mit dem Normativen, was sein soll. Doch ist die Lage komplizierter. Denn – so meine These: Menschen befinden sich immer schon in Normgefüge verstrickt, haben qua ihres Menschseins immer schon normative Selbst- und Weltverhältnisse. Eine „normfreie", „reine" menschliche Natur gibt es nicht. Bei diesem elementaren Verstricktsein in normative Gefüge will ich ansetzen.

In einem ersten Schritt will ich die pragmatische Anthropologie in einige phänomenologische Überlegungen einbetten. Ein Charakteristikum von Menschen ist, dass sie sich in einem normativen Bezugsrahmen bewegen, der vielleicht nicht immer explizit gemacht wird, der das menschliche Sein aber regelrecht durchdringt. Es ist nicht nur so, dass sich Menschen als Personen begreifen und damit Ansprüche, Verpflichtungen und Rechte formulieren. Menschen orientieren sich schon im Vorfeld eines konkreten Verständnisses von Personsein an Normen, allein schon deshalb, weil sie sich als soziale Wesen in vorgefundenen sozialen und politischen Ordnungen bewegen und weil die Struktur der Alterität fundamental in die menschliche Identität eingeschrieben ist. Das „Subjekt", das nicht

---

3 Wie der Sein-Sollen-Fehlschluss metaethisch mit dem „naturalistischen Fehlschluss" (Moore 1971) zusammenhängt und in welcher Weise der naturalistische Fehlschluss oft missverstanden wird, soll hier nicht Thema sein.

immer schon auf die anderen ausgerichtet ist, nicht immer schon die anderen in sein „Selbst" integriert, gibt es nicht (vgl. etwa Ricoeur 1996). Zudem bilden Menschen auch vor allem systematischen Nachdenken über die Prinzipien der Ethik so etwas wie ein Gewissen aus, fällen Entscheidungen über das Leben, das sie führen wollen – falls sie sich nicht in fremdbestimmten Kontexten bewegen –, organisieren den Alltag bis ins Detail über Sollensstrukturen („Ich sollte dies oder das noch erledigen", „Diese Person hätte mich grüßen sollen" etc.). Auch die leibliche Existenz des Menschen hat normative Implikationen, die Disposition unseres Leibes „fordert" eine gewisse Weise des Umgangs mit diesem.

Besonders prägnant kann man das elementare Verstricktsein des Menschen ins Normative anhand des Phänomens der Sichtbarkeit des Menschen erläutern. Aufgrund der simplen Tatsache, dass Menschen körperliche Wesen sind, sind sie sichtbar für andere Menschen. Das Bewusstsein der eigenen Sichtbarkeit kann Menschen verunsichern, kann zu dem Gefühl der Scham führen, kann Menschen auch herausfordern, sich selbst darzustellen, sich selbst zu inszenieren. Der Blick des anderen, auch nur der potentielle Blick des anderen, wird in das Selbstbild integriert. Menschen bewegen sich immer im Horizont des oder der anderen. Allein schon aufgrund unserer Sichtbarkeit sind wir keine isolierten Subjekte, sondern der Blick des anderen oder der anderen ist konstitutiv für unser Selbstsein. Das haben einige Philosophen, insbesondere Jean-Paul Sartre (Sartre 1943) und Hans Blumenberg (Blumenberg 2006), eingehend untersucht (vgl. Müller 2013).

Der Blick des anderen stellt uns nämlich infrage, fordert uns heraus, uns im sozialen Raum zu behaupten.

> Hinhören und Hinsehen bedeutet immer auch teilweise ein Wegsehen und ein Weghören, also ein Eingehen auf fremde Ansprüche, das ihnen nie voll gerecht werden kann. Ein Hinsehen und ein Hinhören, das ein Wegsehen und ein Weghören einschließt, bedeutet, daß ein Anspruch des Anderen laut wird, der früher ist als alle Normen, Werte und Beurteilungen, als alles Pochen auf Geltungen. (Waldenfels 2000, 389)

Wechselblick und leibliche Präsenz im öffentlichen Raum konstituieren unser Selbst. Wie wir von Normen durchdrungen sind, beschreibt Charles Taylor in seinen *Quellen des Selbst* folgendermaßen:

> Schon die Art und Weise, in der wir gehen, uns bewegen, gestikulieren und reden, ist vom allerersten Augenblick an durch unser Bewußtsein geprägt, daß wir vor andern auftreten, daß wir uns in einem öffentlichen Raum befinden, und daß dies der Möglichkeit nach ein Raum des Respekts oder der Verachtung, des Stolzes oder der Scham ist. (Taylor 1996, 36)

Als was sich Personen verstehen, zeigt sich daran, wie sie sich im Bewusstsein ihrer eigenen Sichtbarkeit bewegen; das personale Selbstverständnis verschränkt sich mit der Körperhaltung und der Art und Weise unserer Bewegungen. Im „Auftritt" des Menschen, in Haltung und „Präsentation" unseres Leibes können wir das Verstricktsein in Normen besonders deutlich sehen.

An dieser Stelle wird die Anthropologie zu einer Anthropologie der Responsivität, in der das Antwortenkönnen als eine „Bestimmung" des Menschen verstanden wird. So hat Cassirer bereits in seinem *Essay on Man* unterstrichen, dass der Mensch auf seine Umwelt „antworten" könne – im englischen Original: „response" – und sich daher „verantworten" könne – „being responsible" –, also „verantwortlich sein" könne (Cassirer 1944). Auch bei Cassirer liegt im Deskriptiven schon Normatives, das Antwortenkönnen ist immer schon mit dem Anspruch des anderen verknüpft. Im Antworten begegnen wir nicht nur anderen, sondern erkennen uns auch selbst, bilden Verstehensprozesse aus.

Dies ist auch daher möglich, weil Menschen in einem elementaren Sinne hermeneutische Wesen sind, oder, wie Taylor sagt: „Als Menschen sind wir Wesen, die sich selbst definieren, und zum Teil sind wir das, was wir kraft der von uns akzeptierten Selbst-Definitionen sind, ganz gleich, wie wir zu ihnen gelangt sind [...]. Veränderungen der Selbst-Definition des Menschen bedingen Veränderungen dessen, was der Mensch ist [...]" (Taylor 1975, 213 ff.). Und diese Selbst-Definitionen sind nach Taylor eng mit dem menschlichen Handeln verknüpft: Als was ich mich verstehe, prägt auch meinen Handlungshorizont. Je nachdem, welche Definition oder welches „Bild" vom Menschen ich in meine Selbstauslegung als Individuum integriere, ändert sich auch mein normativer Bezugsrahmen. Wenn man also den Menschen zum Beispiel als biologisch imperfektes Wesen versteht, dann liegt es nahe, die Imperfektion biotechnologisch zu überwinden. Wenn man den Menschen wiederum als Geschöpf Gottes betrachtet, wird man je nach konfessioneller Ausbuchstabierung andere Konsequenzen ziehen. Einsichten in das Menschsein werden zu einem gewissen Teil zu einem normativen Rahmen unseres Handelns.

Wenn dies aber so ist, dass Selbstdeutungen und Selbst-Definitionen den Handlungshorizont prägen, dann sollte zumindest ein Teil der Ethik als eine „Selbstaufklärung des Individuums in praktischer Absicht" verstanden werden. Volker Gerhardt hat seine Ethik dezidiert als eine Ethik der Selbstaufklärung verstanden, denn Selbstaufklärung ziele, so schreibt er,

> auf die Selbstsicherheit, die ein Individuum gewinnt, das unter dem Anspruch lebt, ein nachdenkliches und vorausschauendes, ein begründendes und erschließendes Wesen zu sein – ein Wesen, das von seinen Abhängigkeiten und Unzulänglichkeiten weiß und eben deshalb von sich aus größten Wert darauf legt in Übereinstimmung mit sich selbst zu sein. (Gerhardt 1999, 101)

Diese Selbstaufklärung hat aber keine Essentialisierung der menschlichen Natur zum Ziel. Die *eine* Antwort auf die Frage nach dem Menschen gibt es nicht. Es ist schlicht charakteristisch für Menschen, sich selbst problematisch werden zu können. Die Tradition der fragenden Selbsterkenntnis geht auf Sokrates zurück, der auch sagt, dass die kritische Selbstbefragung uns erst zu vernünftigen Wesen macht, auch wenn wir eher nach Antworten suchen als Antworten geben können. Der Mensch kann also als das Wesen definiert werden, das sich selbst infrage stellen kann. Mit einem bekannten Freiburger Philosophen gesagt: Der Mensch ist das Wesen, dem es in seinem Sein um sein Sein selbst geht (Heidegger 1927).

2

Diese Überlegungen sollten verdeutlichen, dass wir in einer gehaltvollen Anthropologie immer auch normative Selbstverhältnisse und normative Bezugsrahmen, auf die sich Menschen hin auslegen, zum Thema machen. An diesem Punkt setzt nun auch eine pragmatische Anthropologie an, deren Ausgangspunkt man so umreißen kann: Die Fragen *Wer bin ich?* und *Wie soll ich mein Leben leben?* sind von der Frage *Was ist der Mensch?* nicht zu trennen. Vor diesem Hintergrund sagt Kant bekanntlich ganz am Anfang seiner *Anthropologie in pragmatischer Hinsicht* programmatisch, dass es darum gehe, was der Mensch, „als freihandelndes Wesen, aus sich selber macht, oder machen kann und soll" (Kant 1789, 119). Seine ganze Anthropologie hat einen normativen Fluchtpunkt. Alle Erkenntnisse, die Kant in seinem Text aufbereitet, der ursprünglich eine in der Königsberger Gesellschaft sehr beliebte Vorlesung war, alle psychologischen, physiologischen, medizintheoretischen Erkenntnisse, aber auch das Wissen aus der Geschichte und aus Narrativen, die Kant für seine Hörer und Leser präpariert, sollen dazu dienen, Menschen Orientierung zu geben, sollen ihnen helfen, ihr Leben zu führen. Anthropologisches Wissen kann also in Lebenspraxis transformiert werden.

In der pragmatischen Anthropologie kommt es darauf an, in der Reflexion über das „typisch Menschliche" Orientierungshorizonte für das zu generieren, „was wir uns machen können und sollen". Ich will hier nicht so aktivisch wie Kant ansetzen, sondern bei den normativen Selbstverhältnissen, die entstehen, weil es uns um etwas geht. Und dieses „uns" erschließt sich in Teilen durch einen Selbstdeutungsrahmen, in den immer auch anthropologische Vorannahmen einfließen. Dieses „uns" changiert zwischen ganz individuellen Erfahrungen und Deutungsformen über das für die menschliche Existenz Charakteristische. Das heißt: In Versuchen, uns selbst zu verstehen, uns aus den Situationen, in denen wir uns bewegen, zu beschreiben, generieren wir immer auch *normative* Selbstverhältnisse.

Menschen haben also qua ihrer „Natur" normative Selbstverhältnisse und sind von Normvorstellungen verschiedenster Art regelrecht „durchdrungen". Gleichzeitig scheint es typisch für Menschen zu sein, anthropologisches und lebensweltliches Wissen darüber, wie Menschen sind, „pragmatisch" in Orientierungswissen zu transformieren. Statt über Wesensaussagen zu reden, können wir in der pragmatischen Anthropologie bestimmte Selbstverhältnisse ausweisen, die man auf ihre spezifischen normativen Dimensionen hin untersuchen kann.

An dieser Stelle könnte man eine Reihe von Selbstverhältnissen explizieren. Ich will mich im Folgenden auf ein Moment konzentrieren: die Selbstverhältnisse, die mit Fragen der Selbstperfektionierung zu tun haben. Schon seit Kant thematisiert die pragmatische Anthropologie Nutzen und Grenzen menschlicher Selbstverbesserung. Hier wären eine Reihe von Reflexionstraditionen zur Perfektibilität des Menschen aufzugreifen. Ich will an dieser Stelle nicht historisch in die Tiefe gehen, sondern bei der Überlegung ansetzen, dass es für Menschen typisch ist, sich auf Formen von Selbstverbesserung selbst zu befragen. Menschen wollen etwas können und generieren normative Selbstverhältnisse in Bezug auf Einübungs- oder Trainings- oder sonstige Disziplinierungsvorgänge. Menschen verhalten sich auch gegenüber gesellschaftlichen Perfektionsimperativen oder gegenüber Erziehungsidealen. Menschen befragen sich mitunter auch in Bezug auf ihre moralischen Einstellungen oder ihr Verhalten und wollen daraufhin „sich" verbessern. Wir haben es also mit einem ganzen Konglomerat von Verbesserungen zu tun, die auf verschiedene Weise normative Selbstverhältnisse ausprägen können. Daher ist die Redeweise, dass sich Menschen „von Natur aus" verbessern (oder nicht verbessern) wollen, wenig stimmig. Wir haben es hier vielmehr mit verschiedenen Perspektiven und Vokabularen zu tun, die über dichte Selbstbeschreibungen zu normativen Orientierungen in Bezug auf die Verbesserung unserer selbst führen.

Im Folgenden will ich die Fragen um die Selbstverbesserung am Beispiel des Enhancement diskutieren, um in diesem Kontext Kants Frage zu stellen, was der Mensch als frei handelndes Wesen aus sich machen kann und soll. Als ein weiterer philosophischer Gewährsmann wird mir Stanley Cavell dienen, der mit seinem moralischen Perfektionismus einen Rahmen entwickelt hat, in dem man die Fragen um normative Selbstverhältnisse ausbuchstabieren kann.

3

Enhancement ist ein Fachbegriff aus der medizinethischen Debatte, der vor ca. 15 Jahren aufkam und mit dem medizinische Eingriffe bezeichnet werden, die nicht oder nicht nur der Therapie, sondern der Verbesserung, der Steigerung menschlicher Fähigkeiten dienen.[4] Gezieltes Enhancement ist derzeit nur medikamentös möglich; da es auf Gehirnleistungen zielt, spricht man auch von Neuro-Enhancement. Dabei geht es vor allem um die Verbesserung der Konzentrationsfähigkeit und die Stimmungsaufhellung von eigentlich gesunden Menschen. „Better than well", besser als gut, ist das Stichwort, das das Versprechen des Enhancement auf den Punkt bringt (Elliott 2003). Das so böse wie treffende Schlagwort von der „kosmetischen Psychopharmakologie" ist ebenfalls im Umlauf (Kramer 1993).

Ich habe die Enhancement-Thematik deshalb ausgewählt, weil die Debatte um das Für und Wider von verbessernden Eingriffen in zweierlei Hinsicht sehr interessant ist. *Zum einen* wird hier häufig mit Rückgriff auf anthropologische Vorannahmen argumentiert, seien sie explizit gemacht oder nicht. Auf der einen Seite wird gesagt, dass der Mensch seiner Natur nach ein Kulturwesen ist, das sich schon immer verbessert hat. Also sei das Enhancement einfach nur eine konsequente Weiterführung der Technisierung der Welt auf individueller Ebene. Auf der anderen Seite wird eine wie auch immer geartete Natur des Menschen benannt, deren Integrität gewahrt werden müsse. Die technische Selbstverfügung qua Enhancement würde uns von unserer eigentlichen Natur entfremden. Sogenannte Bio-Liberale stehen dann sogenannten Bio-Konservativen gegenüber.[5] Der Grund dafür liegt darin, dass in der Enhancement-Debatte ganz wesentlich um anthropologische Positionen gestritten wird. In der Enhancement-Debatte bricht das Problem des Verhältnisses von Anthropologie und Ethik in signifikanter Weise auf.

Der *andere Punkt*, warum die Enhancement-Thematik für unsere Frage interessant ist, ist, dass wir an dieser Debatte beobachten können, dass es sich lohnt, über Funktion und Reichweite einer Ethik nachzudenken. Ein übliches Argument ist etwa – wie es auch von den Autoren des „Memorandums" in der populärwissenschaftlichen Zeitschrift „Gehirn und Geist" vorgetragen wurde – folgendes: Es gibt keine guten Gründe für ein Verbot von pharmazeutischen Neuroenhancement-Präparaten, weil es zu unseren gesellschaftlichen Grundüberzeugungen gehöre, jeden entscheidungsfähigen Menschen „über sein Wohlergehen, seinen Körper und seine Psyche selbst [...] bestimmen" (Galert et

---

4 Siehe Eßmann/Bittner/Baltes (2011); Schöne-Seifert/Talbot/Opolka/Ach (2009); Parens (1998); Heilinger (2010); Kipke (2011); Müller (2008).
5 Siehe dazu die differenzierte Analyse von Heilinger (2010).

al. 2009, 3) zu lassen. Begründungsbedürftig sei nicht die Freiheit, jene Präparate zu nehmen – begründungsbedürftig seien vielmehr die Einschränkungen dieser Freiheit. Ein Verbot von Enhancement-Maßnahmen sei mit Blick auf die Prinzipien unseres Rechtssystems nicht möglich.

Ich will mit meiner Reaktivierung der pragmatischen Anthropologie beiden Punkten auf unterschiedlichen Ebenen entgegentreten. *Zum einen* glaube ich nicht, dass die genannten anthropologisch orientierten Argumente der Bio-Liberalen und Bio-Konservativen sinnvoll zur ethischen Orientierung beitragen können. Weder die Behauptung, dass sich der Mensch von Natur aus kulturell und technisch formt, noch die Annahme, dass die Natur des Menschen von Natur aus unverfügbar sei, können uns hier wirklich helfen – schlicht, weil sie so allgemein sind, dass sie beide gleichzeitig richtig und falsch sind. Wir bedürfen eines anderen anthropologischen Zugangs, den ich im Folgenden anhand pragmatisch-anthropologischer Überlegungen entwickeln will.

Zum anderen halte ich es für falsch, die Rolle der Ethik allzu stark zu begrenzen. Ethik und Recht scheinen oftmals regelrecht zusammenzufallen. Doch ist hier Skepsis angebracht, denn wir erwarten von einer ethischen Einschätzung mehr als nur die Auslegung oder Begründung von Rechtsnormen, so wichtig dies auch ist. So kann man trotz einer Skepsis gegenüber einem gesetzlichen Verbot der Präparate dennoch gute Gründe haben, sich nicht chemisch „verbessern" zu wollen. Eine ethische Reflexion hat auch die Rahmenbedingungen von Lebensführungsfragen zum Thema zu machen – dies insbesondere dann, wenn es, wie beim Enhancement, explizit um Lebensführungsfragen geht.

Dass es um solche Fragen geht, findet sich durch die Beispiele, derer sich das bereits genannte „Memorandum" bedient, bestätigt. Eines dieser Beispiele handelt etwa von einer Frau, die sich kurz vor der Hochzeit ihrer Freundin derartig heftig mit ihrem Freund streitet, dass sie sich nicht in der Lage sieht, an dem „schönsten Tag des Lebens" ihrer Freundin teilzunehmen und sogar organisatorisch mitzuwirken. Wäre es in einem solchen Fall nicht gerechtfertigt, die Stimmung chemisch zu heben? Dass es hier nicht nur um die Frage geht, wie die Einnahme von Enhancement gesetzlich geregelt werden soll, sondern auch um Orientierung in Bezug auf die Lebensführung, wird daran deutlich, dass die Autoren jene Stimmungsaufhellung zumindest für angemessen, wenn nicht sogar für geboten halten. Wir bewegen uns hier also nicht mehr auf der Ebene der rechtlichen Regelung und der Garantie, dass jede Person die Wahl der Mittel frei entscheiden kann, sondern auf einer Ebene, die in der Tradition der „Sorge um sich" steht. Letztlich geht es in der Debatte um die Deutungshoheit über die Frage, wie wir leben sollen.

Im Rückgriff auf die pragmatische Anthropologie haben wir nun eine Möglichkeit an der Hand, in Bezugnahme auf die Charakteristika der menschlichen

Lebensform diejenigen normativen Selbstverhältnisse von Individuen herauszupräparieren, die uns Orientierung im Umgang mit dem Enhancement bieten können. Insgesamt bewegen wir uns hier auf einer Ebene, die „subtilere Sprachen" (Taylor 1994) der Selbstdeutung hinsichtlich der angemessenen Mittel der Selbstgestaltung verlangt. In der pragmatisch-anthropologischen Betrachtung wird Exemplarisches thematisiert, nicht um autoritativ eine Lebensweise vorzuschreiben, sondern um in der Skepsis gegenüber den gesellschaftlichen Normen einem allzu sicheren Wissen über die „Richtigkeit" der Lebensführung entgegenzutreten.

Dabei ist zu betonen, dass die normativen Ansprüche, die mit derartigen Selbstbefragungen erwachsen, relativ gering sind, denn sie können den Kriterien der Universalisierbarkeit und Verbindlichkeit, wie wir sie Normen anderen Typs zuschreiben, nicht genügen. Der Punkt wäre nun aber, dass gerade die „Schwäche" dieser Normen im Fall der individuellen Selbstgestaltung Orientierungsräume ermöglicht, die durch „starke" Normen verloren gehen können. Wie oben betont, sind Menschen aufgrund von Alterität und Sozialität in ein Geflecht von Normen, von Erwartungen, Ansprüchen und Regeln verstrickt. Darunter gibt es „starke" Normen, die staatliche Sanktionen verlangen, wenn etwa Leib und Leben anderer durch jemandes Tun bedroht sind. Es gibt aber auch „schwache" Normen, die etwa Formen der Selbstdisziplin betreffen, oder das Gebot, auf die eigene Gesundheit zu achten. Die individuelle Orientierung hinsichtlich des Enhancement fällt, was die derzeitigen Möglichkeiten angeht, in den Bereich derartiger, hier tentativ „schwach" genannter Normen.

Da es beim Enhancement um Orientierung hinsichtlich verbessernder medizinischer Eingriffe bei Gesunden geht, will ich nun Überlegungen zur Selbstperfektionierung in Bezug auf die Optimierung mit medikamentösen Mitteln anstellen. Ansatzpunkt meiner Überlegungen ist der Befund, dass manche Ethiker betonten, dass Enhancement als „die Fortsetzung eines zum Menschen gehörenden geistigen Optimierungsstrebens mit anderen Mitteln" zu verstehen sei (Galert et al. 2009, 11). Daher will ich meine Aufmerksamkeit auf die anthropologischen Schwierigkeiten um den Begriff der Selbstperfektionierung richten und einen Vorschlag machen, wie eine sinnvolle Verschränkung von anthropologischen und ethischen Reflexionsfiguren hier aussehen könnte.

Dass das Thema der Selbstperfektionierung zu den „klassischen" Themen einer Sorge um sich gehört, kann exemplarisch mit Kant verdeutlicht werden, der die Selbstperfektionierung bzw. Selbstkultivierung als eine Pflicht gegen sich selbst versteht: „Der Anbau (cultura) seiner Naturkräfte (Geistes-, Seelen- und Leibeskräfte), als Mittel zu allerlei möglichen Zwecken ist Pflicht des Menschen gegen sich selbst" (Kant 1785, 444). Der Topos, dass sich Menschen zu „verbessern" trachten, taucht in verschiedener Form in der Kulturgeschichte auf. Das

Leben als eine Entwicklung zu sehen, in der Menschen ihre ökonomischen Verhältnisse oder ihr Wissen und ihre Erfahrung „vergrößern", kann durchaus als Grundnarrativ humaner Identität gelten.

An diesem Punkt bringt sich gern der sogenannte „Transhumanismus" in die Debatte ein,[6] der meist auf einer normativen Deutung evolutionsbiologischer Erkenntnisse basiert: Aus der „Unfertigkeit" und „Verbesserungswürdigkeit" der menschlichen Natur wird die „Bestimmung" des Menschen abgeleitet, die Evolution selbst in die Hand zu nehmen – was auch die individuelle Optimierung durch Medikamente einschließt. Bei genauer Betrachtung sind die Ziele, auf die sich Menschen hin verbessern, allerdings als eine Gemengelage von Sicherheitsaspekten, Anerkennungsfragen, Erfolg, Produktivität und nicht zuletzt von zwischenmenschlicher und partnerschaftlicher Zuneigung zu betrachten. Insofern sind die Kriterien für die Perfektionierung komplex. Daher ist es problematisch, wenn das lebensweltlich bekannte Streben nach Verbesserung mit der evolutionären „Entwicklung" des Menschen derart interferiert, dass dieses Streben als direkte Ausprägung der biologischen Evolutionslogik erachtet wird. Aus welchen Quellen sich das „Bedürfnis" nach Selbsttransformation auch speist, es ist in keiner Weise stimmig, das „Sich-selbst-Verbessern" als eine Art biologischen Trieb zu verstehen und aus der Reflexion über die Ziele und Mittel der Verbesserung herauszulösen. Die Reflexion über die Perfektionierung gehört ebenso zum Selbstverständnis des Menschen wie die Tendenz zur Perfektionierung selbst. Daher scheint es mir sinnvoller zu sein, hier von den normativen Selbstverhältnissen zu sprechen, in denen Menschen über Perfektionierungsangebote reflektieren, sich zu den eigenen Verbesserungsimpulsen verhalten. Aus dem anthropologischen Reduktionismus der Transhumanisten lässt sich normativ nichts Verlässliches generieren. Die biologistischen Varianten der „Bestimmung" des Menschen überzeugen schon rein anthropologisch nicht.

In bizarren Einzelfällen wie beim Transhumanisten Ray Kurzweil mag die Legitimierung der Selbstverbesserung auf jenem biologistischen Reduktionismus beruhen, doch ich würde behaupten, dass man seine Selbstgestaltungspraxis nicht als typisch für die menschliche Lebensform ansehen kann.[7] Dem für die menschliche Lebensform Typischen kommt Stanley Cavells „moralischer Perfektionismus" deutlich näher.[8] Auch Cavell setzt die kritische Selbstbefragung ins Zentrum seiner Ethik. Er sagt beispielsweise:

---

6 Siehe etwa Gordijn/Chadwick (2008); Bostrom (2003, 4).
7 Siehe als Beispiel das Gespräch in Hülswitt/Brinzanik (2010).
8 Ich beziehe mich vor allem auf Stanley Cavell (2010).

> Im Unterschied zu Ansätzen, die den Schwerpunkt auf die Aufrechnung des Guten und Schlechten im Handlungsverlauf oder auf den Nachweis der Moralität eines Prinzips legen, das die Richtigkeit oder Falschheit eines Handlungsverlaufs anzeigt, steht hier der Wert einer Lebensweise im Mittelpunkt, meiner Lebensweise, die an einen Scheideweg gekommen ist, der es nötig macht, sich selbst in Frage zu stellen. (Cavell 2010, 79)

Wenn wir anthropologisch gehaltvoll von Selbstperfektionierung reden wollen, dann kann dies nicht im direkten Rückgriff auf die „Natur" des Menschen erfolgen, sondern vor dem Hintergrund der Einsicht, dass die kritische Selbstbefragung im Hinblick auf eine bestimmte Lebensweise für die menschliche Lebensform typisch ist. Selbstverbesserung gibt es, weil für Menschen die kritische Selbstvergewisserung typisch ist – von einigen Narzissten vielleicht einmal abgesehen.

Der moralische Perfektionismus Cavells geht davon aus, dass es Menschen darum geht, ein eigenständig urteilendes „Selbst" auszubilden, das daher Phasen der Verunsicherung und Entfremdung durchlebt. Aus diesen Phasen der moralischen Verunsicherung heraus beurteilen Menschen bestehende Normen und Pflichten, sehen sie als zustimmungswürdig oder als wertlos an, um daraus dann einen ernsthaften Anspruch an sich zu entwickeln.

Nun könnte man einwenden, dies sei ein moralischer Anspruch an sich selbst und mit Medikamenten wolle man sich „bloß" in beruflicher oder sportlicher Hinsicht verbessern. Doch denke ich, dass der moralische Perfektionismus von anderen Perfektionierungsformen nicht getrennt werden kann, sondern dass jener diese vielmehr fundiert – da sonst das Maß für die partikularen Optimierungen fehlt. Mir scheint es überzeugend, Menschen als Wesen zu verstehen, die ihre Verbesserung im Fluchtpunkt jenes moralischen Perfektionismus deuten, auch wenn sie dies vor sich und anderen nicht explizit machen. Ein Beweis hierfür wäre, dass wir Freunden oder Verwandten in den meisten Fällen ebendies raten würden: sich zu fragen, ob die angestrebte Selbstverbesserung stimmig in Bezug auf die Lebensführung im Ganzen ist, ob der Begriff der Verbesserung im Blick auf das Enhancement wirklich trägt. Denn letztlich werden hier verschiedene Ebenen verwechselt. Es ist eine Sache, bestimmte neurochemische Einwirkungen als „Verbesserung" zu bezeichnen, eine andere, von der „Verbesserung" unseres Lebens zu sprechen. Die Pointe wäre: Anthropologie und Ethik mischen sich hier, weil wir im Blick auf uns selbst nicht einfach nur deskriptiv von Verbesserungen sprechen, die Rede einer Selbstverbesserung berührt immer auch normative Selbstverhältnisse. Denn wir sind es ja selbst, die die Verbesserungsoption als ein Gebot verstehen oder nicht.

Wenn man auf diese Weise die Frage nach der Selbstperfektionierung betrachtet, kann man die Frage stellen, ob mit dem Enhancement tatsächlich eine zu begrüßende Form der kreativen Selbststeigerung vorliegt oder doch eine in der

Reduzierung der eigenen Möglichkeiten und durch die Privilegierung der einfachen Lösung einseitige Problembewältigung. Wenn die medikamentöse Selbststeigerung als eine privilegierte Option in die Lebensführung integriert wird, kann es dazu führen, dass Personen „einfach etwas einwerfen, um zu funktionieren". Die ethische Reflexion hat hier nicht anzuklagen, sondern auf die eventuelle Verzerrung unseres Verständnisses von „Probleme bewältigen" hinzuweisen.

Oft ist es die Substantialisierung eines sich von Natur aus optimierenden Subjekts, das anthropologisch folgerichtig Enhancement-Präparate einnimmt, das durch die Argumente spukt. Ich denke, dass man sich den Fragen besser nähern kann, wenn wir davon ausgehen, dass sich Menschen in der wissenschaftlich-technischen Welt selbst verorten und sich auf mögliche Optimierungen hin selbst befragen und sich dann entsprechend verhalten. Ich will nun abschließend an der Selbstverortung in der wissenschaftlich-technischen Welt eine Dimension normativer Selbstverhältnisse in Bezug auf mögliche Selbstverbesserungen herauspräparieren.

Menschen deuten sich auch im Blick auf Technisierungsprozesse selbst. Menschen bedienen sich nicht nur technischer Mittel. Die Technisierung der Welt ist nur vor dem Hintergrund von anthropologischen und ontologischen Vorannahmen möglich, auf die wir uns beziehen, die wir internalisieren und zu denen wir uns normativ verhalten: Ob das technisch Gekonnte auch das Gesollte ist, um eine Formel von Günther Anders zu nehmen, umreißt den Horizont, vor dem wir uns als Gesellschaft, aber auch als Individuen bewegen (vgl. Müller 2010). Wenn die Selbstdeutung von Leistungen, Funktionsweisen und prometheischen „Versprechen" der Technologien dominiert wird, wenn dadurch Alternativen in der Gestaltung des Lebens marginalisiert werden oder verloren gehen, kann man dies als eine Orientierung an einem „Technodeterminismus" bezeichnen, den man in Bezug auf das mit diesem generierte normative Selbstverhältnis kritisch befragen kann. Ein Technodeterminismus liegt dann vor, wenn wir denken, dass wir gegen die Implementierungen technischer Entwicklungen in unsere Lebenswelt nichts machen können; etwa mit dem Argument, dass jede technische Möglichkeit sowieso realisiert wird. Das Sich-zu-eigen-Machen des Technodeterminismus ist eine Selbsttäuschung. Auch wenn kein direkter äußerlicher Zwang ausgeübt wird – und von Leistungsdruck und Gruppendynamiken einmal abgesehen –, kann allein das Sich-zu-eigen-Machen des Technodeterminismus, also die Integration des Nichts-machen-Könnens in das eigene Selbstverständnis, zu einem inneren Zwang werden, der Entscheidungen festlegt und damit Selbstverhältnisse ändert. Diese Änderungen müssen wir erst möglichst genau registrieren, um sie der ethischen Einschätzung zu unterziehen. Die genaue Beschreibung von Selbstverhältnissen kann zur ethischen Orientierung führen. Oder anders ausgedrückt: Auf diese Weise können Anthropologie und Ethik verschränkt werden.

4

Menschen sind ganz elementar in Normgefüge verstrickt, sodass wir Moralfähigkeit und Moralbedürftigkeit schon vor aller philosophischen Theoriebildung und Begründungsleistung in alltäglichen Orientierungen ausgebildet finden. Daher ist es auch mit dem Sein-Sollen-Fehlschluss schwierig. Der Mensch ist das Wesen, das normative Selbstverhältnisse ausbildet. Im Kontext von Lebensführungsfragen kann die Reflexion über das Typische der menschlichen Lebensform in einen normativen Horizont transformiert werden. Insofern können wir sagen: Keine Ethik ohne Anthropologie. Mit einer pragmatischen Anthropologie können wir Reflexionsräume lebendig halten, die uns im Rahmen einer Ethik der Selbstaufklärung keine strengen Vorgaben und normativen Richtlinien, aber doch wichtige Orientierung bieten können.

Um am Ende noch mal auf Kants Anthropologiekritik zurückzukommen: Es ist bezeichnend, dass Kant im gleichen Satz, in dem er eindringlich dafür plädiert, die Anthropologie aus der Ethik herauszuhalten, unterstreicht, dass eine „durch Erfahrung geschärfte Urteilskraft" erforderlich sei, um die sinnvolle Anwendung der Gesetze a priori zu garantieren und um Möglichkeiten zu finden, die Gesetze, so Kants Worte, im individuellen „Lebenswandel in concreto wirksam zu machen" (Kant 1785, 389). In Kants Theoriearchitektonik hat die Urteilskraft zwar eine andere, fest umrissene Funktion, doch wage ich zu behaupten, dass Kant an dieser Stelle die Anthropologie durch die Hintertür in seine Ethik wieder hineinlässt.

Bibliographie

Blumenberg, Hans (2006): Beschreibung des Menschen. Aus dem Nachlaß hrsg. von Manfred Sommer. Frankfurt am Main: Suhrkamp.

Bostrom, Nick (2003): Transhumanist Values. In: Frederick Adams (Hrsg.): Ethical Issues for the 21st Century. Virginia: Philosophical Documentation Center Press.

Cassirer, Ernst (1944): An Essay on Man. An Introduction to a Philosophy of Human Culture. In: Gesammelte Werke, Bd. 23. Hamburg 2006: Meiner.

Cavell, Stanley (2010): Cities of Words. Ein moralisches Register in Philosophie, Film und Literatur. Zürich: Chronos.

Elliott, Carl (2003): Better Than Well: American Medicine Meets the American Dream. New York: W. W. Norton & Company.

Eßmann, Boris/Bittner, Uta/Baltes, Dominik (2001): Die biotechnische Selbstgestaltung des Menschen. Neuere Beiträge zur ethischen Debatte über das Enhancement. In: Philosophische Rundschau 58, 1–21.

Farah, Martha J. (2011): Neuroscience and Neuroethics in the 21st Century. In: Judy Illes/ Barbara J. Sahakian (Hrsg.): The Oxford Handbook of Neuroethics. Oxford: Oxford University Press, 761–781.

Galert, Thorsten et al. (2009): Das optimierte Gehirn. In: Gehirn und Geist. http://www. gehirn-und-geist.de/memorandum.

Gerhardt, Volker (1999): Selbstbestimmung. Das Prinzip der Individualität. Stuttgart: Reclam.

Gordijn, Bert/Chadwick, Ruth (Hrsg.) (2008): Medical Enhancement and Posthumanity. Stuttgart: Springer.

Heidegger, Martin (1927): Sein und Zeit. Tübingen 1993: Niemeyer.

Heilinger, Jan-Christoph (2010): Anthropologie und Ethik des Enhancements. Berlin: De Gruyter.

Höffe, Otfried (2007): Lebenskunst und Moral. Oder macht Tugend glücklich? München: Beck.

Hülswitt Tobias/Brinzanik, Roman (2010): Werden wir ewig leben? Gespräche über die Zukunft von Mensch und Technologie. Berlin: Suhrkamp.

Hume, David (2011): A treatise of human nature. Oxford: Oxford University Press.

Kant, Immanuel (1785): Grundlegung zur Metaphysik der Sitten. In: Akademie-Ausgabe, Bd. 4. Berlin 1902 ff.: Reimer.

Kant, Immanuel (1789): Anthropologie in pragmatischer Hinsicht. In: Akademie-Ausgabe, Bd. 7. Berlin 1902 ff.: Reimer.

Kipke, Roland (2011): Besser werden. Eine ethische Untersuchung zu Selbstformung und Neuro-Enhancement. Paderborn: Mentis.

Kramer, Peter D. (1993): Listening to Prozac: A Psychiatrist Explores Antidepressant Drugs and the Remaking of the Self. New York: Viking Press.

Moore, George Edward (1971): Principia Ethica. Cambridge: Cambridge University Press.

Müller, Oliver (2008): Der Mensch zwischen Selbstgestaltung und Selbstbescheidung. Zu den Möglichkeiten und Grenzen anthropologischer Argumente in der Debatte um das Neuroenhancement. In: Jens Clausen/Oliver Müller/Giovanni Maio (Hrsg.): Die „Natur des Menschen" in Neurowissenschaft und Neuroethik. Würzburg: Königshausen & Neumann, 185–209.

Müller, Oliver (2010): Zwischen Mensch und Maschine. Vom Glück und Unglück des Homo faber. Berlin: Suhrkamp.

Müller, Oliver (2013): Im Vorfeld der Personalität. Phänomenologisch-anthropologische Überlegungen zu Visibilität und Intersubjektivität. In: Thiemo Breyer (Hrsg.): Grenzen der Empathie. Philosophische, psychologische und anthropologische Perspektiven. Paderborn: Fink, 155–176.

Parens, Erik (Hrsg.) (1998): Enhancing Human Traits. Ethical and Social Implications. Washington D. C.: Georgetown University Press.

Ricoeur, Paul (1996): Das Selbst als ein Anderer. München: Fink.

Sartre, Jean-Paul (1943): Das Sein und das Nichts. Versuch einer phänomenologischen Ontologie. Reinbek 1993: Rowohlt.

Schöne-Seifert, Bettina/Talbot, Davinia/Opolka, Uwe/Ach, Johann S. (Hrsg.) (2009): Neuro-Enhancement. Ethik vor neuen Herausforderungen. Paderborn: Mentis.

Taylor, Charles (1975): Erklärung und Interpretation in den Wissenschaften vom Menschen. Aufsätze. Frankfurt am Main: Suhrkamp.

Taylor, Charles (1994): Quellen des Selbst. Die Entstehung der neuzeitlichen Identität. Frankfurt am Main: Suhrkamp.

Taylor, Charles (1996): Quellen des Selbst. Frankfurt am Main: Suhrkamp.

Waldenfels, Bernhard (2000): Das leibliche Selbst. Vorlesungen zur Phänomenologie des Leibes. Hrsg. von Regula Giuliani. Frankfurt am Main: Suhrkamp.

Tatjana Hörnle

Das Menschenbild des Rechts

1 Einleitung

„*Menschenbild*" ist ein Begriff mit Traditionen: Darüber oder über ähnliche Formulierungen wird seit Langem geschrieben. Als ein Beispiel ist auf Gustav Radbruchs Heidelberger Antrittsvorlesung mit dem Titel *Der Mensch im Recht* zu verweisen (Radbruch 1927). Bei manchen Lesern wird *Menschenbild des Rechts* allerdings vermutlich negative Reaktionen hervorrufen, die auf Bewertungen dieser Figur als „schillernd", vielleicht auch „altmodisch" oder „betulich" zurückzuführen sind. Nüchtern analysierende Rechtswissenschaftler kommen nicht selten zu der Schlussfolgerung, dass man sich von diesem Konzept besser verabschieden sollte (siehe zur Kritik Stolleis 2001; Gutmann 2011, 191 ff.; Dreier 2004, 43 ff.; Dreier 2013, Art. 1 I Rn. 167). Dass Assoziationen sehr unterschiedlich ausfallen können, liegt daran, dass sich der Begriff als Einfallstor für weit gespannte Reflexionen über (fast) alles zu eignen scheint.

Die Literatur zum Thema fällt heterogen aus. Es gibt erstens neuere Sammelbände, die wissenschaftliche Tagungen oder, so der von Wilhelm Vossenkuhl herausgegebene Band (Vossenkuhl 2009), Ringvorlesungen dokumentieren, wobei die Herausgeber *Menschenbild* vermutlich auch deshalb in den Titel aufnehmen, weil eine *weite* Klammer für Beiträge mit unterschiedlichen Schwerpunkten erwünscht war. Zweitens finden sich in der neueren rechtsphilosophischen Literatur Abhandlungen, die *Menschenbild* zum Anknüpfungspunkt nehmen, um in breiter, wenig fokussierter Weise, als buntes Mosaik, philosophiegeschichtliche Traditionen abzuhandeln (Auer 2005).[1] Drittens spielt der Begriff im verfassungsrechtlichen und dem damit verbundenen rechtsphilosophischen Kontext eine wichtige Rolle: zum einen in der Literatur,[2] zum anderen in der Rechtsprechung des Bundesverfassungsgerichts, dazu unten 3. Diese verfassungsrechtliche Diskussion wurde wesentlich durch Vorstellungen beeinflusst, die in der Nachkriegszeit (vor allem in den Fünfzigerjahren des Zwanzigsten Jahrhunderts) für das deutsche rechtsphilosophische Schrifttum typisch waren. Prägend für diese Epoche waren starke ontologische und erkenntnistheoretische Vorstellungen,

---

1 Siehe dazu die scharf formulierte, aber berechtigte Kritik von Thomas Gutmann: „Als unspezifische Kulturtheorie des Rechts erlaubt die Rede vom Menschenbild des Rechts ihren Verfechtern, erzählend vom Hölzchen aufs Stöckchen zu kommen ..." (Gutmann 2011, 197).
2 Siehe für eine Auflistung der Literatur Becker (1996, S. 15 Fn. 4).

siehe etwa die Formulierung Hans Welzels vom „Einsichtigwerden des Gegenstandes, so wie er ist" (Welzel 1975, 3). Hinzu kam der naturrechtliche Gedanke, dass die Erkenntnis des „Wesens des Menschen" Gesetz- und Verfassungsgeber binde. Aufschlussreich sind Äußerungen des ehemaligen Präsidenten des Bundesverfassungsgerichts (1954 bis 1958) Josef Wintrich. Seine Anleihen bei wertethischen Traditionen kommen in zeittypischen Formulierungen über *den* Menschen zum Ausdruck: „Urgegebenheit des Menschen", „wesensmäßig hingeordnet auf objektive Werte", „Träger höchster geistig-sittlicher Werte" (zitiert nach Becker 1996, 49, 50, 53).

Diese in Teilen der Verfassungsrechtswissenschaft sich noch andeutende Traditionslinie soll hier nicht aufgegriffen werden, da die ihr zugrunde liegenden Prämissen angreifbar sind. Weder überzeugt die These, dass es allgemeingültige, objektive Werte oder eine zeitlose „Urgegebenheit" des Menschen gebe, noch die These, dass dies alles wegen Evidenz durch eine „Wesensschau" zu erkennen sei. Welche Folgerungen sind aber aus der Kritik an solchen Vorstellungen zu ziehen? Ist Nachdenken über das Menschenbild des Rechts *ohne* die skizzierten Wurzeln möglich? Die Antwort ist: ja. Verknüpfungen mit materialer Wertethik und Naturrecht waren kontingenter Natur, d. h. sie waren zeitgeschichtlich bedingt. Der Begriff *Menschenbild* ist nicht unentrinnbar an die Gedankenwelt der Fünfzigerjahre gekettet. Für *jede* Rechtsordnung ist es eine sinnvolle Aufgabe, die Annahmen, die ihr zwangsläufig zugrunde liegen, zu entschlüsseln und in ihrer Reichweite zu analysieren. Zu diesen gehören auch Annahmen dazu, was Menschen ausmacht, was Fähigkeiten und Bedürfnisse von Menschen sind. Derartige Überlegungen sind auch dann erforderlich, wenn man nicht in unrealistischer Weise ein essentialistisches und universalistisches Verständnis des Menschen pflegt, sondern von zeit- und kontextabhängigen Bedingungen ausgeht. Es besteht nur die Wahl zwischen zwei Alternativen: implizite, schlecht oder gar nicht reflektierte Grundannahmen oder eine bewusste Beschäftigung mit den Fundamenten unserer Rechtsordnung. Letzteres ist vorzugswürdig. Es sind zum einen die Prämissen zu identifizieren, die einer positiven Rechtsordnung zugrunde liegen – zur Rechtsphilosophie gehört auch die Rolle des Archäologen in der Welt des Normativen. Zum anderen ist die Angemessenheit von Annahmen über Menschen zu diskutieren und zu bewerten.

2 Empirische und normative Menschenbilder

Offensichtlich hängt der Zuschnitt von Überlegungen zum Menschenbild vom Erkenntnisinteresse ab. Es macht insbesondere einen Unterschied, ob der breitere Blickwinkel eines Philosophen oder die engere Perspektive der Rechtsphilosophie zugrunde gelegt wird. Aus der allgemeinen philosophischen Perspektive ist die Antwort auf die Frage „Was ist charakteristisch für Menschen?" auch deshalb von Interesse, weil davon abhängt, was ein „gutes Leben" ist und was eine gelungene Lebensführung ausmacht. Tugendethik ist aber nicht die diesen Aufsatz leitende Perspektive, für den das Erkenntnisinteresse durch die Aufgabe des Rechts begrenzt wird.[3]

Wendet man sich der Frage zu, wie in der rechtsphilosophischen Diskussion mit dem Begriff des Menschenbilds umgegangen wird, so lassen sich unterschiedliche Methodenansätze unterscheiden. Unstreitig dürfte nur sein, dass es um die Beschreibung *verallgemeinerbarer Eigenschaften* gehen muss, nicht um den „empirisch-konkreten Menschen" (Radbruch 1927, 468), nicht um die (in Radbruchs schöner Formulierung) „wirklichen einzelnen Menschen, die über diese Erde wandeln, auf ihre Grillen, Launen, Spleens, auf das ganze Herbarium wunderlicher Pflanzen, das wir Menschheit nennen" (Radbruch 1927, 467 f.). Notwendig sind Beschreibungen, die die Individualebene überschreiten, die Konzentration auf einen „menschlichen Allgemeintypus" (Radbruch 1927, 468). Wie aber sollte man sich dem menschlichen Allgemeintypus in seiner Relevanz für Rechtsordnungen nähern?

Zu unterscheiden sind deskriptiv vorgehende Untersuchungen von normativen Konzepten. Innerhalb der Gruppe der *deskriptiven* Ansätze lassen sich wiederum unterschiedliche Herangehensweisen unterscheiden. Der Ansatz, den Radbruch in seinem Aufsatz zugrunde legte, war deskriptiv und *geschichtlich:* Er stellte dar, wie in unterschiedlichen Epochen der Rechtsgeschichte der menschliche Allgemeintypus gesehen wurde und welche Verschiebungen sich bei einer historischen Betrachtung zeigen. Um den Bogen einer geschichtlichen Entwicklung geht es auch (mit der These, dass das Menschenbild dem modernen Recht abhandengekommen sei) in einem ebenfalls viel zitierten Aufsatz von Ernst-Wolfgang Böckenförde (Böckenförde 2001).

Neben rechts- und ideengeschichtlichen Betrachtungen, für die Rechtswissenschaftler eine Vorliebe hegen, wäre ein anderer Zugang wünschenswert. Konzentriert man sich auf die Beschäftigung mit dem heute geltenden Recht (und/oder dem ggf. zu ändernden und verbessernden Recht), wären *deskriptiv-empirische* Analysen stärker zu fördern. Die Aufgabe liegt darin, mit Blick auf rechtswissenschaftliche Fragestellungen die Prämisse zu klären, welche Eigenschaften, Fähigkeiten und Bedürfnisse die Menschen, die in dieser Rechtsordnung leben,

---

3 An dieser Stelle kann Immanuel Kants Rechtsdefinition zitiert werden, die nach wie vor eine mustergültige Umschreibung des Wesentlichen ist. Recht ist „der Inbegriff der Bedingungen, unter denen die Willkür des einen mit der Willkür des anderen nach einem allgemeinen Gesetze der Freiheit zusammen vereinigt werden kann" (Kant 1796, 337).

typischerweise haben. Anthropologie, Psychologie, Verhaltensökonomie und andere Sozialwissenschaften sind Felder zur Erschließung relevanter Informationen. Leider spielen sozialwissenschaftlich unterfütterte Beiträge eine zu geringe Rolle, die sich ernsthaft, gründlich und systematisch um die Auswertung empirischer Befunde zur Ausmalung eines realitätsnahen Menschenbilds des Rechts bemühen. Eine wesentliche Aufgabe für die Rechtsanthropologie würde in der Erforschung oder jedenfalls der Aufarbeitung des von anderen Disziplinen geschaffenen empirischen Wissens über den Menschen liegen, etwa in der Form der psychologischen Rechtsanthropologie (siehe auch Lampe 1985, 14 f.) Der Rechtsanthropologie käme danach die Rolle als empirisch informierte Vermittlerdisziplin zu.

Tatsächlich haben allerdings die in Forschungseinrichtungen unter das Stichwort „Rechtsanthropologie" gefassten Projekte meist andere Schwerpunkte, nämlich die Erfassung von Rechtssystemen und Kulturen auf anderen Kontinenten.[4] Die kulturvergleichende Orientierung hat nicht nur Tradition (siehe z. B. Pospisil 1958), sondern auch Konjunktur. Dabei bleibt aber der an sich mindestens ebenso wichtige Zweig von Rechtsanthropologie unterentwickelt, der nicht in die Ferne schweift, sondern natur- und sozialwissenschaftliche Wissensbestände in ihrer Relevanz für das in einer Rechtsordnung geltende Recht erfassen würde. Schon die Teildisziplin innerhalb der Philosophie, die in der ersten Hälfte des 20. Jahrhunderts als philosophische Anthropologie von Autoren wie Ernst Cassirer, Helmut Plessner oder Arnold Gehlen begründet wurde, hat in der Rechtsphilosophie wenig Resonanz gefunden (Gutmann 2011, 187). Die Rechtswissenschaft verzichtet weitgehend darauf, sich in systematischer und detaillierter Weise mit dem aktuellen Stand empirischer Befunde über Menschen vertraut zu machen.[5] Nur punktuell (so in der Kriminologie oder innerhalb der ökonomischen Analyse des Rechts) werden entsprechende Befunde erhoben und verarbeitet.

Keine sinnvolle Alternative zu einer ernsthaft empirisch interessierten Rechtsanthropologie als Vermittlerdisziplin zwischen den Sozial- und Naturwissenschaften und der Rechtsdogmatik sind Studien zum Menschenbild des Rechts,

---

4 Siehe etwa http://www.anthro.unibe.ch/content/rechtsanthropologie/index_ger.html und die dortige Beschreibung (aufgerufen am 7.11.2014) der rechtsanthropologischen Schwerpunkte: „Migrationsrechtliche Institutionen und Staatsbürgerschaftsrecht in Europa, Sicherheitsgesetze, der Wandel von strafrechtlichen Normen im urbanen Indien, Familienrecht in islamischen Gesellschaften, Rechte an natürlichen Ressourcen, insbesondere an Land in Lateinamerika und im südlichen Afrika, Menschenrechte und Rechtsinstitutionen zur Aufarbeitung kollektiver Gewalt."
5 Das gilt auch für weite Teile des mit *Rechtsanthropologie* betitelten Buches von Ernst-Joachim Lampe (Lampe 1970), das in einer wenig empiriefreundlichen Tradition deutscher philosophischer Anthropologie steht.

die sich als „kulturwissenschaftlich" definieren. Diese „kulturwissenschaftliche" Herangehensweise ist zwar bei manchen Rechtswissenschaftlern beliebt und stößt offenbar auch bei einer signifikanten Zahl von Lesern auf Interesse (siehe etwa das in mehreren Auflagen erschienene Buch von Peter Häberle *Das Menschenbild im Verfassungsstaat*, Häberle 2001). Zu kritisieren ist jedoch erstens, dass die „kulturwissenschaftliche" Komponente oft auf unsystematisches Sammeln und Plaudern hinausläuft und es fraglich bleibt, ob dieser Zugang die Bezeichnung als „wissenschaftlich" verdient. Zweitens verstecken sich hinter schwammigen (vorgeblich) deskriptiven Komponenten wertende Zuschreibungen, wobei das Verhältnis von (vermeintlich empirischer) Beschreibung und normativer Wertung unklar bleibt (so auch Gutmann 2011, 197 f.).

Von deskriptiven oder pseudo-deskriptiven Ansätzen zu unterscheiden sind *offen normative* Ansätze, die davon ausgehen, dass bestimmte Grundannahmen über Menschen zugrunde gelegt werden *sollen*. Letzterer Gedanke mag Sozialwissenschaftler befremden. Muss es nicht genügen, dass reale Eigenschaften und tatsächliche Bedürfnisse erforscht werden und daraus Verallgemeinerbares abgeleitet wird? Mit der Rede von einem „normativen Menschenbild" ist das implizite Eingeständnis verbunden, dass dieses von der Realität abweichen kann. Das kann aber den Einwand provozieren, was Vertreter der normativen Wissenschaften dazu berechtige, ein Menschenbild zu konstruieren, oder, härter ausgedrückt: zu erfinden. An einem Prototyp eines normativen Menschenbilds, nämlich dem vom Bundesverfassungsgericht als Argumentationstopos eingeführten „Menschenbild des Grundgesetzes", wird in der Verfassungslehre deutliche Kritik geübt. Empfohlen wird, sich „von der irreführenden Einheitsformel ‚Menschenbild'" zu verabschieden (Stolleis, 2001; siehe ferner für Kritik an der Menschenbild-Rechtsprechung Dreier 2004, 43 ff.; Gutmann 2011, 194 ff.), weil dieses „eher Trugbild als Leitbild" (Dreier 2013, Art. 1 I Rn. 167) sei.

An dieser Stelle scheint mir aber eine Unterscheidung notwendig: die Unterscheidung zwischen berechtigter Kritik am Einsatz des Arguments „Menschenbild des Grundgesetzes" in der verfassungs- und verwaltungsgerichtlichen Rechtsprechung einerseits, der wissenschaftlichen Beschäftigung mit dem Menschenbild andererseits. Die erstgenannte Kritik entzündet sich daran, dass das Bundesverfassungsgericht in seinen frühen Entscheidungen Menschenbildformeln mit bestimmten Aussagegehalten schlicht postulierte, d. h. ohne nähere Begründung eine Behauptung in den Raum stellte, um daraus im nächsten Schritt konkrete Folgerungen für Fälle abzuleiten (siehe dazu unten 3.). Angreifbar ist *diese Art der Argumentation*. Davon zu unterscheiden ist jedoch die Frage, ob es mit Blick auf Gesetzesnormen eine lohnende Aufgabe ist, sich mit den zugrunde liegenden Annahmen über menschliche Verhältnisse, etwa Fähigkeiten und Bedürfnisse von Menschen, zu beschäftigen – in verkürzter Form dann als *Men-*

schenbild zu bezeichnen. Thomas Gutmann bejaht die Möglichkeit einer Rekonstruktion von Menschenbildern, geht aber davon aus, dass damit nichts gewonnen sei (Gutmann 2011, 191). Dem würde ich widersprechen. Nachdenken über vorausgesetzte Menschenbilder ist nicht nur auf wissenschaftliches Erkenntnisinteresse zu stützen, sondern kann darüber hinaus auch als Auslegungshilfe sinnvoll sein. Diese auslegungspraktische Komponente ist insbesondere auch dann von Bedeutung, wenn es sich um Grundannahmen handelt, die hinter einem Verfassungstext stehen. Aus rekonstruierten normativen Menschenbildern kann abgeleitet werden, dass bei konkreten Rechtsanwendungsfragen entsprechende Annahmen zu Verhalten, Fähigkeiten usw. von Menschen zugrunde gelegt werden sollen. Der Plural *Menschenbilder* ist übrigens beabsichtigt: Die Vorstellung, dass es nur ein einziges, holistisches Menschenbild geben könne, würde der Komplexität der erforderlichen Grundannahmen über Menschen nicht gerecht werden.

Eine sich anschließende Frage ist, wie sich empirische und normative Menschenbilder zueinander verhalten. Unangemessen wäre die These, dass es ein klares Entweder-Oder geben müsse. Insbesondere wäre ein rein normatives Menschenbild keine hinreichende Basis für eine Rechtsordnung: Bezugnahmen auf empirisches Wissen über den Menschen sind erforderlich. Dies gilt nicht nur, aber insbesondere auch für den Bereich der Rechtssetzung. Wer Normen zu schaffen oder zu überprüfen hat, sollte sich für die tatsächlichen Umstände menschlichen Daseins in hinreichendem Maße interessieren. Ein auf Menschen bezogenes Verständnis von Recht, wie es in Art. 1 Abs. 1 des Herrenchiemseer Entwurfs zum Grundgesetz explizit formuliert worden war („der Staat ist um des Menschen willen da, nicht der Mensch um des Staates willen", siehe dazu Hofmann 2011, § 195 Rn. 3), darf die Eigenschaften und Bedürfnisse realer Menschen nicht ausblenden. Rechtsnormen werden auch nur dann Wirksamkeit entfalten können, wenn sie auf Informationen über die tatsächlichen Lebensverhältnisse von Menschen beruhen und darauf Rücksicht nehmen (Lampe 1985, 13 ff.).

Umgekehrt kann aber auch eine für empirische Fakten und die Interessen der Menschen sensible Rechtsordnung nicht ohne normative Menschenbilder auskommen. Am offensichtlichsten ist dies bei Verfassungsordnungen, die geschaffen werden, um für längere Zeitperioden ordnende Strukturen und ein in sich hinreichend konsistentes Gesamtsystem vorzugeben. Um diese Aufgaben zu erfüllen, ist eine gewisse Unabhängigkeit von tagesaktuellen empirischen Erkenntnissen und damit ein gewisses Maß an Fiktionalisierung des Menschen unvermeidbar.

Wie ist aber zu entscheiden, wenn sich ein konkret beschreibbarer Konflikt zwischen einem empirisch fundierten Menschenbild und einer normativen Unterstellung in der Verfassung (oder einem Gesetz) abzeichnet? Sind unter solchen Umständen normative Konstruktionen und Fiktionen noch erlaubt? Ich würde dies bejahen, allerdings nur unter den folgenden drei Bedingungen: Erstens muss die Rechtswissenschaft Bruchstellen und Quellen potentieller Konflikte *zur Kenntnis nehmen*. Diese Position weicht von einem rechtswissenschaftlichen Selbstverständnis ab, das etwa in der Debatte um die Neurowissenschaften aufscheint. So hat etwa Winfried Hassemer in einem Vortrag, den er 2009 auf der Strafrechtslehrertagung gehalten hat, betont, dass jede Wissenschaft ihre eigenen Fragestellungen und eigenen Methoden habe (Hassemer 2009, 846 ff.). Gegen eine strikte Trennung der Wissenschaften bestehen aber Bedenken. Insbesondere stehen die empirischen Wissenschaften nicht in einem getrennten Paralleluniversum, sondern sind wesentlich in ihrer Funktion als „Zulieferer" – auch als Zulieferer für die normativen Disziplinen. Dies gilt für Erkenntnistheorie und Moralphilosophie, vor allem aber auch für das Recht: Rechtsanwendung trifft Aussagen über Menschen und knüpft daran unter anderem belastende Rechtsfolgen. Es ist ein Gebot der Fairness gegenüber den Betroffenen, die empirische Basis der Beschreibungen von Menschen zur Kenntnis zu nehmen, anstatt diese von vornherein als disziplinfremd abzuweisen.

Die zweite Bedingung: Konstrukte eines normativen Menschenbilds dürfen nicht *surreal* werden, d. h. nicht in evidentem Gegensatz zu empirischen Daten stehen. Wir sollten z. B. nicht kontrafaktisch annehmen, dass Menschen allwissend sind, dass Emotionen Entscheidungen nicht beeinflussen und dergleichen. Es bedarf im Verhältnis von empirischem und normativem Menschenbild zwar nicht unbedingt der Deckungsgleichheit, aber doch einer substantiellen Überlappung.

Drittens: Bewusste Abweichungen von empirischen Modellen führen zu einer *erhöhten Begründungslast*. Die im Grundgesetz angelegten Menschenbilder sind voraussetzungsreicher und anspruchsvoller, als dies der Realität in allen Fällen entsprechen dürfte (siehe zur Charakterisierung von Menschen als „selbstbestimmt" unten 3.). Aus rechtsanthropologischer Sicht hat etwa Ernst-Joachim Lampe darauf verwiesen, dass der reale Mensch nach Höherem, nach einem idealisierten Menschenbild strebe. Der Mensch müsse, so Lampe, „mehr sein wollen als das, was er ist" (Lampe 1985, 17). Allerdings ist fraglich, ob Überlegungen dieser Art auch dann eine hinreichende Rechtfertigung ergeben, wenn sich dies in der Rechtsanwendung für den Betroffenen negativ auswirkt. Das wäre dann der Fall, wenn einem Individuum Fähigkeiten und Verhalten unterstellt werden, die (möglicherweise) einer empirischen Überprüfung nicht standhalten. Unter solchen Umständen ist eine genaue Prüfung erforderlich und es muss ein Grund angegeben werden, warum Interessen der Betroffenen oder Interessen der Allgemeinheit es rechtfertigen, von einem idealisierenden Menschenbild auszugehen.

3 Menschenbilder des Grundgesetzes

Als Beispiele für normative Menschenbilder werden in der Regel solche genannt, die das Bundesverfassungsgericht als „Menschenbild des Grundgesetzes" identifiziert oder ausgibt. Wenn dieses Stichwort fällt, ist es in rechtswissenschaftlichen Stellungnahmen gängige Praxis (siehe z. B. Becker 1996), die folgende Passage aus der Rechtsprechung des Bundesverfassungsgerichts anzuführen:

> Das Menschenbild des Grundgesetzes ist nicht das eines isolierten souveränen Individuums; das Grundgesetz hat vielmehr die Spannung Individuum – Gemeinschaft im Sinne der Gemeinschaftsbezogenheit und Gemeinschaftsgebundenheit der Person entschieden, ohne dabei deren Eigenwert anzutasten. (Entscheidungen des Bundesverfassungsgerichts, BVerfGE 4, S. 7, 15 f., Urteil vom 20.7.1954)

Gegen diese These richten sich allerdings die im vorstehenden Kapitel bereits angeführten Einwände gegen die Menschenbild-Rechtsprechung.[6] Zu Recht wird kritisiert, dass der vermeintliche Vorrang von „Gemeinschaftsbezogenheit und Gemeinschaftsgebundenheit" postuliert wird, ohne dass die Entscheidung sich bemüht, diese These durch Bezug zum Verfassungstext oder in sonstiger Weise irgendwie argumentativ zu untermauern. Es handelt sich nicht einmal um den Versuch einer Identifizierung von Prämissen, sondern um eine richterliche Setzung, deren dezionistischer Charakter durch die Aufwertung als „Menschenbild der Verfassung" verschleiert werden sollte. Hinzu kommt der Kritikpunkt, dass die These des Vorrangs nicht konsequent durchgehalten wurde. Vielmehr variiert das Gericht die Formeln; so fehlt etwa im Urteil zum KPD-Verbot (Entscheidungen des Bundesverfassungsgerichts, BVerfGE 5, S. 85 ff., Urteil vom 17.8.1956) jeglicher Verweis auf die „Gemeinschaftsbezogenheit und Gemeinschaftsgebundenheit der Person" (Becker 1996, 129 f.).

Aus einem zu kritisierenden Versuch, eine nur angeblich aus der Verfassung selbst entnommene Prämisse als deren Menschenbild auszugeben, ist aber nicht zu folgern, dass es unmöglich sei, in überzeugenderer Weise ein solches Menschenbild zu zeichnen. Besser begründbar ist eine andere, ebenfalls unter der Überschrift „Menschenbild des Grundgesetzes" erfolgte Schilderung des Gerichts, die sich auf Bedingungen menschlichen Handelns bezieht. Diese spricht von einem „Menschenbild, das von der freien Entfaltung der Persönlichkeit in Selbstbestimmung und Eigenverantwortung geprägt ist" (Entscheidungen des Bundesverfassungsgerichts, BVerfGE 41, S. 29, 58, Urteil vom 17.12.1975; BVerfGE 108, S. 282, 300, Urteil vom 3.6.2003). Von einer eigenwilligen richterlichen Erfindung

---

6 Siehe zur Kritik auch Becker (1996, 128): Dies sei eine einseitige, verkürzende Darstellung.

kann hier nicht die Rede sein. Zum einen gibt es Anhaltspunkte im Verfassungstext, vor allem in Art. 2 Abs. 1 GG: „Jeder hat das Recht auf die freie Entfaltung seiner Persönlichkeit, soweit er nicht die Rechte anderer verletzt und nicht gegen die verfassungsmäßige Ordnung oder das Sittengesetz verstößt." Zum anderen ist das Bild des Menschen als selbstbestimmte Person im zeitgenössischen Kontext fest verankert. Selbstbestimmung oder Autonomie sind auch in der Philosophie Begriffe von zentraler Wichtigkeit (siehe dazu Christman 2011). Für das Funktionieren einer demokratischen Staatsverfassung, die auf autoritäre Führung verzichtet, ist das Selbstkonzept von Personen als autonom essentiell (Prinz 2011, 90). Anders als bei der These zur Gemeinschaftsbezogenheit des Menschen ist beim Verweis auf Selbstbestimmung und Eigenverantwortung als Basisannahmen unserer Rechtsordnung nicht mit Widerspruch zu rechnen.

Meine These ist, dass Konturen eines angemessenen normativen Menschenbilds unter Zuhilfenahme der Begriffe „Selbstbestimmung und Eigenverantwortung" gezeichnet werden können, wobei allerdings über ihre Bedeutung gründlicher nachgedacht werden muss. Verschiedene Pfade der Untersuchung beginnen an dieser Stelle. Einer würde in die Vergangenheit führen mit der Frage: Aufgrund welcher Entwicklungen sind Vorstellungen von Freiheit und Selbstbestimmung Gemeingut geworden? Ein ideengeschichtlicher Ansatz ist allerdings nicht das hier zu verfolgende Anliegen (siehe dazu Schneewind 1997). Stattdessen soll auf den Präzisierungsbedarf hingewiesen werden, der mit Blick auf die Attribute *selbstbestimmt* und *eigenverantwortlich* besteht.

Eine erste Frage ist, wie der Begriff *eigenverantwortlich* zu verstehen ist. Insoweit ist die entscheidende Festlegung: Handelt es sich um ein Merkmal menschlichen Entscheidens und Handelns – oder aber um eine Rechtsfolge? Letzteres dürfte der überzeugendere Ansatz sein. *Frei* und *selbstbestimmt* sind Voraussetzungen. Die darauf basierte Etikettierung von Entscheidungen als *eigenverantwortlich* liefert die Rechtfertigung, um Akteuren belastende Rechtsfolgen zuzumuten, etwa einen Schuldvorwurf im Strafurteil oder die Zurückweisung von Ansprüchen (siehe zu Eigenverantwortung im Zivilrecht die Beiträge in Riesenhuber 2011; zu Verantwortlichkeit als zentralem Konzept für Rechtsordnungen Ripstein 1999, 12 ff.).

Schwieriger zu beantworten ist die Frage, worauf sich das Attribut *selbstbestimmt* bezieht. Für das Merkmal *frei* in „freie Entfaltung der Persönlichkeit" (Art. 2 Abs. 1 GG) ist verfassungsrechtlich unumstritten, dass damit ein *äußeres* Verständnis von Freiheit gemeint ist, nämlich die Freiheit von äußeren Zwängen und Reglementierungen. Geschützt wird die *allgemeine Handlungsfreiheit* gegen staatliche Eingriffe (anerkannt seit dem sog. Elfes-Urteil, Entscheidungen des Bundesverfassungsgerichts, BVerfGE 6, S. 32, 36, Urteil vom 16.1.1957). Das entspricht auch einem verbreiteten Verständnis von *frei* in philosophischen Überlegungen zum Autonomiebegriff (Christman 2011). Die *additive* Verwendung von *frei* und *selbstbestimmt* in der Formulierung „freie Entfaltung der Persönlichkeit in Selbstbestimmung" legt allerdings nahe, dass das Bundesverfassungsgericht die Merkmale auf der Voraussetzungsseite insgesamt gehaltvoller als „nur äußere Handlungsfreiheit" versteht. Dies führt zu der Frage, *welche zusätzlichen* Rahmenbedingungen – neben der Abwesenheit von Verboten und direktem Zwang – erforderlich sein sollen, damit eine Handlung als *selbstbestimmt* gelten kann. Diese Frage ist von großer praktischer Bedeutung, wenn daran die Einordnung als *selbstverantwortlich* und damit die Rechtfertigung eines Bündels unterschiedlichster Rechtsfolgen geknüpft wird (beispielsweise im Schadensersatzrecht oder im Strafrecht, aber auch in anderen Rechtsgebieten wie dem Verwaltungsrecht). Eine abschließende Klärung dieser Frage, d. h. eine umfassende Rekonstruktion des Verständnisses von *selbstbestimmt* im Menschenbild der Verfassungs- und Rechtsordnung, ist im Rahmen dieses Aufsatzes nicht möglich. Es kann hier nur auf die Notwendigkeit aufmerksam gemacht werden, dem Begriff *selbstbestimmt* im spezifischen Kontext eines normativen, rechtlichen Menschenbilds mehr Aufmerksamkeit zu schenken, und auf verschiedene Möglichkeiten hingewiesen werden, in welche Richtungen solche Überlegungen weisen könnten. Eine näher zu untersuchende Hypothese wäre im Übrigen auch, dass sich in unterschiedlichen Teilbereichen der Rechtsordnung, in Abhängigkeit von der Art der Rechtsfolgen, möglicherweise unterschiedliche Menschenbilder (auch) im Hinblick auf das Merkmal *selbstbestimmt* zeigen. Jedenfalls wäre aber ein Ausgangspunkt, auf den man sich vermutlich relativ einfach einigen könnte, dass das Menschenbild des Grundgesetzes nicht auf ein allzu gehaltvolles, „dickes" Verständnis von Autonomie aufbauen kann. Um Autonomieideale wie Authentizität und Selbstständigkeit, über die in der Moralphilosophie diskutiert wird (siehe dazu Christman 2011; Bieri 2013), kann es im verfassungsrechtlichen Kontext nicht gehen, sondern nur um minimale Voraussetzungen, die sich in einer für alle Bürger (unabhängig von konkreten Lebensverhältnissen) passenden, nicht im Detail ausgemalten Skizze unterbringen lassen.

Was aber sind Grundvoraussetzungen, damit menschliches Handeln als *selbstbestimmt* i. S. d. Menschenbilds des Grundgesetzes zu qualifizieren ist? Das Bundesverfassungsgericht deutet in älteren Entscheidungen ein ambitioniertes Menschenbild an, indem es den Menschen als „autonome sittliche Persönlichkeit" bezeichnet und auf seine „Wesensanlage als geistig-sittliche Person" verweist (Entscheidungen des Bundesverfassungsgerichts, BVerfGE 12, S. 45, 54, Beschluss vom 20.12.1960; BVerfGE 6, S. 32, 36, Urteil vom 16.1.1957). Der Verweis auf die „autonome sittliche Persönlichkeit" erfolgte im Kontext von Überlegungen zur Gewissensfreiheit (Art. 4 GG). Man könnte diese Rechtsprechung so verstehen, dass damit auf *moralische Selbstgesetzgebung* im Kantischen Sinne Bezug genommen wird. Eine solche Aufladung des Begriffs *selbstbestimmt* ist allerdings kritisch zu sehen. Erstens wäre auch an dieser Stelle nachzufragen, ob die mit einem gewissen Pathos formulierten Vorstellungen, die die Richter in dieser Zeitepoche geprägt haben, tatsächlich zwingender Bestandteil des Menschenbilds des Grundgesetzes sind – zumal diese über Schlagworte nicht hinausgehen. Zweitens steht für das Recht die Abgrenzung äußerer Freiheitssphären im Vordergrund, nicht die Möglichkeiten der Begründung von moralischen Normen.

Eine Alternative könnte darin liegen, zur Präzisierung von *selbstbestimmt* auf die Möglichkeit einer *innerlich freien Wahl* bei Entscheidungen abzustellen. Über die Frage, ob sich das Prädikat *willensfrei* auf ein Anders-Handeln-Können stützen lässt oder nicht, wird zwar vor allem in der Strafrechtswissenschaft bei der Auseinandersetzung mit dem strafrechtlichen Schuldbegriff gestritten.[7] Aber die Bedeutung der Frage, ob es Menschen zu einem gegebenen Zeitpunkt möglich ist, sich aus mehreren Entscheidungsmöglichkeiten gleichermaßen für die eine wie für die andere zu entscheiden, könnte über das Strafrecht weit hinausreichen (siehe Lampe/Pauen/Roth 2008). Wenn man *selbstbestimmt in diesem Sinne* verstünde und Eigenverantwortung auf die Möglichkeit der nicht determinierten Wahl zwischen zwei (oder mehr) Entscheidungsalternativen stützte, würden Erkenntnisse der Neurowissenschaften zur Herausforderung für das Menschenbild des Grundgesetzes werden. Diese legen nämlich nahe, dass die Vorstellung eines Anders-Handeln-Könnens, heruntergebrochen auf die realen Entscheidungsmöglichkeiten eines Individuums zu einem bestimmten Zeitpunkt, nicht mit den tatsächlichen Parametern (d. h. plausiblen Modellen zum Ablauf von Entscheidungsvorgängen im menschlichen Gehirn) in Übereinstimmung zu bringen ist (Hörnle 2013, 15 ff.). Es käme, wenn man *selbstbestimmt* so verstünde, zu einer nicht nur Randbereiche betreffenden Kollision von empirischem und normativem Menschenbild.

Aber es ist keineswegs zwingend, Anders-Handeln-Können als integralen Bestandteil des Menschenbilds des Grundgesetzes auszumachen. Näher liegt ein anderes Verständnis, das darauf abstellt, ob Menschen fähig sind, ihr Handeln an Gründen auszurichten (siehe Nida-Rümelin 2005). Zu unterscheiden ist zwischen der nachträglichen Beurteilung einer gefällten Entscheidung unter dem Gesichtspunkt des Anders-Handeln-Könnens und einer Aussage über die *allgemeine Fähigkeit* von Menschen, sich von Gründen beeinflussen zu lassen (siehe zur Bedeutung der Bewertungsperspektive auch Vanberg 2011, 54 f.). Letztere bezweifeln auch Neurowissenschaftler nicht: Bewusste Abwägungsprozesse gehö-

---

7 Siehe aus der sehr umfangreichen Literatur statt vieler Merkel (2014); Hörnle (2013), jeweils mit weiteren Nachweisen.

ren zum Entscheidungsprozess – es wäre lediglich unrealistisch, anzunehmen, dass dies die *einzigen* für das Ergebnis relevanten Vorgänge seien (Pauen/Roth 2008, 95 ff.). Eine plausible Skizzierung des Menschenbilds könnte deshalb nach meiner Ansicht so aussehen: Zum selbstbestimmten Handeln gehören demnach Kompetenzen kognitiver Art sowie die menschliche Fähigkeit, überhaupt Gründe zu verstehen, d. h. den Sollensanspruch moralischer wie rechtlicher Normen zu erfassen und diese im Wege des bewussten Nachdenkens in die eigene Entscheidungsfindung einzubeziehen.

4 Ein Beispiel für Ableitungen aus einem normativen Menschenbild

Abschließend soll ein Beispiel angeführt werden, um zu zeigen, dass die (bislang auf relativ hohem Abstraktionsniveau angesiedelten) Überlegungen zu normativen Menschenbildern des Grundgesetzes für Rechtsanwendungsprobleme fruchtbar gemacht werden können. Dieses Beispiel stammt aus dem Bereich des Polizeirechts und gilt der Frage: Wann sind präventive personenbezogene Maßnahmen erlaubt, die im Anhalten und Kontrollieren einer Person im öffentlichen Raum (Ausweiskontrolle, Durchsuchung) bestehen? Wenn man davon ausgeht, dass zum Menschenbild des Grundgesetzes normative Kompetenzen gehören (d. h. Verständnis für die Sollensansprüche rechtlicher Normen), lässt sich folgender Gedanke für das Menschenbild des Polizeirechts entwickeln: Hoheitsträger dürfen bei Interaktionen mit Bürgern nicht von der Vermutung ausgehen, dass von allen jederzeit normabweichendes Verhalten zu erwarten sei. Vielmehr muss bei personenbezogenen polizeilichen Maßnahmen ein Vertrauensvorschuss gewährt werden, weil normativ kompetente Wesen einen solchen verdienen.[8] Das Gegenteil von Vertrauen, nämlich grundsätzliches und permanentes Misstrauen, ist als Grundeinstellung nicht angemessen.

Dies dürfte nicht immer tatsächlichen Einstellungen entsprechen. Polizeibeamte neigen vermutlich zu einem Menschenbild, das sich auf Gefahrenpotentiale fokussiert, unter Umständen sogar zu verzerrten Wahrnehmungen, die

---

8 Zu Vertrauen als angemessener Haltung von Hoheitsträgern gegenüber Bürgern gibt es wenig Material. Moralphilosophische Literatur zu Vertrauen bezieht sich auf persönliche Beziehungen. Sozialwissenschaftler interessieren sich für die funktionelle Bedeutung von Vertrauen in arbeitsteiligen Gesellschaften. Die hier verfolgte normative These ist, dass nicht nur das Vertrauen von Bürgern in Mitbürger und das Rechtssystem wichtig ist, sondern auch der umgekehrte Zustand: Vertrauen von Hoheitsträgern in Bürger.

Misstrauen besonders fördern. Darf man aber verlangen, Bürgern Vertrauen entgegenzubringen, auch wenn damit vielleicht eine die Realität leicht überwölbende, nämlich etwas zu idealistische Annahme verbunden ist? Wie ist mit Abweichungen von empirischem und normativem Menschenbild umzugehen? Hierauf würde ich antworten: Es ist zu begründen, dass es zulässig und zu empfehlen ist, bis zu einem gewissen Punkt einem normativen Menschenbild zu folgen. Erstens bedeutet eine wohlwollende Einstellung und praktische Zurückhaltung bei personenbezogenen Polizeieingriffen eine angenehmere Umgebung für alle. Zweitens ist dies fairer gegenüber denjenigen, die dem normativen Ideal der reflektierten, an normativen Gründen orientierten Person tatsächlich entsprechen. Drittens beeinflusst die Konfrontation mit Menschenbildern und den daraus abgeleiteten Erwartungen über längere Zeit sowohl Individuen wie Gesellschaften (Selbstkonzepte ebenso wie Gesellschaftsstrukturen). Wegen solcher Rückkoppelungen ist ein normatives Menschenbild auch dann, wenn es eine leichte Schieflage in Richtung „zu optimistisch" aufweist, einem vielleicht akkurateren, aber pessimistischeren Menschenbild vorzuziehen.

Selbstverständlich lösen diese Überlegungen nicht alle Probleme. Die entscheidende Frage bleibt, *unter welchen Bedingungen* ein Umkippen von Vertrauen in Misstrauen angemessen ist. Gegenüber demjenigen, der mit Gesichtsmaske und Maschinengewehr eine Bankfiliale betritt, darf und muss die Haltung des Vertrauens aufgegeben werden. Aus pragmatischer Sicht ist die Frage zu erwarten: Warum auf der Einstellung „Vertrauen" beharren, wenn letztlich Ausnahmen von der Regel erforderlich sind? Aber mein Argument ist: Das Denken in Regel-Ausnahme-Strukturen ist einem *direkten* Sprung auf die Frage „Zur Gefahrenabwehr erforderlich?" vorzuziehen. Es gibt in den USA, aber auch in Deutschland eine Debatte über „racial profiling" durch Vollzugsbeamte (siehe dazu Tischbirek/Wihl 2013). Argumente, die das Unbehagen an dieser Praxis begründen, stützen sich in der Regel auf den Gleichheitsgrundsatz und den Vorwurf der Rassendiskriminierung. Das Problem sitzt jedoch tiefer und würde etwa auch dann bestehen, wenn ohne dem äußeren Erscheinungsbild entnommene Auswahlkriterien z. B. jeder Dritte angehalten und durchsucht würde. Hier liefern Überlegungen zum richtigen Menschenbild und darauf gestützte Überlegungen zum Verhältnis von Hoheitsträgern und Bürgern Argumente für Kritik: Bei Zugrundelegung eines für das Polizeirecht angemessenen Menschenbilds muss normgemäßes Verhalten als Regel unterstellt werden; Anlass für eine Ausnahme besteht nur dann, wenn Gründe für das Vorliegen besonderer Umstände, die Misstrauen rechtfertigen, vorgebracht werden können.[9]

---

9 Diese Gründe könnten auch statistisches Erfahrungswissen sein – falls erstens für Gruppen

5 Schlussbemerkung

Es gibt gute Gründe, warum Verweise auf „das Menschenbild des Grundgesetzes" auf Kritik gestoßen sind. Es wäre jedoch nicht überzeugend, deshalb alle Überlegungen zu diesem Konzept in der Schublade mit dem Etikett „angestaubte Ideen" abzulegen. Vielmehr ist zum einen eine stärkere Beschäftigung mit den empirischen Befunden zum menschlichen Entscheiden und Handeln als eine Aufgabe für eine moderne Rechtsanthropologie zu empfehlen. Zum anderen ist es, u. a. zur Gewinnung von Argumentationstopoi für Rechtsanwendungsfragen, sinnvoll, den Gehalt von normativen Menschenbildern, darunter dem des Grundgesetzes, intensiver und systematischer (jenseits des bloßen Zitierens von Entscheidungen des Bundesverfassungsgerichts) zu analysieren.

Bibliographie

Auer, Karl Heinz (2005): Das Menschenbild als rechtsethische Dimension der Jurisprudenz. Münster: LIT.

Becker, Ulrich (1996): Das „Menschenbild des Grundgesetzes" in der Rechtsprechung des Bundesverfassungsgerichts. Berlin: Duncker & Humblot.

Bieri, Peter (2013): Eine Art zu leben. Über die Vielfalt menschlicher Würde. München: Hanser.

Böckenförde, Ernst-Wolfgang (2001): Vom Wandel des Menschenbilds im Recht. Münster: Rhema.

Christman, John (2011): Autonomy in Moral and Political Philosophy. In: The Stanford Encyclopedia of Philosophy (Spring 2011 Edition). http://plato.stanford.edu/archives/spr2011/entries/autonomy-moral.

Dreier, Horst (2013): Kommentierung zu Art. 1 GG. In: Horst Dreier (Hrsg.): Grundgesetz-Kommentar. 3. Auflage. Tübingen: Mohr Siebeck.

Dreier, Horst (2004): Bedeutung und systematische Stellung der Menschenwürde im deutschen Grundgesetz. In: Kurt Seelmann (Hrsg.): Menschenwürde als Rechtsbegriff. Stuttgart: Steiner, 33–48.

Gutmann, Thomas (2011): Rechtswissenschaften als anthropologische Disziplin. In: Silke Meyer/Armin Owzar (Hrsg.): Disziplinen der Anthropologie. Münster: Waxmann, 179–202.

Häberle, Peter (2001): Das Menschenbild im Verfassungsstaat. 4. Auflage. Berlin: Duncker & Humblot.

Hassemer, Winfried (2009): Grenzen des Wissens im Strafprozess. In: Zeitschrift für die gesamte Strafrechtswissenschaft (ZStW) 121, 829–859.

Hörnle, Tatjana (2013): Kriminalstrafe ohne Schuldvorwurf. Baden-Baden: Nomos.

---

belegt werden kann, dass eine signifikant erhöhte Straftatenwahrscheinlichkeit vorliegt, die eine Ausnahme von der Regelfallvermutung erlaubt, und wenn zweitens die konkreten situationsspezifischen Umstände denen entsprechen, für die das Erfahrungswissen vorliegt.

Hofmann, Hasso (2011): Grundpflichten und Grundrechte. In: Josef Isensee/Paul Kirchhof (Hrsg.): Handbuch des Staatsrechts, Band IX. 3. Auflage. Heidelberg: C. F. Müller, 699 –730.

Kant, Immanuel (1796): Die Metaphysik der Sitten. In: Wilhelm Weischedel (Hrsg.): Werkausgabe, Band VIII, 1977. Frankfurt/M.: Suhrkamp.

Lampe, Ernst Joachim (1985): Das Menschenbild des Rechts – Abbild oder Vorbild? In: Ernst Joachim Lampe (Hrsg.): Beiträge zur Rechtsanthropologie, Archiv für Rechts- und Sozialphilosophie, Beiheft Band 22. Stuttgart: Steiner, 9–22.

Lampe, Ernst Joachim (1970): Rechtsanthropologie. Eine Strukturanalyse des Menschen im Recht. Berlin: Duncker & Humblot.

Lampe, Ernst Joachim/Pauen, Michael/Roth, Gerhard (Hrsg.) (2008): Willensfreiheit und rechtliche Ordnung. Frankfurt/M.: Suhrkamp.

Merkel, Reinhard (2014): Willensfreiheit und rechtliche Schuld. 2. Auflage. Baden-Baden: Nomos.

Nida-Rümelin, Julian (2005): Über menschliche Freiheit. Stuttgart: Reclam.

Pauen, Michael/Gerhard Roth (2008): Freiheit, Schuld und Verantwortung. Frankfurt/M.: Suhrkamp.

Pospisil, Leopold (1958): Kapauku Papuans and Their Law. New Haven: Yale University Press.

Prinz, Wolfgang (2011): Selbstverantwortung aus der Sicht der Kognitionswissenschaften. In: Karl Riesenhuber (Hrsg.): Das Prinzip der Selbstverantwortung. Grundlagen und Bedeutung im heutigen Privatrecht. Tübingen: Mohr Siebeck, 73–91.

Radbruch, Gustav (1927): Der Mensch im Recht. Heidelberger Antrittsvorlesung. In: Arthur Kaufmann (Hrsg.): Gustav Radbruch Gesamtausgabe, Band 2, Rechtsphilosophie II, 1993. Heidelberg: C. F. Müller, 467–476.

Riesenhuber, Karl (Hrsg.) (2011): Das Prinzip der Selbstverantwortung. Grundlagen und Bedeutung im heutigen Privatrecht. Tübingen: Mohr Siebeck.

Ripstein, Arthur (1999): Equality, Responsibility, and the Law. Cambridge: Cambridge University Press.

Schneewind, Jerome (1997): The Invention of Autonomy. A History of Modern Moral Philosophy. Cambridge: Cambridge University Press.

Stolleis, Michael (2001): Tauzeit für die Person im Recht (Besprechung von Böckenförde, Vom Wandel des Menschenbilds im Recht). Frankfurter Allgemeine Zeitung v. 6.11.2001.

Tischbirek, Alexander/Wihl, Tim (2013): Verfassungswidrigkeit des „Racial Profiling": Zugleich ein Beitrag zur Systematik des Art. 3 GG. In: Juristenzeitung (JZ) 68, 219–224.

Vanberg, Viktor J. (2011): Neurowissenschaftliche Erkenntnisse und ordnungsökonomische Folgerungen. In: Karl Riesenhuber (Hrsg.): Das Prinzip der Selbstverantwortung. Grundlagen und Bedeutung im heutigen Privatrecht. Tübingen: Mohr Siebeck, 45–72.

Vossenkuhl, Wilhelm (Hrsg.) (2009): Ecce Homo! Menschenbilder. Stuttgart: Kohlhammer.

Welzel, Hans (1975): Abhandlungen zum Strafrecht und zur Rechtsphilosophie. Berlin: Walter de Gruyter.

Jan-Christoph Heilinger
Mensch, Weltbürger

Über Anspruch und Umsetzbarkeit des moralischen Kosmopolitismus

In diesem Essay möchte ich eine starke Version des moralischen Kosmopolitismus gegen den Überforderungseinwand verteidigen und als eine attraktive Position in der Debatte zur globalen Ethik plausibel machen.

1 Der Zusammenhang von Anthropologie und Ethik: die zentrale Stellung des Menschen

Der Zusammenhang zwischen Anthropologie – also dem gründlichen Nachdenken über Menschen – und Ethik – also dem gründlichen Nachdenken darüber, was Menschen tun sollen – ist eng und vielfältig.

Gegenstand der Ethik sind *menschliche Handlungen*. Innerhalb der Ethik ist es somit nicht von Interesse, wie Tiere sich verhalten, und auch bestimmte Zustände der Natur oder Naturkatastrophen, die zwar viel menschliches Leid verursachen können, sind nur indirekt Gegenstand der Ethik; nämlich insofern mit ihnen bestimmte Umstände eintreten, die *Menschen* bei ihren *Handlungen* berücksichtigen müssen. Die philosophische Ethik oder Moralphilosophie interessiert sich also für menschliche Handlungen und sie tut dies nicht mit einem deskriptiven Erkenntnisinteresse, indem sie etwa untersuchen und beschreiben würde, wie Menschen sich tatsächlich verhalten, sondern sie tut dies in normativer Absicht. Ethik versucht zu klären, wie Menschen sich verhalten *sollen*.

Um nun angeben zu können, warum etwas getan werden *soll*, kann man verschiedene Strategien bemühen. In der Geschichte der Ethik und des gründlichen Nachdenkens insgesamt haben hier insbesondere religiöse Gebote, die auf einer göttlichen Autorität beruhen, eine wichtige Rolle gespielt. Es war eben das zu tun, was der Gott oder die Götter befahlen. In der Moderne spielen religiöse Autoritäten eine zunehmend untergeordnete Rolle und schaffen damit Raum, den Menschen als das Maß der Dinge auch im Bereich der Ethik zu etablieren (Anscombe 1958). Kants kategorischer Imperativ generiert aus der Struktur der menschlichen Vernunft diejenigen Maximen, deren Befolgung universalisierbar und damit moralisch geboten ist. Konsequentialistische Ethiken stipulieren einen bestimmten Maßstab des außermoralisch Guten, etwa das menschliche Wohlbefinden, dessen Vergrößerung das entscheidende Kriterium für die moralische

Qualität einer Handlung darstellt. Kontraktualisten sehen im Konsens zwischen Menschen über die Regeln, die das Zusammenleben gestalten, das ausschlaggebende Kriterium für ihre Legitimität und Rechtfertigung. Diese drei wichtigen Strömungen der modernen Ethik begründen damit ihre moralische Autorität explizit durch eine Berufung auf den Menschen: auf seine Vernunft, die ihn dazu in die Lage versetzt, Pflichten und Regeln zu erkennen; auf das für Menschen Gute, das es zu erhalten und zu vermehren gilt; und methodisch auf die menschliche Zustimmung zu Regeln, die dann genau dadurch gerechtfertigt sind.

In allen diesen ethischen Kontexten ist „der Mensch" in einem allgemeinen Verständnis die entscheidende Einheit für die Begründung moralischen Sollens und steht damit im Zentrum der moralischen Aufmerksamkeit. Es wird hierbei nicht unterschieden, ob jemand weiße oder schwarze oder andersfarbige Haut hat, Mann oder Frau oder etwas dazwischen ist, Inländer oder Ausländer oder staatenlos. Dem Anspruch nach ist Ethik daher universal; und dieser universale Anspruch resultiert aus dem allgemeinen Bezug auf „den Menschen".

2 Menschen als Träger universaler Rechte und die Frage nach universalen Pflichten

Die Idee, dass alle Menschen als Menschen gleichermaßen Träger bestimmter Rechte sind, bildet den Kern der Idee normativer Rechte und auch der Menschenrechte (Tasioulas 2012). Was damit allerdings noch unbestimmt bleibt, ist eine Antwort auf die Frage, wer denn genau dafür zuständig sein soll, dass die jeweiligen Rechte aller Menschen auch tatsächlich eingehalten werden: Wer ist der Träger der Pflichten, die den stipulierten Rechten korrespondieren (Heilinger 2012)? Die Tatsache allein, dass jemand ein Recht hat oder einen Anspruch darauf erheben kann, etwa ausreichend Grundgüter für ein einigermaßen gutes Leben zu haben, lässt offen, zu welchen Handlungen andere Menschen verpflichtet sein können, um dieses Recht zu sichern oder einzulösen. Mit Blick auf negative Grundrechte – wie die Freiheit von körperlichem Zwang – ist es noch relativ einfach zu bestimmen, wer eine dem Recht korrespondierende Pflicht hat: nämlich jeder andere. *Alle* Menschen haben es zu unterlassen, anderen Menschen körperlichen Zwang anzutun. Bei einem Recht auf Zugang zu lebenssichernden Grundgütern ist die Antwort weniger offenkundig. Wer hat – durch aktives Handeln und nicht lediglich durch Unterlassen wie im Fall negativer Rechte und Pflichten – was genau zu tun, damit diejenigen Menschen, die nicht genug Ressourcen für einen einigermaßen würdevollen Lebensstandard zur Verfügung haben, angemessen versorgt werden?

Angesichts dieser Frage gibt es eine Vielzahl konkurrierender Antworten. Manche argumentieren, dass *niemand*, wenn er nicht kausal am Elend der Menschen beteiligt ist, moralisch verpflichtet ist, den Bedürftigen zu helfen, und dass es allenfalls ein Ausdruck moralisch lobenswerter, freiwilliger Großzügigkeit und Mildtätigkeit sei, wenn jemand sich der Armen annehme. Jan Narveson hat diese Position in den Slogan gefasst: „We don't owe them a thing!" (Narveson 2003). Eine andere Position besagt, dass Hilfe für notleidende Menschen nur dann eine moralische oder eine Gerechtigkeitspflicht darstelle, wenn der Helfende und die Hilfsbedürftigen gemeinsam Mitglieder in einer Institution wie einem Nationalstaat seien (differenzierte Positionen dazu sind etwa Rawls 1999; Miller 2005). Andere argumentieren, dass alle diejenigen, die in irgendeiner mehr oder weniger direkten Verbindung zu den Notleidenden stehen – und zwar unabhängig von gemeinsamer Zugehörigkeit zu einer Nation –, aus moralischen oder gerechtigkeitstheoretischen Gründen dazu verpflichtet sind, einen Beitrag zur Verbesserung ihrer Situation zu leisten (etwa Young 2006; Pogge 2008). Und schließlich gibt es auch noch diejenigen, die dafür argumentieren, dass letztlich alle Menschen, die etwas zur Verringerung des Leids tun könnten, moralisch verpflichtet sind, das auch zu tun (etwa Singer 1972; Luban 1980). Es ist diese letzte Position, der ich mich im Folgenden zunächst genauer zuwenden möchte. So anspruchsvoll sie auch erscheinen mag, ist diese Position aus meiner Sicht die einzige, für die die Annahme, dass allen Menschen *allein aufgrund ihres Menschseins* bestimmte basale Rechte zukommen, nicht bloß ein Lippenbekenntnis ist. Wenn wirklich alle Menschen gleichen moralischen Wert haben und gleichermaßen basale Rechte haben, dann muss es für alle Menschen ein moralischer Ansporn und eine moralische Verpflichtung sein zu helfen, wenn irgendwo irgendjemand diese minimale Schwelle nicht erreicht. Auch wenn womöglich zahlreiche weitere Überlegungen angestellt werden müssen, um zu spezifizieren, was ein moralischer Akteur unter Berücksichtigung aller relevanten Umstände tun soll, tut das der Forderung keinen Abbruch, dass *zunächst einmal alle Menschen, die in irgendeiner Form etwas zur Verbesserung der Situation derjenigen leisten können, deren basale Rechte nicht erfüllt sind, moralisch dazu verpflichtet sind, etwas zu tun* (Ashford 2009).

Diese Position, die von gleichem moralischen Wert aller und einem umfassenden Netz moralischer Verantwortung und Verpflichtung zwischen allen Menschen ausgeht, das nicht durch Nationenzugehörigkeit oder persönliche Präferenzen eingeschränkt wird, kann als starke Variante des Kosmopolitismus bezeichnet werden.

3 Ursprünge und Formen des Kosmopolitismus

Das Wort und die Idee des „Kosmopolitismus" und des „Weltbürgertums" lassen sich bis in die griechische Antike zurückverfolgen. Der Philosoph Diogenes von Sinope (ca. 405 – 320 v. Chr.), der wegen seiner exzentrischen Lebensweise auch als „Hund" bezeichnet wurde und auf den damit die philosophische Bewegung der „Kyniker" (gr. kyon; dt. Hund) zurückgeht, lebte den Berichten von Diogenes Laertius und anderen zufolge auf dem Athener Marktplatz in einem Fass, besaß nichts, bettelte um Essen und ging schamlos allen seinen körperlichen Bedürfnissen in der Öffentlichkeit nach. Viele Anekdoten zeugen nicht nur von seinem philosophischen Scharfsinn, sondern lassen Diogenes – in heutigem Vokabular – als eine Mischung aus einem „satirical comedian and a homeless performance artist" erscheinen (Warburton 2013). Dieser Diogenes, als er einmal nach seiner Herkunft gefragt wurde, antwortete nicht mit der in Griechenland zu der Zeit üblichen Angabe eines genauen Herkunftsortes, sondern stattdessen mit einer unerhörten Provokation: Er bezeichnete sich als „Weltbürger", als kosmo-polites. Die Provokation einer solchen Selbstbeschreibung ist heute schwer nachvollziehbar. Sie resultiert aus der damit einhergehenden Zurückweisung aller besonderen Verpflichtungen gegenüber den Mitgliedern „seiner" Polis. Nach dem eigentlich herrschenden Verständnis war eine solche Zugehörigkeit zu einer bestimmten Polis entscheidend mit der persönlichen Identität und auch der Sicherheit der Person verbunden, denn die Bürger einer Polis bildeten gemeinsam eine Einheit, innerhalb derer besondere Verpflichtungen und damit auch besondere Ansprüche galten. Statt sich nun lediglich einer bestimmten Gruppe von Menschen zugehörig zu fühlen, fordert Diogenes durch diese Selbstbezeichnung als Weltbürger ein, dem Kosmos – d. i. der natürlichen Ordnung aller Dinge und Menschen – gegenüber verpflichtet zu sein, und gerade nicht einer aus seiner Sicht willkürlich konstituierten Untergruppe von Menschen, mit den zufälligerweise innerhalb dieser Gruppe herrschenden moralischen und kulturellen Erwartungen und Regeln. Warburton beschreibt die Implikationen von Diogenes' Selbstbeschreibung folgendermaßen: „Rather than being in thrall to local custom and kowtowing to those of high status, Diogenes was responsible to humanity as a whole. His loyalty was to human reason, unpolluted by petty concerns with wealth and power" (Warburton 2013).

Diogenes bezieht sein Weltbürgertum auf seine eigenen Handlungen, er ist damit ein Vertreter eines individuellen oder moralischen Kosmopolitismus. Gemäß dem Erkenntnisinteresse in diesem Aufsatz über den Zusammenhang von Anthropologie und Ethik ist dies ein plausibler Ausgangspunkt. Schließlich gilt es, das Verhältnis von Einsichten und Aussagen über den Menschen zu Einsichten und Aussagen darüber, wie Menschen handeln sollen, zu verstehen. Doch bevor weiter auf den moralischen Kosmopolitismus eingegangen wird, sollen zumindest kurz einige weitere, gegenwärtig einflussreiche Spielarten kosmopolitischen Denkens genannt werden. Bis zu unserer Gegenwart hat die Idee des Kosmopolitismus schließlich eine Vielzahl von Entwicklungen durchlaufen und sich weiter ausdifferenziert (vgl. z. B. Nida-Rümelin 2006). Im Folgenden werde ich zunächst den kulturellen und den politischen Kosmopolitismus kurz vorstellen, bevor ich mich näher dem moralischen Kosmopolitismus zuwende.

3.1 Kultureller Kosmopolitismus

Kultureller Kosmopolitismus kann in mindestens zwei verschiedenen Formen verstanden werden. Zum einen handelt es sich um die Idee, dass kulturelle Hybride und die wechselseitige Beeinflussung unterschiedlicher Kulturen ein wünschenswertes Ideal darstellen, das die eventuell früher existierende größere Unterscheidbarkeit und Abgrenzbarkeit verschiedener kultureller Traditionen in eine komplexere und neue Form weiterentwickelt. Oftmals wird hierfür exemplarisch auf Salman Rushdie und sein Verständnis von Literatur verwiesen, das in den 1980er- und 1990er-Jahren viele kontroverse Diskussionen hervorgerufen (und Rushdie eine Fatwa eingebracht) hat. In *Satanic Verses* zeigt Rushdie eine solche kulturelle Hybridbildung, die ein bisschen aus dieser und ein anderes bisschen aus jener Kultur entlehnt und sich dabei nicht um kulturelle „Reinheit" schert. Er begründet seine anstoßerregende schriftstellerische Tätigkeit aber unter Berufung auf die Lebendigkeit und Entwicklungsfähigkeit des sich Transformierenden im Gegensatz zum „absolutism of the Pure":

> Those who oppose the novel most vociferously today are of the opinion that intermingling with a different culture will inevitably weaken and ruin their own. I am of the opposite opinion. The Satanic Verses celebrates hybridity, impurity, intermingling, the transformation that comes of new and unexpected combinations of human beings, cultures, ideas, politics, movies, songs. It rejoices in mongrelization and fears the absolutism of the Pure. Melange, hotchpotch, a bit of this and a bit of that is how newness enters the world. It is the great possibility that mass migration gives the world, and I have tried to embrace it. The Satanic Verses is for change-by-fusion, change-by-conjoining. It is a lovesong to our mongrel selves. (Rushdie 1991, 394)

Auf die Notwendigkeit lebendiger Weiterentwicklung und das andernfalls unvermeidbare Erstarren von Kulturen, die sich von jeder Veränderung abschotten, verweist auch Samuel Scheffler in einem teilweise persönlich gehaltenen Essay über *Immigration and the Significance of Culture*. Hier verteidigt Scheffler einen „heraklitischen Pluralismus", den er wie folgt erläutert:

> Heraclitean pluralism asserts that culture and cultures are always in flux, and that individuals normally relate to culture through the acknowledgment of multiple affiliations and allegiances, and through participation in diverse practices, customs, and activities, rather than through association with some one fixed and determinate culture." (Scheffler 2007, 105–106)

Die kosmopolitische Idealvorstellung von einander gegenseitig inspirierenden Kulturen, die immer neue Formen in immer unterschiedlichen Konstellationen hervorbringen, erweist sich vor diesem Hintergrund als unvermeidliche Normalität. Diejenigen, die antikosmopolitisch für kulturelle Reinheit plädieren, verkennen schlichtweg, was es ausmacht, eine Kultur zu sein – die nicht fossil erstarrt ist, sondern gelebt wird und lebendig ist.

Eine zweite Form des kulturellen Kosmopolitismus entspricht eher unserer Alltagsverwendung des Wortes, wie sie etwa mit dem Magazin *Cosmopolitan* oder der Bezeichnung von vielreisenden, jungen Geschäftsleuten als „kosmopolitisch" verbunden ist. Auch James Bond, der sich in den unterschiedlichsten kulturellen Kontexten gewandt bewegt und überall adäquat zu interagieren und handeln weiß, repräsentiert solch einen kosmopolitischen Lebensstil. Bei genauerer Betrachtung zeigt sich jedoch, dass ein solcher kosmopolitischer Stil seinerseits eine ganz bestimmte, eher eng normierte Lebensform mit ganz bestimmten Gepflogenheiten und Erwartungen darstellt, in der zwar Reisen und der Genuss kultureller Verschiedenheit dazugehören, dabei aber oftmals engstirnig und oberflächlich bleiben. Wenn sich beispielsweise ein akademischer Jetset oder eine globale Business-Elite regelmäßig an den unterschiedlichsten Orten der Welt trifft, besteht dabei dennoch zumeist große Homogenität unter den Beteiligten und mit dem Wandel des Dekors geht keine tiefer greifende Einlassung auf die Verschiedenheit menschlicher Praktiken an den unterschiedlichen Orten einher: Es handelt sich um privilegierte Personen – die beispielsweise entweder in den Genuss einer fortgeschrittenen akademischen Ausbildung kamen oder im Geschäftsleben einer erfolgreichen, multinational agierenden Firma aktiv sind –, die in immer gleichen Kontexten – Tagungszentren oder Business-Hotels – das jeweilige Lokalkolorit als willkommene Abwechslung begrüßen und sich in ihrer Internationalität und Weltoffenheit selbst beglückwünschen – dabei aber meist keinen Blick hinter die Fassaden der Umgebung werfen, wo in vielen Ländern eine deutlich weniger glanzvolle Realität dominiert, als sie in den Hotels sichtbar ist.

3.2 Politischer Kosmopolitismus

Die Idee eines politischen Kosmopolitismus hat vor allem im Zeitalter der Aufklärung Konjunktur gehabt. Humanistischer Vorkämpfer einer Renaissance des antiken Gedankenguts war Erasmus von Rotterdam mit seinen Überlegungen zum Ideal eines weltweiten und andauernden Friedens. In seiner 1517 erschienenen *Querela Pacis* betont Erasmus die fundamentale Einheit und Gleichheit der Menschheit im Gegensatz zu ihrer tatsächlichen Aufspaltung in verschiedene Völker und Staaten und nimmt an, dass Menschen, von Natur aus soziale Wesen, dafür bestimmt seien, in Frieden und Harmonie miteinander zu leben. Entsprechend kämpft Erasmus auch für religiöse Toleranz, die die Gemeinsamkeiten aller Menschen trotz religiöser Differenzen betont, und betrachtet – wie zuvor Diogenes von Sinope – auch die Angehörigen anderer Länder und Religionen als seine Landsleute (Kleingeld 2013).

In der Folge wurden immer wieder argumentative Versuche unternommen, aus der Einheit und Gleichartigkeit aller Menschen auf die Notwendigkeit einer den globalen Frieden sichernden Weltregierung zu schließen. Bis in die Gegenwart lassen sich Stimmen dafür vernehmen (so etwa Wendt 2003). Dennoch wird, in der Folge eines von Rawls aufgegriffenen Arguments von Kant (Kant 1795, Erster Zusatz), heute fast einhellig die Annahme zurückgewiesen, dass ein globaler Souverän oder ein globales Machtmonopol wünschenswert sei. Rawls' Übernahme der Kantischen Position wird ausführlich dargelegt in *The Law of Peoples* (Rawls 1999), aber am deutlichsten ausgesprochen in *Justice as Fairness. A Restatement*, wo er schreibt:

> I assume Kant's view [...] is correct and that a world government would be either an oppressive global despotism or a fragile empire torn by frequent civil wars as separate regions and cultures tried to win their political autonomy. A just world order is perhaps best seen as a society of peoples, each people maintaining a well-ordered and decent political (domestic) regime, not necessarily democratic but fully respecting basic human rights. (Rawls 2001, 13)

Es ist Gegenstand zahlreicher Diskussionen, ob und, wenn ja, welche globalen Institutionen wünschenswert sind und wie sich möglicherweise eine Ebene globaler Verantwortung und Machtbefugnisse zu einer anderen, nicht völlig aufzugebenden Ebene nationaler oder regionaler Verantwortung und Machtbefugnisse verhalten soll. Hier sind zahlreiche unterschiedliche Vorschläge gemacht worden und die Diskussion über den politischen Kosmopolitismus, im Gegensatz zu einer auf nationaler Souveränität beharrenden Organisation, ist keinesfalls zum Abschluss gekommen.

3.3 Moralischer Kosmopolitismus

Den Kern des politischen Kosmopolitismus, und wohl auch des kulturellen Kosmopolitismus in seiner ersten oben dargestellten Variante, bildet die universalistische und egalitaristische Grundannahme, dass jedes menschliche Individuum gleichermaßen eine „ultimate unit of moral concern" darstellt (Pogge 1992), also gleichen moralischen Status hat. Diese Annahme wird heutzutage in vielen Kontexten völlig unkontrovers akzeptiert; kaum jemand würde der Aussage seine Zustimmung verweigern, dass alle Menschen gleichermaßen moralisch wertvoll sind und dass dieser moralische Wert eines jeden Menschen eben unabhängig von Geschlecht, Hautfarbe, Nationalität etc. ist.

Mit dieser grundlegenden These über den fundamental gleichen moralischen Status von Menschen ist es auch durchaus vereinbar, dass wir in unseren konkreten Handlungen die Menschen unterschiedlich behandeln. Selbstverständlich muss ich den Verbrecher nicht genauso wie einen Wohltäter behandeln; es mag moralisch sogar geboten sein, manche Menschen einzusperren und andere zu belohnen. Der drastisch vorgebrachte Verdacht von Steinhoff, ein kosmopolitischer Egalitarist schulde der eigenen netten Schwester und ihrem Vergewaltiger gleichen Respekt und gleiche Sorge (Steinhoff 2013, 1–2), kann damit differenziert zurückgewiesen werden: Bei aller unterschiedlichen Behandlung von Personen – Verbrecher einzusperren, seiner Schwester Geschenke zu machen und nicht andersherum – gilt, dass der *fundamentale moralische* Wert von Menschen unabhängig davon ist, was sie getan haben oder wer sie sind. Bestimmte Handlungsweisen, etwa Foltern, sind damit kategorisch ausgeschlossen, und bestimmte legitime Grundbedürfnisse von Menschen, wenn sie denn unerfüllt sind, stellen in jedem Fall einen gewichtigen Grund für moralische Besorgnis aller anderen dar. Der moralische Kosmopolitismus beschränkt also den Bereich der moralischen Aufmerksamkeit nicht nur auf die Landsleute oder Freunde und Familienangehörigen eines Akteurs, sondern schließt alle Menschen ein. Grundsätzlich schließt er auch alle Menschen *gleichermaßen* ein. Damit kann etwa der Hunger eines fernen Menschen ebenso ein Grund moralischer Besorgnis darstellen und Akteure moralisch verpflichten wie das Leiden eines nahen Menschen.

Naheliegenderweise ist ein zentraler Streitpunkt der Diskussionen über moralischen Kosmopolitismus, ob dieser fordert, dass wir in unseren *konkreten Entscheidungen* allen Menschen tatsächlich *gleiches moralisches Gewicht* beimessen sollen. Das furchtbare Leiden vieler Menschen in den armen Ländern der Erde würde dann das relative Wohlergehen und die vergleichsweise kleinen Sorgen der meisten Bewohner der westlichen Industrienationen wohl permanent übertrumpfen. Entsprechend wären wir moralisch verpflichtet, selbst auf die uns zur Verfügung stehenden Ressourcen zu verzichten und diese denjenigen zukommen zu lassen, die sich in einer moralisch relevanten Notsituation befinden. In einer Welt wie der unseren, die geprägt ist von extremer Ungleichheit und extremer Armut an vielen Orten, würde eine solche extreme kosmopolitische Position dazu führen, dass eigentlich jede unserer alltäglichen Handlungen, die nicht unsere eigene basale Subsistenz betrifft, moralisch nicht akzeptabel wäre, da ich in all diesen Fällen mir selbst höhere moralische Relevanz beimesse als den anderen, denen ich nicht helfe. Eine solch anspruchsvolle Position ist immer wieder vertreten worden, oftmals – aber nicht nur – aus einer konsequentialistischen Theorieperspektive (klassisch dazu Singer 1972). Andere, die sich durchaus der kosmopolitischen Grundüberzeugung vom gleichen moralischen Status aller Menschen verpflichtet fühlen, haben dagegen argumentiert, dass es auch in moralischer Hinsicht erlaubt (wenn nicht gar geboten) ist, seine eigenen Interessen, sowie die Interessen von Familienangehörigen, Freunden und Landsleuten, gegenüber denen aller anderen Menschen höher zu gewichten. Ansonsten wäre viel moralisch offenkundig Wertvolles – etwa die Sorge der Eltern für ihre Kinder – moralisch falsch. Das aber könne nur die Folge einer normativen Annahme sein, die ihrerseits irrig ist. Trotz grundsätzlich gleichem moralischem Status aller Menschen müssen gemäß dieser Position daher bestimmte Formen parteilicher Bevorzugung moralisch akzeptabel sein. Einen solchen moderaten Kosmopolitismus vertreten – auf sehr unterschiedliche Weise – etwa Samuel Scheffler, David Miller, Thomas Nagel und andere (Nagel 1991; Scheffler 1999; Miller 2007).

4 Was folgt aus dem moralischen Kosmopolitismus für meine Handlungen?

Im verbleibenden Teil dieses Aufsatzes möchte ich den moralischen Kosmopolitismus und seine Implikationen für moralisches Handeln einzelner Akteure genauer in den Blick nehmen und insbesondere den Vorwurf der moralischen Überforderung prüfen. Folgt aus der – weitgehend geteilten – Annahme, dass alle Menschen gleichen moralischen Status haben, dass die privilegierten Bewohner der westlichen Industrienationen (oder andere global betrachtet Bessergestellte) konstant gefordert sind, ihr eigenes Wohlergehen hintanzustellen und die ihnen zur Verfügung stehenden Mittel zur Linderung des Leids der Schlechtergestellten einzusetzen? Oder ist es mit der Überzeugung, dass alle Menschen in moralischer Hinsicht gleichermaßen wichtig sind, vereinbar, dass die global Privilegierten ihren zum Teil kosten- oder ressourcenintensiven Aktivitäten nachgehen dürfen, ohne dabei in moralischer Hinsicht verwerflich zu handeln?

Eine Reihe von Argumenten ist vorgebracht worden, um die herrschende Meinung zu rechtfertigen, die darin besteht anzunehmen, dass es zwar moralisch geboten ist, etwa einen gewissen Teil der einem zur Verfügung stehenden Mittel zu spenden oder zur Linderung globaler Probleme einzusetzen, dass es aber ansonsten moralisch erlaubt ist, mit dem auf redliche Weise selbst verdienten Geld zu tun und zu lassen, was wir wollen. Auch in der Wahl unserer Freizeitaktivitäten und Berufe sind wir moralisch frei, schließlich geht es auch darum, das individuelle Wohlergehen zu sichern, sowie für seine Familie und andere nahestehende Menschen vorzusorgen. Auch ist es moralisch akzeptabel und oftmals sogar auch geboten, den Verpflichtungen gegenüber unseren Freunden, Verwandten und Landsleuten höheres Gewicht beizumessen als fremden und fernen Menschen. Wer bereit ist, hohe eigene Kosten in Kauf zu nehmen und selbst Verzicht zu üben, um anderen zu helfen, verhält sich diesem Verständnis moralischer Verpflichtung entsprechend „supererogatorisch", das heißt, er tut mehr, als die Moral von ihm verlangt.

Argumente *für* diese herrschende Meinung finden sich auch in Williams' „integrity objection", die besagt, dass eine Unterordnung aller Handlungen unter einen unparteiischen, moralischen Bewertungsstandard letztlich dazu führen würde, die individuelle Persönlichkeit aufgeben zu müssen und zu einer „Nutzenmaximierungsmaschine" zu werden (Williams 1973; 1981). Andere führen zur Begrenzung der (kosmopolitischen) moralischen Anforderungen ein „agent-centered prerogative", also ein auf den Akteur selbst bezogenes Vorrecht, ein, die eigenen Interessen, Präferenzen und Beziehungen höher zu gewichten als die Interessen, Präferenzen und Beziehungen unbekannter Dritter, selbst wenn es sich bei Letzteren um die Frage minimaler Grundbedürfnisse handelt (z. B. in Scheffler 1992). So gewichtig solche Überlegungen sein mögen und so viel Plausibilität sie auch haben mögen: Sind derartige Überlegungen tatsächlich in der Lage, einen moralisch sensiblen Akteur unter den gegebenen Umständen himmelschreiender globaler Ungerechtigkeit von Verantwortung und Pflichten freizusprechen, mehr zu tun? Zweifel an der allzu bequemen Vorstellung, die Pflichten im Zaum halten zu können, scheinen mir hier angebracht zu sein.

Mir scheint, dass sich das Argument für die Existenz von extrem anspruchsvollen moralischen Pflichten recht leicht plausibilisieren lässt, wenn man einerseits die moralische Gleichwertigkeit aller Menschen akzeptiert und andererseits eine hierarchische Gewichtung der Interessen und Bedürfnisse von Menschen vornimmt. Die moralische Gleichwertigkeit aller führt dazu, dass auch *interpersonell* verglichen werden kann; dass es also als sinnvoll erscheint, *meinen Luxus* mit der *Notlage einer anderen Person* in Beziehung zu setzen. Die Hierarchisierung von Interessen und Bedürfnissen zielt auf *inhaltliche* Vergleichbarkeit. Wenn es also extrem schlimm ist, zu verhungern, und es zwar sehr schön, aber existenziell irrelevant ist, ins Kino zu gehen, ist es nicht abwegig, den Kinobesuch und die Unterhaltung auf der einen Seite mit Nahrungsmangel und möglichem Hungertod auf der anderen Seite zu vergleichen. Beides sind Zustände von Menschen, die durch menschliche Handlungen beeinflusst werden. Jede Handlung von Menschen ist eine Festlegung auf eine von zumeist mehreren zur Verfügung stehenden Optionen. Und, wie die Scholastiker wussten: *Omnis determinatio est negatio*, jede Bestimmung ist auch eine Verneinung der Alternativen. Als intentionale Handlungen betrachtet sind unsere Verhaltensweisen Gegenstand von Fragen der Rechtfertigung: Warum hast du dieses und nicht jenes getan? So gesehen erscheint es also völlig plausibel, den Kinogänger zu fragen, warum er ins Kino und nicht in die Oper gegangen ist; oder auch, warum er ins Kino gegangen ist und nicht den Preis für die Kinokarte an eine von givewell.org empfohlene Hilfsorganisation gespendet hat.

Solche Fragen nach Rechtfertigung können letztlich an alle menschlichen Handlungen gestellt werden: Warum hast du dir Zahncreme gekauft, statt zu spenden? Warum bist du zur Arbeit gegangen, statt eine Initiative von Amnesty International zu unterstützen? – Fragen nach Rechtfertigung sind nun nichts Besonderes und in vielen Fällen können wir gute Antworten darauf geben, die sowohl uns als auch einen imaginierten oder wirklichen Frager zufriedenstellen. Dennoch: Lässt sich eine nicht zynische, nicht egoistische Antwort darauf vorstellen, warum wir uns eine Flasche Wasser gekauft haben, statt das Geld zu spenden und Leitungswasser zu trinken (Singer 2009)? Gibt es, bei dieser Frage, eine aus moralischer Hinsicht akzeptable Rechtfertigung? Oder zeigt ein womöglich von einigen empfundenes Unwohlsein angesichts dieser Frage an, dass die Frage falsch gestellt ist?

5 Ein Exkurs: *Anna Karenina*

Das Problem, in den eigenen, vermeintlich unschuldigen Handlungen moralische Defizite zu erkennen, ist kein neues, auch wenn es womöglich unter den Bedingungen der globalisierten und ungleichen Welt des 21. Jahrhunderts besonders eindringlich zutage tritt. Das Hinterfragen solcher vermeintlich moralisch akzeptablen und oftmals anscheinend trivialen Handlungen sehe ich dabei als Ausdruck eines gesteigerten – möglicherweise übersteigerten? – moralischen Bewusstseins.

In Tolstois Roman *Anna Karenina* befindet sich Lewin, der autobiographische Held des Romans, in einer solchen Situation. Lewin, dessen glückliche Heirat mit Kitty Schtscherbatzky ihn als ein Gegenmodell zu Anna Karenina und ihren scheiternden Beziehungen darstellt, ist ein reicher, adeliger Grundbesitzer. Er nimmt großes Interesse an den gesellschaftlichen Entwicklungen nach dem Ende der Leibeigenschaft in Russland und hat seine eigene Rolle als privilegierter, gebildeter Grundbesitzer gründlich reflektiert. Einmal, als er sich gemeinsam mit seinem Schwippschwager Stipa Oblonski und einem Freund, Wassenka Weslowski, auf einer vergnüglichen Jagd befindet und von Bauern eingeladen wird, auf ihrem Hof zu essen und zu übernachten, wird ihm die soziale Struktur seiner Gesellschaft anhand des Kontrastes zwischen dem Leben der armen Bauern und dem der reichen Adeligen besonders deutlich.[1] Das abendliche Gespräch auf dem Nachtlager kreist zunächst um die Frage, wie ein Vermögen „ehrenhaft" oder „unehrenhaft" erworben werden könne, was sich im aktuellen Vokabular wohl als die Frage nach „gerecht" oder „ungerecht" bezeichnen lassen würde. Eine abschließende Antwort auf diese Frage wird im Gespräch der drei Freunde nicht gefunden und Lewin hat selbst keine klaren Intuitionen darüber, welche Besitzverhältnisse genau ehrenhaft oder unehrenhaft sind. Er befindet sich damit in einem Zustand der Irritation. Oblonski, selbst ein Lebemann, der viel Geld für seine Vergnügungen ausgibt, setzt Lewin nun in provozierender Absicht auseinander, dass Lewins Einkünfte aus seiner Gutswirtschaft gegenüber den deutlich kleineren Einkünften des Bauern, der sie beherbergt, ungerecht seien. Schließlich hat der Bauer, so sehr er sich auch anstrengen wird, durch seine eigene Arbeit keine Chance, ein großes Vermögen zu erwirtschaften. Ebenso ungerecht sei sein, Oblonskis, eigenes Einkommen im Staatsdienst, das deutlich höher sei als das, das sein ihm unterstellter Bürovorsteher erhalte, selbst wenn dieser sich besser auskenne und härter arbeite als Oblonski selbst. Solche überall anzutreffende Ungerechtigkeit rechtfertigt – zumindest für Oblonski –, dass man die eigene privilegierte Situation genießen darf, ohne sich zu sehr über die gesamtgesellschaftliche Dimension Gedanken zu machen.

Der mitreisende Freund, Weslowski, der „offenbar zum ersten Mal klar über diese Fragen nachdenkt und deshalb ganz aufrichtig ist", bringt das Problem auf den Punkt, wenn er fragt: „Weshalb essen, trinken, jagen wir, tun nichts, während er [scil. der Bauer] ewig, ewig schuftet?" Das „Weshalb?" bringt den Rechtfertigungsbedarf zum Ausdruck, den Lewin und Weslowski deutlich spüren, den Oblonski allerdings abwehrt.

Im weiteren Verlauf des Gesprächs werden nun die Implikationen der Anerkennung, dass das privilegierte Leben der Adeligen und Grundbesitzer rechtfertigungsbedürftig und möglicherweise moralisch problematisch ist, diskutiert. Was soll einer tun, wenn er erkennt, dass er selber Träger von nicht gerechtfertigten

---

1 Leo Tolstoi: *Anna Karenina*, Sechster Teil, Kapitel IX. Ich zitiere aus der Übersetzung von Rosemarie Tietze.

Privilegien ist, die darauf basieren, dass anderen ebensolche Privilegien vorenthalten werden?

Zunächst wird, auf Vorschlag von Oblonski, die naheliegende Option diskutiert, das, was man besitzt, den armen Bauern zu geben. Lewin äußert Unbehagen gegenüber dieser Option und verweist etwas diffus auf mögliche Pflichten, die ein Adeliger gegenüber dem Boden oder der eigenen Familie habe. Er selbst handle zumindest „auf negative Weise", womit Lewin meint, dass durch seine Handlungen bestehende Ungleichheit zumindest nicht weiter vergrößert werde. Damit unterstellt er, dass er ja keinen ursächlichen Beitrag zur Existenz dieser extremen Ungleichheit geleistet habe und deswegen weder schuldig sei noch dafür zuständig sei, sie zu beheben. Dies jedoch wird von Oblonski und Weslowski als unzureichende Sophisterei zurückgewiesen. Nachdem Weslowski von den Stimmen der singenden Hofmägde weggelockt wird, führen Lewin und Oblonski das Gespräch zu zweit weiter.

Oblonski erläutert seine Position: „So ist das, mein Freund. Eines von beiden: entweder man erkennt an, dass die jetzige Gesellschaftsordnung gerecht ist, und verteidigt dann seine Rechte; oder man erkennt an, dass man ungerechte Vorteile genießt, wie ich das tue, und genießt sie mit Vergnügen." Lewin widerspricht: „Nein, wenn das ungerecht wäre, könntest du diese Güter nicht mit Vergnügen genießen, zumindest könnte ich das nicht. Ich muss vor allem das Gefühl haben, dass ich nicht schuldig bin."

Es ist die Erfahrung des nagenden, subjektiven Gefühls der Schuld, das Lewin von Oblonski unterscheidet und das für Lewin den unbedarften Genuss seiner Privilegien unmöglich macht. Insgesamt werden in diesem Kapitel von Tolstoi drei verschiedene Einstellungen vorgeführt, die man als Privilegierter gegenüber der Tatsache massiver Ungleichheit einnehmen kann. So kann man, erstens, versuchen, die Ungleichheit als gerechtfertigt anzunehmen, sodass letztlich überhaupt kein besonderes moralisches Problem besteht. Angesichts der Rolle des Zufalls, der darüber entscheidet, in was für eine Familie oder in welche äußeren Umstände jemand hineingeboren wird, und angesichts der Tatsache, dass diese Zustände so katastrophal sein können, dass das Überleben nicht gesichert ist, ist eine solche Rechtfertigung allerdings fragwürdig – und selbst für Oblonski keine akzeptable Option. Zweitens könnte man die gesellschaftliche Ungleichheit als gegebenes Faktum hinnehmen, möglichst weitgehend ignorieren und die Privilegien, die einem zufällig zugefallen sind, genießen. Man müsste dann zwar annehmen, dass die eigenen Vorteile völlig unverdient und damit ungerecht sind, aber ein „Déjeuner mit Lafitte" kann einem möglicherweise dabei helfen, die „Verachtung der Menschen" für eine solche egozentrische Position zu vergessen. Die Hypokrisie dieser Position ist offenkundig. Lewin zeigt eine dritte Position auf, die darauf abzielt sicherzustellen, dass sich das handelnde menschliche Individuum unschuldig fühlt. Dies ist im Rahmen der zweiten Position, die Oblonski vertritt, insgesamt nur schwer vorstellbar. Dennoch, das Gefühl der „Schuld", das Lewin zu vermeiden sucht, ist komplex und mehrdeutig, und es ist unklar, was genau Lewin vermeiden möchte. Möchte Lewin lediglich wissen, dass er nicht ursächlich an der problematischen Ungleichheit beteiligt ist und insofern unschuldig ist? Diese „negative Weise", einer möglichen Verantwortung oder Schuld nachzukommen, hatte sich ja schon zuvor als unzureichend erwiesen. Oder ist sein Wunsch als Ausdruck eines gesteigerten moralischen Bewusstseins zu verstehen, das Schuld nicht nur durch ursächliche Verantwortung begründet, sondern auch anerkennt, dass fähige Akteure positive Pflichten haben, anderen zu helfen, und bei Nichterfüllung dieser positiven Pflichten moralisch schuldig werden? Die dritte Option legt es nahe, dass die Privilegierten handeln müssen, um die Situation zu ändern. Lewin selbst aber hat seinen Weg noch nicht gefunden. Sein gesteigertes, doch angesichts der extremen Ungleichheit sicherlich adäquates moralisches Bewusstsein macht ihm allerdings ein einfaches Affirmieren des und Festhalten am Status quo unmöglich.[2]

Lewin diskutiert das Problem der Ungleichheit im nationalen, sogar im regionalen Kontext. Dennoch erscheint es naheliegend, eine parallele Frage angesichts globaler Ungleichheit und unserer eigenen Rolle in diesem Zusammenhang zu stellen. Zum Abschluss dieses Aufsatzes möchte ich die Lewin'sche Frage nach der „Schuld" für Ungleichheit und Ungerechtigkeit zwar nicht abschließend beantworten, aber in kosmopolitischer Absicht näher untersuchen.

6 Sollen und Können

Angesichts globaler Ungleichheit und globaler Armut drängt sich die Frage auf, wie sich die vergleichsweise privilegierten Bewohner der Industrienationen fühlen und verhalten sollen. Auch wenn im alltäglichen Geschäft diese Frage eher selten in Erscheinung tritt, ist das Nachdenken darüber wohl kein Ausdruck einer unmäßigen moralischen Sensibilität. Das grauenvolle Elend von extremer Armut und damit verbundenen Aspekten, das so viele Menschen in einer an vielen anderen Stellen von Überfluss geprägten Welt alltäglich erfahren müssen, schreit zum Himmel. Wie sollen wir, die wir uns in einer extrem privilegierten Position befinden (ich gehe davon aus, dass das für alle diejenigen gilt, die Zeit und Muße

---

2 Am Ende des Romans wird Lewin seinen eigenen Umgang mit der gesellschaftlichen Konstellation und seiner eigenen Rolle darin finden, der allerdings im hier vorliegenden Kontext nicht einschlägig ist.

haben, diesen Aufsatz zu lesen oder zu schreiben), uns dazu verhalten? Der zufällige Wohlstand, der darauf basiert, in einem reichen Land geboren zu sein, lässt sich nicht rechtfertigen, ebenso wenig wie das Elend, das auf dem Zufall basiert, in einem armen Land geboren zu sein. Können wir aber in moralischer Hinsicht unseren Frieden mit der Situation finden und unser Glück genießen, so wie Stipa Oblonski es tut? Eine solche Einstellung erfordert einige Anstrengungen bezüglich der Verdrängung und Unterdrückung von Anteilnahme an leidenden Menschen, die zumindest all denjenigen unmöglich sein sollte, die von der grundsätzlich gleichen moralischen Bedeutung jedes einzelnen Menschen ausgehen. Um Lewins Frage noch einmal aufzugreifen: Wie ist ein Leben ohne das Gefühl der Schuld dann möglich?

Der Begriff der Schuld umfasst mindestens zwei Dimensionen: Zum einen einen ursächlichen Aspekt, der die kausale Verantwortung für bestimmte Zustände oder Ereignisse bestimmt. Zum anderen aber auch einen wiedergutmachenden Aspekt, der Verantwortung für die Überwindung oder Linderung bestimmter Zustände bestimmt. Wenn Lewin versucht, sich nicht schuldig fühlen zu müssen, sind beide Aspekte angesprochen: Zum einen will er nicht schuld sein, zum anderen will er nicht jemandem etwas schuldig bleiben. Dem ersten, kausalen Aspekt ist durch „negatives Handeln" Genüge getan. Wenn wir nicht kausal an den Problemen beteiligt sind, trifft uns keine ursächliche Schuld.[3] Was aber muss getan werden, um der wiedergutmachenden Verantwortung gerecht zu werden?

Angesichts der Vielzahl moralischer Verpflichtungen, die einerseits aus der Masse des individuellen Elends von Menschen und andererseits aus der grundsätzlichen Fähigkeit handelnder Menschen, etwas dagegen zu tun, erwächst, trifft handlungsfähige Menschen zunächst einmal eine Flutwelle moralischer Aufforderungen. Wie kann man aber hoffen, ihnen gerecht werden zu können, ohne das eigene Leben radikal umzukrempeln und ohne die bestehenden Verpflichtungen im Nahbereich – unseren Freunden, Verwandten etc. gegenüber – zu vernachlässigen? Kann es einen Zustand geben, in dem das Gefühl, etwas schuldig geblieben zu sein, bei moralisch sensibilisierten Menschen, die sich in einer privilegierten Situation befinden, keinerlei Berechtigung mehr hat?

Aus kosmopolitischer Perspektive scheint das nicht möglich zu sein. Solange Akteure überhaupt handeln können, sind sie – aufgrund der Annahme des gleichen moralischen Wertes eines jeden Menschen – moralisch angehalten, Leben zu

---

3 Dass angesichts des Problems globaler Ungleichheit, globaler Armut und globaler Ungerechtigkeit die kausalen Verstrickungen der Bewohner der Industrienationen größer sind, als gemeinhin angenommen wird, haben u. a. Pogge und Young deutlich herausgearbeitet (Pogge 2008; Young 2006).

retten und katastrophale Lebensumstände zu verbessern; bzw. zumindest nach Kräften dazu beizutragen, soweit es in ihrer Macht steht. Aus moralischer Perspektive besteht also ein extrem anspruchsvoller Imperativ, zu helfen und zu retten, der sich aus dem Vorrang der Vermeidung schlimmen Leids gegenüber vergleichsweise unerheblichen Verbesserungen im Wohlergehen ergibt. Doch selbst wenn jemand sein Leben vollständig in den Dienst der Moral stellt und Gutes tut, wo immer möglich, erscheint es unplausibel anzunehmen, dass er oder sie tatsächlich *allen* moralischen Anforderungen *vollständig* genügen kann. Selbst wenn nach einer Hierarchisierung verschiedener moralischer Anforderungen die dringendste erfüllt wird, ist damit ja keineswegs gesagt, dass die anderen, vergleichsweise weniger wichtigen Anforderungen *hinfällig* sind. Sie treten allenfalls in den Hintergrund. Wenn es sich aber um tatsächliche, gerechtfertigte Anforderungen handelt, bestehen sie fort – und behalten ihren imperativen Charakter. Dilemma-Situationen zeigen dies noch deutlicher an als Hierarchisierungen: Wenn zwei Handlungen gleichermaßen moralisch geboten sind, es aber nicht möglich ist, mehr als eine einzige auszuführen, geht die Wahl einer Option immer mit einer Vernachlässigung der anderen Option einher. In dieser Hinsicht führt die unvermeidliche Wahl in einem moralischen Dilemma dazu, dass selbst die bestmögliche Handlung moralisch imperfekt ist und vielleicht sogar ein moralisches Scheitern des Akteurs begründet. Dieses Scheitern ist dann freilich den Umständen und nicht dem persönlichen Versagen oder einem persönlichen Mangel des Handelnden geschuldet. Dennoch: Nicht erfüllte, aber gerechtfertigte moralische Anforderungen konstituieren eine Art moralisches Versagen. Und damit ist auch ein korrespondierendes moralisches Gefühl der Schuld, das ich unten noch einmal näher betrachten möchte, möglicherweise adäquat.

Hier sind zwei Beispiele, die die moralische Unvollkommenheit aufgrund von Hierarchisierungen einerseits und aufgrund von Dilemmas andererseits plausibilisieren sollen. Denken wir einmal an moralische Vorbilder wie etwa Paul Farmer, den Begründer von *Partners in Health*, der sein gesamtes Leben in den Dienst der benachteiligten Menschen gestellt hat (Kidder 2003). So viel er auch tut, hat er doch nie das subjektive Gefühl, genug getan zu haben, nicht mehr tun zu sollen, nichts mehr schuldig geblieben zu sein. Und tatsächlich ergeben sich für ihn immer neue Handlungsmöglichkeiten und -gebote, denen er aus moralischen Gründen Folge leisten soll. Dass er dabei aber seiner eigenen Familie viel zumutet und seine ebenfalls bestehenden besonderen Verpflichtungen gegenüber seiner Frau und seinem Kind nicht angemessen nachkommt, erhöht dieses subjektive Gefühl, etwas schuldig zu bleiben, lediglich weiter – selbst wenn er in einem hierarchisierenden Abwägungsprozess zu dem Schluss gekommen ist, dass die Ärmsten Vorrang gegenüber seinen Liebsten haben sollen. Ein anderes Beispiel zur Illustration eines moralischen Dilemmas könnte eine Ärztin betreffen, die sich nach einem Schiffsunglück zwei Menschen, die aus dem Wasser gezogen wurden, gegenübersieht. Beide müssten beatmet und reanimiert werden, aber sie kann nur einen von beiden reanimieren. Welche Wahl auch immer sie trifft, sie wird nur einen retten können. Da beide jedoch gleichermaßen rettungsbedürftig sind, wird – egal, was sie tut – eine der beiden moralischen Verpflichtungen unerfüllt bleiben.[4]

Wenn selbst die moralischen Vorbilder unserer Weltgesellschaft nicht moralisch einwandfrei und damit ohne das Gefühl von Schuld sind, wie viel mehr trifft dieses Verdikt dann auf die durchschnittlicheren Menschen zu? Viele tun viel Gutes, aber kann man jemals davon ausgehen, dass *alle* moralischen Verpflichtungen, denen man ausgesetzt ist, erfüllt werden *können?* Mir scheint, dass die Annahme der Möglichkeit moralischer Perfektion und damit moralischer Unschuld eine Illusion ist, die es zu entlarven gilt. Dies liegt allerdings nur teilweise in der Verantwortung der handelnden Individuen, sondern ist immer auch den Umständen geschuldet. In einer Welt wie der unseren ist es schlicht unmöglich anzunehmen, dass selbst willige und fähige moralische Akteure tatsächlich *allen* moralischen Anforderungen gerecht werden können. Stattdessen ist von einem Spektrum von relativem Verdienst und relativem Scheitern auszugehen. Ein solches skalares Verständnis von moralisch „besser" und moralisch „schlechter" (Ferry 2012) anstelle von Urteilen wie moralisch „gut" und „richtig" vs. moralisch „böse" und „falsch" entspricht eher den Umständen unserer Welt und erlaubt es, auf plausible Weise die Grundüberzeugungen des moralischen Kosmopolitismus aufrechtzuerhalten.

Es scheint eine Eigenart der Moral zu sein, dass moralische Perfektion außer Reichweite liegt. Aufgrund der Komplexität menschlicher Beziehungen und der massiven Ungleichheit zwischen Menschen (aufgrund regionaler, wirtschaftlicher und politischer Unterschiede, die von Individuen nicht einfach beeinflusst werden können), ist es unplausibel anzunehmen, dass *alle* moralischen Imperative, die einem Akteur gegenüber geltend gemacht werden können, vollständig in Handlungen umgesetzt werden können. Wenn nun die Wahl der besten Alternative alle zurückgestellten Imperative nicht vollständig auflöst, sondern eben nur zurückstellt, dann behalten diese ihren imperativen Charakter bei – und verpflichten damit Akteure weiter, auch wenn diese ihnen weder nachkommen noch überhaupt ihnen nachkommen *können.* Ein solcher unvermeidbarer Zustand moralischer

---

4 Williams' Unterscheidung, man habe in dieser Situation möglicherweise nur die Pflicht, *eine* Person, nicht aber *beide* Personen zu retten (Williams 1976), ist hilfreich, löst aber mein Problem nicht. Ich gehe davon aus, dass *jede* der hilfsbedürftigen Personen die helfende Ärztin gleichermaßen moralisch verpflichtet, ihr zu helfen, und dass jede dieser Pflichten eigenes Gewicht hat, das nicht durch die Umstände oder alternative Hilfsakte der Ärztin aufgelöst werden kann.

Imperfektion entspricht nun aber, zugespitzt formuliert, einem Zustand unvermeidbaren moralischen Scheiterns. Anzunehmen, moralische Akteure hätten jemals *genug* oder gar *alles* getan, was von ihnen moralisch verlangt werden kann, ist unter den gegebenen Umständen wenig überzeugend. Diese irritierende und unattraktive Beschreibung lässt sich allerdings in verschiedene Dimensionen aufschlüsseln, womit sie an Schärfe verliert, aber das grundsätzliche Problem dennoch deutlich ausspricht. Das grundlegende Problem besteht darin, dass auf kosmopolitischer Grundlage – die allen Menschen gleiches moralisches Gewicht beimisst – individuelles moralisches Scheitern unvermeidlich ist.

Bevor ich dazu komme, die praktischen Implikationen dieser Diagnose zu benennen, sollen in der Beurteilung moralischer Unvollkommenheit drei Dimensionen unterschieden werden: eine objektive Dimension, die das tatsächliche Nichterfüllen gerechtfertigter moralischer Anforderungen betrifft; eine subjektive Dimension gefühlter moralischer Unvollkommenheit, die die Gefühlsebene moralischer Akteure betrifft; sowie eine intersubjektive Dimension wechselseitiger Zuschreibung von Lob und Tadel. In meiner abschließenden Diskussion dieser drei Ebenen präzisiere ich die moralische Überforderung und das unvermeidliche moralische Scheitern, das eine unabwendbare Folge des strikten moralischen Kosmopolitismus ist.

6.1 Objektive moralische Unvollkommenheit

Über die objektive Diagnose, dass selbst bei bestmöglichem Verhalten zahlreiche gerechtfertigte moralische Verpflichtungen unberücksichtigt bleiben müssen, habe ich bereits einiges gesagt. Wenn dieses unvermeidliche Hintanstellen bestimmter Verpflichtungen nicht dazu führt, dass diese Verpflichtungen hinfällig werden, führt das Nichterfüllen dieser Verpflichtungen zu moralischem Scheitern. Dies erfolgt jedoch in einem „unaufgeregten" Sinne, das heißt, dass mit dieser objektiven Diagnose lediglich festgestellt wird, dass bestimmte, wohlbegründete moralische Anforderungen von einem Akteur nicht erfüllt wurden. Die Tatsache, dass möglicherweise gute Gründe dafür vorgebracht werden können, *warum* diese Anforderungen nicht umgesetzt wurden, sodass dieses Nichterfüllen bestimmter Anforderungen seinerseits gerechtfertigt sein mag, tut dieser Diagnose keinen Abbruch.

Mir scheint die Gegenposition, die abzustreiten versucht, dass wir selbst bei Erfüllung unserer vorrangigen Pflicht noch weitere offene Verpflichtungen haben können, unplausibel, da sie diese weiteren Verpflichtungen nicht hinreichend ernst nimmt.[5] Wenn mehrere Personen berechtigte Hilfsansprüche an einen moralischen Akteur stellen und dieser dann derjenigen Person hilft, die Hilfe am dringendsten benötigt, kann man doch nicht sagen, dass die berechtigten Ansprüche anderer und die entsprechende moralische Verpflichtung eines Akteurs sich auflösen. Vielmehr lassen sich „mildernde Umstände", Rechtfertigungen oder Entschuldigungen angeben, die erklären, *warum* diesen anderen Verpflichtungen nicht nachgekommen wurde. Dennoch: Berechtigte Ansprüche führen zu gerechtfertigten moralischen Verpflichtungen, die eben häufig unvermeidlicherweise unerfüllt bleiben.

Shelly Kagan hat in seinem monumentalen Buch über die *Limits of Morality* ähnliche Überlegungen angestellt[6] und kommt zu einem vergleichbaren Schluss moralischer Unzulänglichkeit, den er scharf und treffend formuliert:

> Ordinary morality judges our lives morally acceptable as long as we meet its fairly modest demands. It is not surprising that this view should be so widely – and uncritically – held: it is not pleasant to admit to our failure to live up to the demands of morality. But the truth remains that we are morally required to promote the good and yet we do not. Faced with this realization what we must do is change: change our beliefs, our actions, and our interests. What we must not do – is deny our failure. (Kagan 1989, 403)

6.2 Subjektive moralische Gefühle

Bei der Anerkennung der eigenen moralischen Unzulänglichkeit stellt sich allerdings die Frage, mit welchen subjektiven moralischen Gefühlen dieser objektiven Imperfektion begegnet werden sollte. Ist es angemessen, in Selbstvorwürfe oder Bedauern und Reue zu verfallen? Mir scheint, dass ein gewisser Grad an „schlechtem Gewissen" dem unvermeidlichen und vor allem dem vermeidlichen moralischen Scheitern gut entspricht. Dennoch ist die Theorie, die ich hier skizziere, nicht prioritär an den emotionalen subjektiven Zuständen des handelnden Akteurs interessiert, sondern bezieht sich vor allem auf den anderen, der aufgrund einer vermeidbaren Notlage berechtigte moralische Ansprüche erheben kann. Und angesichts des extremen, prinzipiell vermeidbaren Leids auf der Welt ist ein gewisses Bedauern aus meiner Sicht zweifelsohne adäquat, vor allem wenn es subjektiv als Ansporn wirkt, einen Beitrag zur Verbesserung der Lage zu leisten.

---

5 So etwa der Vorschlag von Ross, zwischen *prima facie* und *pro tanto* Pflichten zu unterscheiden (Ross 1930, 19 – 20, 28 – 29).
6 Kagan kritisiert ebenfalls die Unterscheidung von Ross (Kagan 1989, 17).

Und mit Blick auf die Handlungsmöglichkeiten der meisten besteht hier durchaus noch Spielraum, sich moralisch besser zu verhalten.

6.3 Intersubjektive reaktive Einstellungen

Vielen erscheint diese objektive Diagnose unvermeidlichen moralischen Scheiterns insbesondere deshalb wenig überzeugend, weil sie die Dimension moralischer Bewertung (wie das Erfüllen oder Nichterfüllen moralischer Verpflichtungen) zu eng an die intersubjektive Bewertungsdimension knüpft. Zwar liegt es nahe, moralischem Verdienst mit Lob und Anerkennung und moralischem Scheitern mit Tadel zu begegnen. Doch diese negativen, intersubjektiven reaktiven Einstellungen scheinen im Fall von *unvermeidlichem* moralischem Scheitern unangebracht zu sein. Soll man tatsächlich jemanden tadeln oder ihm Vorwürfe machen, wenn er bei bestmöglichem (oder zumindest moralisch verdienstvollem oder sehr anständigem) Verhalten moralische Perfektion nicht erreicht hat? Dies erscheint verständlicherweise überspannt und unangebracht, vor allem im Fall dilemmatischer Entscheidungen, in denen die eine Wahl ebenso gut oder schlecht ist wie die andere. Doch in vielen anderen Fällen der Bewertung moralischer Vorbilder ist ein gewisser Anteil leichten Tadelns vermutlich nicht gänzlich unangebracht: Wenn Paul Farmer seine Familie vernachlässigt oder wenn Mutter Teresa bei allem Engagement für die Armen auf den Straßen Kolkatas an keiner Stelle versucht, politisch die Ursachen und nicht bloß die Symptome eines Problems zu bekämpfen, wird die moralische Imperfektion deutlich. Dafür ist Kritik berechtigt, auch wenn man diese Personen vermutlich nicht streng tadeln wollen wird.

Die intersubjektive Bewertung von unvermeidlichem Scheitern sollte insgesamt jedoch eher als Ausdruck kollektiver moralischer Ernsthaftigkeit angesehen werden, die Probleme aller Menschen wichtig zu nehmen. Dass Individuen unvermeidlich scheitern, ist bedauerlich, doch liegt der Fokus darauf, in umfassenden Reformen Umstände herbeizuführen, die dieses individuelle Scheitern vermeiden helfen.

7 Strukturelle Veränderungen als Ansatzpunkt

In diesem Beitrag habe ich, ausgehend von Überlegungen über den Zusammenhang von Anthropologie und Ethik den Begriff des Kosmopolitismus eingeführt und den *moralischen* Kosmopolitismus als egalitären Universalismus näher untersucht. Ich habe gezeigt, wie sich daraus weitgehende moralische Anforderungen ergeben, die nicht immer anerkannt werden und die über das hinausgehen, was ein einzelner moralischer Akteur leisten kann. Insofern lässt sich sagen, dass der moralische Kosmopolitismus verlangt, ein unvermeidliches Scheitern moralischer Akteure anzuerkennen. Moralische Überforderung ist dem extremen Ausmaß des grundsätzlich vermeidbaren menschlichen Leidens in unserer Welt angemessen. Diese unvermeidliche moralische Unzulänglichkeit individueller Akteure ist jedoch hinsichtlich einer objektiven, einer subjektiven und einer intersubjektiven Dimension zu differenzieren. Zur Überwindung dieser individuellen moralischen Überforderung sind letztlich strukturelle Veränderungen nötig, die nur durch kollektive Anstrengungen verwirklicht werden können. Kollektive Anstrengungen verlangen jedoch individuelles Engagement und politisches Handeln, um tatsächliche Alternativen zu der bestehenden, moralisch problematischen Struktur aufzuzeigen und zu verwirklichen, die dem Problem zugrunde liegt. Unter anderen Umständen als denjenigen, die in unserer Gegenwart zu extremer Ungleichheit zwischen den Menschen führen, wäre es leichter, den gerechtfertigten Anforderungen des moralischen Kosmopolitismus nachzukommen.

Bibliographie

Anscombe, G.E.M. (1958): Modern Moral Philosophy. In: Philosophy 33 (124), 1–19.

Ashford, Elizabeth (2009): Unsere Pflichten gegenüber Menschen in chronischer Armut. In: Barbara Bleisch/Peter Schaber (Hrsg.): Weltarmut und Ethik. 2. Aufl. Paderborn: mentis, 195–211.

Ferry, Michael (2013): Does morality demand our very best? On moral prescriptions and the line of duty. In: Philosophical Studies 165 (2), 573–589.

Heilinger, Jan-Christoph (2012): The moral demandingness of socioeconomic human rights. In: Gerhard Ernst/Jan-Christoph Heilinger: The philosophy of human rights. Contemporary controversies. Berlin/Boston: de Gruyter, 185–208.

Kagan, Shelly (1989): The limits of morality. Oxford: Oxford University Press.

Kant, Immanuel (1795): Zum Ewigen Frieden. In: Wilhelm Weischedel (Hrsg.): Akademie-Ausgabe Band 8. Darmstadt: WBG.

Kidder, Tracy (2003): Mountains beyond mountains. New York: Random House.

Kleingeld, Pauline (2013): Cosmopolitanism. In: The Stanford Encyclopedia of Philosophy 2013.

Luban, David (1980): Just War and Human Rights. In: Philosophy & Public Affairs 9 (2), 160–181. doi: 10.2307/2265110.

Miller, David (2005): Reasonable Partiality Towards Compatriots. In: Ethical Theory and Moral Practice 8, 63–81.

Miller, David (2007): National Responsibility and Global Justice. Oxford: Oxford University Press.

Nagel, Thomas (1991): Equality and Partiality. Oxford: Oxford University Press.

Narveson, Jan (2003): We don't owe them a thing! A tough-minded but soft-hearted view of aid to the faraway need. In: The Monist 86 (3), 419–433.

Nida-Rümelin, Julian (2006): Zur Philosophie des Kosmopolitismus. In: Zeitschrift für Internationale Beziehungen 13 (2), 227–234.

Pogge, Thomas W. (1992): Cosmopolitanism and Sovereignty. In: Ethics 103 (1), 48–75.

Pogge, Thomas W. (2008). World Poverty and Human Rights. 2nd ed. Cambridge: Polity.

Rawls, John (1999): The Law of Peoples. Cambridge: Harvard University Press.

Rawls, John (2001): Justice as Fairness. A Restatement. Cambridge: Harvard University Press.

Ross, W.D. (1930): The Right and the Good. Oxford: Oxford University Press.

Rushdie, Salman (1991): Imaginary Homelands: Essays and Criticism 1981–1991. London: Granta Books.

Scheffler, Samuel (1992): Human morality. Oxford: Oxford University Press.

Scheffler, Samuel (1999): Conceptions of Cosmopolitanism. In: Utilitas 11 (3), 255–276.

Scheffler, Samuel (2007) Immigration and the Significance of Culture. In: Philosophy and Public Affairs 35 (2), 93–125.

Singer, Peter (1972): Famine, Affluence, and Morality. In: Philosophy and Public Affairs 1 (3), 229–243.

Singer, Peter (2009): The Life You Can Save. New York: Random House.

Steinhoff, Uwe (2013): Against Pogge's „Cosmopolitanism". In: Ratio 26 (3), 329–341.

Tasioulas, John (2012): On the Nature of Human Rights. In: Gerhard Ernst/Jan-Christoph Heilinger (Hrsg.): The Philosophy of Human Rights. Contemporary Controversies. Berlin/Boston: de Gruyter, 17–59.

Warburton, Nigel (2013): Cosmopolitans. In: Aeon Magazine March 4. http://aeon.co/magazine/world-views/nigel-warburton-cosmopolitanism/.

Wendt, Alexander (2003): Why a World State is Inevitable. In: European Journal of International Relations 9, 491–542.

Williams, Bernard (1973): A Critique of Utilitarianism. In: John J.C. Smart/Bernard Williams (Hrsg.): Utilitarianism: For and Against. Cambridge: Cambridge University Press, 77–149.

Williams, Bernard (1976): Ethical Consistency. In: Bernard Williams: Problems of the Self. Cambridge: Cambridge University Press.

Williams, Bernard (1981): Moral Luck. Cambridge: Cambridge University Press.

Young, Iris Marion (2006): Responsibility and Global Justice: A Social Connection Model. In: Social Philosophy and Policy 23, 102–130.

Katja Crone

Personale Identität und die Rolle des subjektiven Erlebens

Personen leben nicht nur in der Zeit, sondern sie wissen auch von ihrer zeitlichen Existenz. Sie haben ein Bewusstsein, dass sie verschiedene Lebensphasen durchlaufen, sich in vielfacher Hinsicht verändern, aber dennoch dieselben Erfahrungssubjekte bleiben. Dieses Bewusstsein ist nicht nur für das Selbstverständnis von Personen relevant, es spielt auch in bestimmten praktischen – moralischen und rechtlichen – Kontexten eine wichtige Rolle: Wüssten wir nicht, dass wir als *dieselben* Erfahrungssubjekte über die Zeit hinweg existierten, würden wir uns für unsere früheren Taten nicht verantwortlich fühlen. Was „wir" zu einem früheren Zeitpunkt getan hätten, würde uns heute nichts angehen, denn uns würde der bewusste Bezug zu unserer früheren Existenz fehlen. Und wenn andere uns zur Verantwortung zögen, würden wir uns nicht *persönlich* für unsere Handlungen verantwortlich fühlen. Das Bewusstsein, über die Zeit hinweg zu existieren, ist also eine Voraussetzung für die Einsicht in das eigene vergangene Verhalten.

Der vorliegende Text wird sich mit einer grundlegenden Bedingung eines solchen Selbstverständnisses von Personen befassen. Im Zentrum wird die Frage stehen, was es heißt, dass Personen sich als dieselben – identischen – Erfahrungssubjekte verstehen, obwohl sie sich im Laufe der Zeit verändern. Um sich dessen bewusst zu sein, ist es nicht notwendig, höherstufige mentale Zustände zu erzeugen oder logische Operationen durchzuführen. Vielmehr basiert unser Gegenwartsbewusstsein u. a. auf dem *impliziten* Bewusstsein, zu einem früheren Zeitpunkt bereits existiert zu haben. Diese Beschreibung deutet darauf hin, dass das Bewusstsein der eigenen Fortdauer – der numerischen Identität über die Zeit hinweg – auch durch erlebnishafte, nichtpropositionale Eigenschaften gekennzeichnet ist. Dies legt die Frage nahe, ob diese erlebnishaften Eigenschaften nicht nur eine Bedeutung *für* das erlebende Subjekt haben, sondern eventuell auch eine *theoretische Funktion* in Bezug auf das philosophische Problem der personalen Identität über die Zeit hinweg. Könnten erlebnishafte Eigenschaften als *Kriterium* für personale Identität über die Zeit hinweg fungieren?

Ich werde im Folgenden ein entsprechendes Argument von Barry Dainton (2000; 2005) diskutieren. Er behauptet, dass die Kontinuität des Erlebens (der so genannte Erlebnisstrom) für das Fortbestehen von Personen eine konstitutive Rolle spielt. Obwohl es aus meiner Sicht grundsätzlich richtig ist, qualitative Eigenschaften mentaler Zustände bei der Analyse von personaler Identität zu berücksichtigen, werde ich zeigen, dass Daintons Vorschlag mit unüberwindlichen Problemen behaftet ist. Daher werde ich anschließend einen anderen Problemansatz vorschlagen: Die Relevanz von qualitativen, erlebnishaften Eigenschaften wird erkennbar, wenn man abrückt von der Suche nach *Kriterien* für die zeitübergreifende Identität und stattdessen die Struktur und den Gehalt des *Bewusstseins* der eigenen zeitübergreifenden Identität in den Blick nimmt und analysiert.

Die nachfolgenden Überlegungen sind folgendermaßen aufgebaut: Im ersten Teil (1) werde ich Daintons Argument näher erläutern. Im zweiten Abschnitt (2) werde ich zwei Einwände gegen die zentrale Prämisse des Arguments vorstellen, woraus aus meiner Sicht folgt, dass das Argument scheitert. Im letzten Teil (3) werde ich einen eigenen Vorschlag für eine strukturelle Analyse des Identitätsbewusstseins von Personen machen und die Rolle von Erlebnisaspekten bestimmter mentaler Zustände charakterisieren.

1 Transtemporale Einheit und die Bedeutung phänomenaler Eigenschaften

Bevor ich mit dem eigentlichen Thema beginne, möchte ich eine wichtige begriffliche Unterscheidung voranstellen. Sie betrifft den Begriff der Identität, der mehrdeutig und missverständlich ist. Es gibt zwei Bedeutungen, die in philosophischen Debatten oft verwechselt werden. Die erste Bedeutung, um die es in meinem Vortrag *nicht* geht, ist die alltagssprachliche Bedeutung von *Identität*. Hier wird der Ausdruck typischerweise gebraucht, um auf die Persönlichkeit oder den Persönlichkeitskern einer Person zu verweisen: Was eine Person ausmacht, sie von anderen unterscheidet, ist ihre *Identität*. Diese Identität kann gefährdet sein, man kann in eine Identitätskrise geraten, man kann seine Identität verlieren oder wiederfinden. Diese Bedeutung von *Identität* gehört der Semantik von *Persönlichkeit* an. Allerdings wird dieser Wortsinn oft vermengt mit einer gänzlich anderen Bedeutung von *Identität*. Denn der Ausdruck *Identität* verweist in bestimmten philosophischen Debatten auf eine logische Relation zwischen Entitäten, die zu unterschiedlichen Zeitpunkten existieren. Die relevante Frage lautet hier: Handelt es sich bei den Entitäten zu verschiedenen Zeitpunkten um ein und dieselbe Entität (numerisch eine) oder um zwei verschiedene? Angenommen, ich treffe auf der Straße zufällig jemanden, der Ähnlichkeit mit meinem Schulkameraden Peter hat, den ich aber seit Grundschulzeiten nicht mehr gesehen habe. Ich frage mich, ob es sich bei der Person tatsächlich um Peter handelt, ob mein alter Schulkamerad und die Person, die ich auf der Straße sehe, ein und dieselbe Person sind – also numerisch identisch sind – oder nicht doch zwei verschiedene Personen. *Identität* wird in diesem Kontext also verstanden als numerische Identität über die Zeit hinweg, was in den englischsprachigen Debatten auch als *sameness* („Selbigkeit") bezeichnet wird.[1] Wenn ich im Folgenden von *Identität* spreche, dann verwende ich den Ausdruck in der Bedeutung von *numerischer* Identität. (Auch gebrauche ich den etwas sperrigen Ausdruck „*zeitübergreifende*" oder „*transtemporale*" Identität).

Philosophische Theorien, die sich mit *diesem* Begriff der Identität befassen, fragen typischerweise nach Bedingungen, die erfüllt sein müssen, damit man korrekterweise sagen kann, dass eine Person als numerisch identisches Einzelding fortexistiert. Welche Annahmen machen wir, wenn wir behaupten, dass ein Kind im Jahr 1980 und eine erwachsene Person im Jahr 2014 numerisch identisch sind? Die Mehrzahl der heute gängigen Ansätze definiert personale Identität über die Zeit hinweg im Rückgriff auf körperliche oder psychische Kontinuität[2] (also: Wenn ein bestimmtes Individuum zu t1 und ein bestimmtes Individuum zu t2 in körperlicher oder psychischer Kontinuität/Verbindung zueinander stehen, dann handelt es sich um ein und dasselbe – identische – Individuum.). Die wenigsten Ansätze stellen dabei jedoch explizit die Perspektive der ersten Person und erlebnishafte Eigenschaften mentaler Zustände ins Zentrum. Aus meiner Sicht ist dies problematisch, weil man so einen zentralen Aspekt des Selbstverständnisses von Personen von vornherein ausschließt: Personen haben normalerweise ein Bewusstsein davon, dass sie als Erfahrungssubjekte in der Zeit existieren. Selbst in Abwesenheit konkreter Erinnerungen „wissen" Personen zumindest implizit, dass sie auch bereits in der Vergangenheit als Erfahrungssubjekte existiert haben. Diese Information wird typischerweise nicht logisch erschlossen, sie ist auch nicht das Ergebnis einer komplexen Überlegung. Also scheint es sich dabei um einen Bewusstseinsinhalt zu handeln, der vor allem durch erlebnishafte oder phänomenale Eigenschaften gekennzeichnet ist. Lässt sich aber behaupten, dass subjektives Erleben für personale Identität *konstitutiv* ist? Dies behauptet Barry Dainton (2005).[3] Er argumentiert, dass all unsere mentalen Zustände Teil eines einheitli-

---

1 Für einen Überblick über die verschiedenen Positionen, Argumente und Gedankenexperimente siehe z. B. Noonan (1989).

2 Das psychische Identitätskriterium wird z. B. von Parfit (1971), Perry (1972), Shoemaker (1984), Nagel (1986) vertreten; für eine Theorie personaler Identität im Sinne körperlicher Kontinuität argumentieren beispielsweise Williams (1979), Mackie (1999) und Van Inwagen (1990).

3 Obwohl Barry Dainton bereits vielerorts über das Thema geschrieben hat, nicht zuletzt in seinem Buch *Stream of Consciousness* (2000), werde ich mich im Folgenden hauptsächlich auf den mit Tim Bayne zusammen verfassten Aufsatz beziehen (2005), da das relevante Argument hier am klarsten präsentiert ist.

chen kontinuierlichen Erlebnisstroms sind; und dieser Erlebnisstrom ist dem Argument zufolge für die numerische Identität von Personen sowohl notwendig als auch hinreichend.

Um die Grundidee des Ansatzes besser verständlich zu machen, müssen zunächst einige Begriffe und Annahmen erläutert werden. Was genau sind erlebnishafte oder qualitative Eigenschaften? Der Ausdruck verweist auf den phänomenalen Charakter mentaler Zustände, also darauf, wie es sich „anfühlt", in einem bestimmten mentalen Zustand zu sein – im Unterschied zu einem anderen mentalen Zustand. Wenn ich eine grellgrüne Wiese sehe, dann fühlt sich diese Farbwahrnehmung auf eine bestimmte Weise an, sie hat einen charakteristischen Erlebnisaspekt; und wenn ich meinen Blick auf einen dunklen See richte, dann fühlt sich dies auf eine andere Weise an. Während Standardauffassungen solche qualitativen erlebnishaften Eigenschaften zumeist auf sensorische Zustände, etwa der Farbwahrnehmung, und Schmerzzustände beschränken, vertritt Dainton demgegenüber die These, dass solche Eigenschaften *sämtliche* Typen mentaler Zustände charakterisieren, also nicht nur Empfindungen, Wahrnehmungen und Gefühle, sondern auch Gedanken und Überlegungen. Auch der Hintergrund von inhaltlich konkreten Erfahrungen ist qualitativ eingefärbt, z. B. eine Stimmung oder eine erlebte Atmosphäre (Dainton 2004, 368; ebenso Bayne 2010, 4–9). Entscheidend für das Argument ist jedoch die Art, wie mehrere Erlebniszustände miteinander verbunden sind. Verschiedene Erlebniszustände treten im Normalfall nicht isoliert voneinander auf, sondern zusammen, genauer: Sie treten als Einheit auf. Sie können zwar im Hinblick auf Gehalt und Modus voneinander unterschieden werden, dennoch sind sie „ko-bewusst", insofern sie einem einzelnen („übergreifenden") Gesamtzustand angehören. Wenn ich beispielsweise einen heißen Apfelstrudel esse, dann habe ich – gleichzeitig – sehr unterschiedliche Empfindungen: mindestens visuelle, olfaktorische, geschmackliche und taktile.

Wichtig im vorliegenden Kontext ist allerdings, dass auch solche Erlebnisse, die *nicht* simultan auftreten, durch phänomenale Einheit gekennzeichnet sind. Anknüpfungspunkt der Analyse ist zunächst die Beobachtung, die ursprünglich auf Husserl zurückgeht, dass verschiedene bewusste mentale Zustände nicht plötzlich auftauchen und anschließend ebenso abrupt wieder verschwinden, vielmehr gehen sie unmittelbar ineinander über. Dies wird deutlich, wenn man sich beispielsweise das Geräusch eines Autos, das vor dem Fenster vorbeifährt, vorstellt. Jede Phase der auditiven Wahrnehmung „fließt" nahtlos in die nächste über – ohne Unterbrechung. Zeitversetzt auftretende bewusste mentale Zustände sind nicht nur direkt miteinander verbunden, sondern sie werden auch als verbunden *erlebt*. Das Beispiel macht deutlich, dass es in der Kontinuität von Erfahrungen Momente gibt, in denen man die Veränderung mentaler Gehalte und deren zeitliche Erstreckung *direkt* bemerkt. Ein solcher Moment ist jedoch von vergleichsweise kurzer Dauer; dies wird in Theorien des Zeitbewusstseins oftmals als „flüchtiger Gegenwartsmoment" (*specious present*) bezeichnet:[4] Was einem gegenwärtig bewusst ist, dauert weniger als eine Sekunde an. Der aktuell erlebte Moment ist insofern kein unausgedehnter Punkt, den man zwischen der unmittelbaren Vergangenheit und der noch nicht eingetretenen Zukunft verorten muss und der als solcher verschwindet;[5] vielmehr hat er eine zeitliche Erstreckung: Es gibt frühere und spätere Abschnitte des erlebten Gegenwartsmoments – wie das Beispiel des allmählichen Verklingens des Motorengeräuschs zeigt. Die Übergänge zwischen den zeitlichen Abschnitten (früheren, späteren) werden direkt wahrgenommen. Nach Dainton sind die zeitlichen Abschnitte qualitativ miteinander verbunden. Sie sind also ebenfalls „ko-bewusst".

Diese Beschreibung bezieht sich jedoch zunächst nur auf das Erleben des *einzelnen* zeitlich ausgedehnten Gegenwartsmoments. Die These von Dainton lautet weiter, dass zwischen den gegenwärtig erlebten Momenten ebenfalls vollständige phänomenale Verbindungen bestehen, Verbindungen, die als solche *erlebt* werden. Die gegenwärtig erlebten Momente fließen ganz und gar lückenlos ineinander. Daraus ergibt sich folgendes Bild: Einzelne Erfahrungen, die nicht gleichzeitig auftreten, gehören demselben Bewusstseinsstrom an, wenn sie über die Zeit hinweg qualitativ miteinander verbunden (ko-bewusst) sind. Diese Verbindungen bestehen entweder direkt – das heißt, sie treten in demselben erlebten Gegenwartsabschnitt (*specious present*) auf – oder indirekt: Dann gehören sie einer Kette von sich überlappenden Gegenwartsabschnitten an. Ein Bewusstseinsstrom ist also keine bloße Aufeinanderfolge oder Aneinanderreihung von einzelnen mentalen Zuständen, sondern eine fließende Sequenz, die andauert, obwohl man kaum jemals bewusst Notiz von ihr nimmt („Each brief phase of a stream of consciousness is experienced as flowing into the next"; Dainton/Bayne 2005, 554). Es handelt sich hierbei um einen Fall phänomenaler Kontinuität, die Daintons Argument zufolge, sofern sie gegeben ist, die zeitübergreifende Identität von Personen garantiert. Eine Person zum Zeitpunkt t1 und eine Person zum Zeitpunkt t2 sind demnach genau dann ein und dieselbe Person, wenn zwischen ihnen eine erlebnishafte Verbindung vorliegt – wenn sie also aufgrund eines einheitlichen Erlebnisstroms miteinander verbunden sind. Bevor das gesamte

---

4 Die Verwendung des Ausdrucks *specious present* in aktuellen Ansätzen des Zeitbewusstseins geht auf William James zurück. James versteht darunter: „the short duration of which we are immediately and incessantly sensible" (James 1981, 594).

5 Das Problem, eine Realdefinition der Gegenwart zu geben, da sie als unausgedehnter Punkt zwischen vergangenen und zukünftigen Episoden zu „verschwinden" und insofern nicht zu existieren scheint, formuliert besonders pointiert Augustinus in den *Confessiones* XI (Ausgabe 1998).

Argument beurteilt werden kann, ist eine weitere Prämisse zu beachten. Diese bezieht sich auf die Art von Verbindung zwischen einem Bewusstseinsstrom und einer bestimmten Person – dem Subjekt des Stroms. Dainton formuliert hier lediglich eine These (die sogenannte Nichttrennbarkeitsthese – *Inseparability Thesis*): „Self and phenomenal continuity cannot come apart: all the experiences in a single (non-branching) stream of consciousness are co-personal" (Dainton/ Bayne 2005, 557). Diese These basiert auf der probabilistischen Aussage, wonach es „höchst unwahrscheinlich" sei anzunehmen, dass (metaphorisch gesprochen) der Bewusstseinsstrom sich fortsetzt und dabei das „Subjekt" zurücklässt. Zu beachten ist ferner, dass die Ausdrücke *Selbst*, *Person* und *Subjekt* synonym verwendet werden.

2 Das „Brückenproblem": zwei Einwände

Das Argument wirkt auf den ersten Blick plausibel: Dass die Fortdauer von Personen durch die Kontinuität des Erlebens bedingt ist, scheint unseren Alltagsintuitionen zu entsprechen. Zum einen besteht diese Kontinuität auch dann, wenn Erfahrungssubjekte sie nicht bewusst (explizit) wahrnehmen; die Existenz des Erlebnisstroms ist an keine kognitive Leistung höherer Ordnung gebunden. Zum anderen sichert die Kontinuität des Erlebnisstroms auch dann die Fortdauer der Person, wenn der Fall einer *Dis*kontinuität bestimmter psychischer Zustände und Fähigkeiten eintreten würde (z. B. Verlust von Erinnerungen, Vorlieben, langfristigen Überzeugungen etc.). Wenn beispielsweise jemand in Folge eines Hirnschlags eine Vielzahl seiner persönlichen Erinnerungen eingebüßt hätte, würde man nicht dennoch sagen, dass die Person vor und nach dem Ereignis numerisch dieselbe ist (und nicht zwei verschiedene)? Dass wir geneigt sind, die Frage zu bejahen, hängt auch damit zusammen, dass die subjektive Erfahrungsperspektive den faktischen Verlust von konkreten Inhalten, also Erinnerungen, längerfristigen Absichten und Vorlieben, überdauert. Auch wenn bestimmte encodierte mentale Inhalte aufhörten zu existieren, würde die Erfahrungsperspektive fortbestehen. Und das deutet darauf hin, dass kontinuierliche subjektiv-qualitative Eigenschaften in der Tat für transtemporale Personenidentität relevant sind.

Dennoch muss sich die Theorie einem entscheidenden Problem stellen. Dies wird deutlich, wenn man längere Zeitabschnitte in Betracht zieht.[6] Denn was geschieht, wenn die Zeitpunkte t1 und t5, zu denen Personen existieren, länger – z. B. einige Tage – auseinanderliegen? Ist es tatsächlich vorstellbar, dass die

---

6 Dieses Problem diskutiere ich ebenfalls in Crone (2012).

Personen phänomenal durch einen *lückenlosen* Erlebnisstrom miteinander verbunden sind? Dass dies unwahrscheinlich ist, hängt damit zusammen, dass ein Erlebnisstrom faktisch nicht besonders lang andauert: Phänomenale Kontinuität wird üblicherweise immer wieder unterbrochen. Was wäre die typische Länge eines Erlebnisstroms? Es ist davon auszugehen, dass dieser zumindest für die Dauer des Wachzustands andauert. Im Wachzustand erlebt ein empfindungsfähiges Wesen stets *etwas* (in unterschiedlichen, wechselnden Graden der Intensität). Man könnte ebenfalls behaupten, wie Dainton es auch tut, dass niedrigstufige (nur unterschwellig bewusste) Erfahrungen sogar in Phasen des leichten Schlafes und Träumens andauern. Allerdings wird spätestens im Zustand des traumlosen Schafes oder unter Vollnarkose der Bewusstseinsfluss unzweifelhaft unterbrochen.

Dieses Problem sieht auch Dainton und bezeichnet es als „Brückenproblem". Zu beachten ist, dass es sich dabei keineswegs um eine bloße Einschränkung der Aussage des Arguments handelt, vielmehr hängt das gesamte Argument über zeitübergreifende Personenidentität entscheidend von einer akzeptablen Lösung des Brückenproblems ab. Um die Gültigkeit des Arguments zu erhalten – das zugespitzt lautet, personale Identität über die Zeit hinweg sei nichts anderes als phänomenale Kontinuität –, bedarf es zusätzlicher Prämissen. In erster Linie muss gezeigt werden, welche Art von Verbindung zwischen Phasen kontinuierlichen Erlebens und gänzlich bewusstlosen Phasen besteht. Dieser Verbindung oder „Überbrückung" kommt eine zentrale Funktion innerhalb des Arguments zu. Denn sie muss für phänomenale Kontinuität und damit für personale Identität sowohl notwendig als auch hinreichend sein. Es muss sich um eine Verbindung handeln, die sich auf alle denkbaren Fälle phänomenaler *Dis*kontinuität erstreckt.

Grundsätzlich gibt es zwei offenkundige Möglichkeiten, das Brückenproblem anzugehen: Zum einen könnte man behaupten, dass Bewusstseinsströme schlicht und ergreifend irgendwann enden – und ebenso die Existenz von Personen. Diese radikale Lösung favorisiert z. B. Galen Strawson (2009). Sie ist allerdings mit dem Problem behaftet, dass sie unserem Alltagsverständnis stark zuwiderläuft. Zum anderen könnte man im Gegenteil argumentieren, dass der Bewusstseinsstrom selbst in Phasen des traumlosen Tiefschlafs andauert – auch wenn das Erfahrungssubjekt davon keine Notiz nimmt; diese Sichtweise vertritt etwa Johan Gustafsson (2011). Damit würde man behaupten, dass es ein Brückenproblem letztlich gar nicht gibt. Diese Variante ist allerdings in begrifflicher Hinsicht problematisch, da es intuitiv unplausibel erscheint, den Begriff des *Erlebnis*stroms auf unbewusste Zustände und subpersonale Prozesse auszuweiten.

Für keine dieser Strategien entscheidet sich Dainton. Es wird zwar eingeräumt, dass Bewusstseinsströme nicht ewig andauern, sondern bisweilen langsam „verklingen" oder enden und neue zu einem späteren Zeitpunkt beginnen.

Aber genau dies zeigt auch, dass der Bewusstseinsstrom – als solcher, für sich genommen – in keiner interessanten Weise etwas zur Frage der zeitübergreifenden Personenidentität beisteuern kann. Um an der grundlegenden Idee festzuhalten, bedarf es einer Modifikation der übergreifenden These oder, wie Dainton es ausdrückt, einer perspektivischen Verschiebung: Nicht die *aktuelle*, tatsächlich gegebene kontinuierliche Erfahrung wird als hinreichend für die Fortexistenz einer numerisch identischen Person betrachtet, sondern die *Fähigkeit* zur einheitlichen, kontinuierlichen Erfahrung. Erfahrungssubjekte produzieren zwar nicht immer bewusste Erfahrungen, die definitorisch mit anderen Erfahrungen qualitativ verknüpft sind; Erfahrungssubjekte besitzen jedoch die *Fähigkeit* zu ganz und gar lückenlosem Bewusstsein. In Phasen der Abwesenheit des Erlebnisstroms hört eine Person demnach nicht auf zu existieren, denn sie besitzt die Fähigkeit zu kontinuierlichem Bewusstsein. Dainton zufolge existiert also eine Person als numerisch *eine* Person, solange die bloße Fähigkeit gegeben ist – unabhängig davon, ob die Fähigkeit ausgeübt wird oder nicht.

Mein erster Einwand bezieht sich vor allem auf die Funktion, welche die *Fähigkeit* innerhalb des Arguments der transtemporalen Identität übernehmen soll. Obwohl Dainton zu Recht eine Präzisierung dessen anstrebt, was es heißt, diese bestimmte Fähigkeit zu haben, bin ich der Auffassung, dass das übergreifende Problem auf diese Weise nicht gelöst werden kann. Dabei ist vor allem zu beachten, dass der Fokus des Arguments, aufgrund des Brückenproblems, verschoben wird: von aktueller phänomenaler Kontinuität hin zur entsprechenden Fähigkeit, von der behauptet wird, dass sie sowohl notwendig als auch hinreichend für transtemporale Identität sei. *Bevor* der theoretische Perspektivwechsel vollzogen wurde, schien für die Begründung in begrifflicher Hinsicht einiges zu sprechen. Angesichts der Tatsache, dass Personen genuin empfindungs- bzw. erlebnisfähige Wesen sind, wird man kaum leugnen können, dass eine Person weiterhin existiert, solange sie tatsächlich kontinuierlich *bei Bewusstsein ist*, also etwas *erlebt*. Dies zeigt, dass der Gedanke der phänomenalen Kontinuität mit der Fortdauer einer Person begrifflich direkt verbunden ist: Phänomenale Kontinuität ist nichts anderes als eine lückenlose „Kette" transtemporaler mentaler Ereignisse, die einem Subjekt angehören. Diese begriffliche Verbindung ist im Falle der bloßen *Fähigkeit* zu phänomenaler Kontinuität jedoch nicht gegeben. Der Grund hierfür ist, dass Personen normalerweise über eine erhebliche Anzahl an Fähigkeiten verfügen. Warum sollte von all diesen ausgerechnet die Fähigkeit zu phänomenaler Kontinuität konstitutiv für transtemporale Personenidentität sein? In theoretischer Hinsicht erscheint es willkürlich, welche Fähigkeit man als Prämisse in das Argument einbaut. Wenn nach Dainton die Existenz einer Fähigkeit notwendig und hinreichend für transtemporale Personenidentität ist, dann sehe ich nicht, warum eine spezifische Fähigkeit theoretisch privilegierter sein soll als eine andere (etwa die Erinnerungsfähigkeit oder die Fähigkeit, zu denken oder zu entscheiden).

Doch nehmen wir dem Argument zuliebe einmal an, die Fähigkeit zu einem kontinuierlichen Bewusstseinsstrom kann als theoretisch privilegiert ausgewiesen werden. Dann stellt sich dennoch die Frage, ob der Ansatz das einlöst, was er verspricht, nämlich personale Identität durch erlebnishafte Eigenschaften zu begründen. Unklar ist, wie die Existenz einer bloßen *Fähigkeit* eine *erlebnishafte* Verbindung zwischen zwei tatsächlich erlebnishaften Zuständen (oder zwei Erlebnisströmen) bereitstellen soll. Dabei ist zu beachten, dass die Einführung des Begriffs der Fähigkeit zum Ziel hatte, das Problem der Unterbrechungen des Erlebnisstroms zu lösen, d. h. die *Abwesenheit* von Erlebnissen zu überbrücken. Dasjenige, was diese Funktion übernehmen soll, kann definitionsgemäß nicht selbst erlebnishaft sein. Wäre es tatsächlich der Fall, dass die zeitübergreifende Identität der Person im Rückgriff auf erlebnishafte Eigenschaften analysiert würde, was Dainton mit seinem Ansatz ja behauptet, dann würde dies implizieren, dass auch die Fähigkeit durch erlebnishafte Eigenschaften charakterisiert wäre. Das wäre jedoch nicht nur zirkulär, sondern auch begrifflich inkohärent: Denn Fähigkeiten sind dispositionale Eigenschaften, die als solche keine phänomenalen Merkmale besitzen können. Insgesamt zeigen all diese Überlegungen, dass die Kontinuität des Erlebens als Kriterium für personale Identität über die Zeit hinweg scheitert.

Damit stellt sich die Frage, welche allgemeinen Schlüsse sich hieraus ziehen lassen, und zwar hinsichtlich der Rolle, die qualitative Eigenschaften mentaler Zustände im Kontext personaler Identität überhaupt spielen können. Ist man zu der Aussage genötigt, dass die Kontinuität des Erlebens in gar keiner sinnvollen Weise zur Analyse zeitübergreifender Personenidentität beitragen kann? Meines Erachtens folgt dies nicht zwingend aus den vorgebrachten Einwänden. Ich möchte im Folgenden zeigen, wie man den Zusammenhang zwischen dem Phänomen des kontinuierlichen Erlebnisstroms und der zeitübergreifenden numerischen Identität stark machen und explanatorisch nutzen kann. Hierfür ist es allerdings erforderlich, den theoretischen Fokus zu ändern und das philosophische Problem anders zu formulieren: Anstelle nach *Kriterien* zu suchen, schlage ich vor, die Struktur eines bestimmten psychischen Zustands in den Fokus zu nehmen. Ins Zentrum rückt damit die Frage, was es heißt, dass man ein Bewusstsein der eigenen zeitübergreifenden Identität hat, d. h. dass man als numerisch identisches Subjekt über die Zeit hinweg existiert. Um dieses psychische Phänomen genauer zu klären, ist die Suche nach notwendigen und hinreichenden Bedingungen transtemporaler personaler Identität nicht zielführend. Vielmehr ist hierfür eine Betrachtung struktureller Bedingungen und Eigenschaften erforderlich, was im folgenden und letzten Teil dieses Beitrags skizziert werden soll.

3 Phänomenale Kontinuität und erlebnishafte Eigenschaften der Erinnerung

Zunächst bedarf es einer wichtigen Unterscheidung: Offenbar gibt es zwei verschiedene Typen von mentalen Zuständen, die in Bezug auf das Bewusstsein zeitübergreifender numerischer Identität einer Person relevant sind; eine Form, die eine reflexive und logisch folgernde Struktur aufweist und eine, die das nicht tut.

(1) Die erste tritt typischerweise auf, wenn jemand beispielsweise explizit über seine Vergangenheit nachdenkt, was in entsprechenden Urteilen numerischer Identität ausgedrückt wird, etwa: „Ich bin als Kind in Norddeutschland zur Schule gegangen" (was die Aussage impliziert: „Ich bin diejenige oder *dieselbe* Person, die vor etlicher Zeit in Norddeutschland zur Schule gegangen ist."). Diese mentalen Gehalte setzen oftmals Folgerungen aus anderen mentalen Zuständen voraus, z. B. aus Überzeugungen und autobiographischen episodischen Erinnerungen (und zwar aus eigenen *oder* aus Erinnerungen anderer Personen).

(2) Die zweite Variante ist zu verstehen als ein *implizites* Gewahrsein der Tatsache, über die Zeit hinweg als numerisch identisches Subjekt zu existieren, ein Bewusstsein, das nicht auf einer Reflexion oder einer logischen Operation basiert. Dies spiegelt sich oftmals in der Alltagswahrnehmung wider: Personen sind sich normalerweise unmittelbar und ohne kognitive Anstrengung ihrer zeitübergreifende Existenz bewusst. Es handelt sich um ein basales und gewissermaßen automatisch generiertes Gewahrsein, auf das man demnach nicht seine Aufmerksamkeit richten muss, um es zu haben.

Es ist vor allem die zweite Form des Identitätsbewusstseins von Personen, bei der die Eigenschaft der Kontinuität des Erlebens, wie Dainton sie beschreibt, ins Spiel kommt. Sie hängt meines Erachtens funktional mit dem unmittelbaren Identitätsbewusstsein zusammen. Das Erleben des eigenen anhaltenden Bewusstseinsstroms, das Erleben von ko-bewussten und sich überlappenden mentalen Zuständen, scheint für das zeitübergreifende Identitätsbewusstsein notwendig zu sein. Denn diese Eigenschaft enthält nicht nur Informationen über das zeitliche Fließen meiner Erfahrungen und Erlebnisse, sondern, was entscheidend ist, über mich als fortexistierendes Subjekt der Erlebnisse. Wenn ein Auto auf der Straße vor meinem Fenster vorbeifährt, höre ich ein langgezogenes Geräusch, das im Hinblick auf Lautstärke und Intensität variiert, relativ zur Entfernung des Autos. Das zeitlich andauernde Klangerlebnis ist ein Aspekt des Gesamtzustandes. Ein *anderer* Aspekt ist die Kontinuität *meines* Erlebens, der ich mir ebenfalls bewusst bin.

Diese Beschreibung ist allerdings mit demselben Problem konfrontiert wie der kritisierte Ansatz von Dainton, nämlich dem Brückenproblem. Die Kernaussage des Brückenproblems ist, dass die Kontinuität des Erlebens immer wieder unterbrochen wird, mindestens in Phasen des traumlosen Schlafs. Das Problem schlägt also auch hier wieder zu und betrifft die begrenzte zeitliche Tiefe oder Reichweite von kontinuierlichem Erleben. Bewusstseinsströme dauern maximal 18 Stunden an. Wäre die Kontinuität des Erlebens die einzige Informationsquelle für das zeitübergreifende numerische Identitätsbewusstsein von Personen, dann wäre dessen zeitliche Spanne ziemlich schmal. Das widerspricht jedoch dem faktischen Erleben der eigenen zeitlichen Existenz. Das Identitätsbewusstsein von Personen bezieht sich normalerweise auf eine deutlich größere zeitliche Dauer als diejenige, die durch phänomenale Kontinuität vermittelt werden kann. Obwohl die Kontinuität des Erlebens offenbar notwendig ist für das transtemporale Identitätsbewusstsein, ist sie jedoch keineswegs hinreichend. Sie kann mich beispielsweise nicht darüber informieren, dass ich *vorgestern* Erfahrungen gemacht habe, geschweige denn einige Jahre zuvor oder gar in meiner Kindheit. Insofern bedarf es eines anderen Kandidaten, der genau diesen Aspekt des transtemporalen Identitätsbewusstseins erklärt.

Könnte *Erinnerung* diese Funktion erfüllen? Man könnte argumentieren, dass eine Person ein Bewusstsein ihrer eigenen Fortexistenz hat, weil sie über Erinnerungen an Ereignisse verfügt, die ihre vergangenen Erlebnisse repräsentieren und damit zugleich die Tatsache, dass *sie* diejenige ist, die die Erlebnisse hatte. Wenn dies zutrifft, dann wäre die Erinnerung eine (weitere) Voraussetzung für das transtemporale Identitätsbewusstsein von Personen. Auf den ersten Blick lässt sich dies kaum bestreiten. Allerdings stellt sich die Frage, worauf diese Überlegung basiert. Denn was heißt es, dass sich jemand an ein bestimmtes Ereignis erinnert (damit meine ich eine eigene frühere Erfahrung, nicht ein historisches Faktum)? Wenn jemand sich konkret daran erinnert, im ersten Schuljahr von einem Schneeball am Kopf getroffen worden zu sein, dann vergegenwärtigt sich die Person dieses Ereignis, das sie selbst früher erlebt hat. Genauer: Sie repräsentiert dieses Ereignis *als* eins ihrer früheren Erlebnisse, was ihre frühere Existenz impliziert. Zu bedenken ist jedoch, dass sowohl konkrete Erinnerungen als auch das von ihnen abgeleitete Verständnis der eigenen transtemporalen Identität reflexiv strukturiert sind. Es handelt sich um eine bewusste Vergegenwärtigung bestimmter Gehalte. Allerdings sollte es hier gerade um das nichtreflexive implizite Identitätsbewusstsein gehen. Ein struktureller Aspekt mentaler Zustände wird gesucht, der zum einen nichtreflexiv ist und der zum anderen das Bewusstsein einer längeren zeitlichen Erstreckung erklärt.

Aus begrifflichen Gründen kommen zwei Kandidaten in Frage: (1.) *Implizite* Erinnerungen, die funktional auf das Identitätsbewusstsein bezogen sind, ohne dass eine Reflexion oder Vergegenwärtigung eines vergangenen Sachverhalts erforderlich wäre. (2.) Qualitative Eigenschaften von konkreten Erinnerungen.

(1) Wenn ich mich als Individuum begreife, das als einheitliches Subjekt in der Zeit besteht, dann habe ich nicht nur ein unmittelbares Erleben meiner kontinuierlichen Erfahrungen; vielmehr stützt sich das transtemporale Einheitsgefühl auch auf Erinnerungen, die aber nicht konkret bewusst sein müssen: Ich verfüge beispielsweise über latente oder diffuse Erinnerungen an Situationen, die ich in der Vergangenheit erlebt habe. Und ich verfüge z. B. über implizite Erinnerungen an Orte, an denen ich in der Vergangenheit gelebt habe. Auch spielt das implizite Wissen von Fakten, die ich nicht *selbst* erlebt habe, sondern die ich von anderen weiß, eine wichtige Rolle, zum Beispiel über den Zeitpunkt und Ort meiner Geburt. Diese Erinnerungen müssen aber nicht konkret abgerufen und bewusst gemacht werden, um eine Funktion für das Identitätsbewusstsein von Personen auszuüben. Ihre Rolle besteht darin, dass sie oftmals lediglich im Hintergrund präsent sind und auf diese Weise mein zeitübergreifendes Selbsterleben informieren. Wie lässt sich die erwähnte Funktion genauer bestimmen – welche Eigenschaft von Erinnerungen ist für diese Funktion verantwortlich?

(2) Erinnerungen an frühere Erlebnisse sind durch einen spezifischen qualitativen Charakter gekennzeichnet. Dies wird aus der Perspektive der ersten Person deutlich: Der Prozess des konkreten Erinnerns ist von einem typischen Erleben begleitet, welches ihn von anderen mentalen Prozessen wie Denken, Vorstellen und Wahrnehmen unterscheidbar macht. So gibt es einen ausschlaggebenden qualitativen (phänomenalen) Unterschied zwischen dem aktuellen, tatsächlichen *Sehen* eines Papageis im Garten (der Repräsentation des Papageis hier und jetzt) und dem *Erinnern* an das Sehen des Papageis am Tag zuvor (der Repräsentation der gestrigen Repräsentation des Papageis). Diese Beobachtung wird von empirischen Studien unterstützt, insbesondere von den Arbeiten Endel Tulvings (1985) zum episodisch-autobiographischen Gedächtnis. Das episodisch-autobiographische Gedächtnis speichert kontextgebundene Ereignisse der eigenen Vergangenheit (Tulving/Craik 2000, 466). Tulving zufolge sind episodisch-autobiographische Erinnerungen mit einer spezifischen phänomenalen Eigenschaft verbunden, die er als „autonoetisches Bewusstsein" (*autonoetic consciousness*) bezeichnet (Tulving 1985, 3). Es handelt sich dabei um den typischen qualitativen Charakter episodisch-autobiographischer Erinnerungen: „When a person remembers such an event, he is aware of the event as a veridical part of his own past existence." (ebd.) Nach Tulving kommt der qualitativen Eigenschaft („autonoetisches Bewusstsein") die Funktion zu, das Bewusstsein der eigenen transtemporalen Existenz zu „vermitteln". Diese enge Verbindung zwischen episodisch-autobiographischen Erinnerungen und der genannten qualitativen Eigenschaft konnte in einer klinischen Studie gezeigt werden, die mit einem Amnesie-Pati-

enten durchgeführt wurde. Die Fähigkeit des Patienten, sich an Fakten zu erinnern (Inhalte des sogenannten semantischen Gedächtnisses), war normal ausgeprägt: Er konnte sich an Fakten und Daten seines eigenen Lebens erinnern, z. B. daran, in welchem Jahr seine Familie in das Haus einzog, in dem sie heute noch wohnt. Allerdings waren diese Erinnerungen von einer *nichtpersönlichen* Erlebnisqualität begleitet, vergleichbar mit der Erlebnisqualität, die Erinnerungen an historische Fakten, die zu eigenen, persönlichen Erfahrungen keinen Bezug aufweisen, begleiten (Tulving 1985, 4).

Meines Erachtens ist es genau diese von Tulving beschriebene subjektbezogene Erlebnisqualität episodisch-autobiographischer Erinnerungen, die das unmittelbare zeitübergreifende Identitätsbewusstsein weiter erklärt. Gestützt wird dies durch die Alltagserfahrung: Es kommt nicht selten vor, dass Erinnerungen auftreten, ohne dass man bewusst auf ihren Gehalt achtet oder ihn sich vergegenwärtigt. Metaphorisch gesprochen tauchen episodisch-autobiographische Erinnerungen manchmal beiläufig und assoziativ auf, beispielsweise wenn man einen Gegenstand sieht, der einen an etwas erinnert, das man vor einigen Jahren gesehen oder erlebt hat. Flüchtig bemerkt man dies, ohne eine klare Repräsentation davon zu haben. Ich muss mich also nicht konkret dem Gehalt einer Erinnerung zuwenden, um anschließend ableiten können, dass es sich bei dem Erfahrungssubjekt zur repräsentierten Zeit um *mich* als das identische Erfahrungssubjekt handelte. Festzuhalten ist, dass die Erlebnisqualität von Erinnerungen durch zwei wichtige Merkmale charakterisiert ist: Sie enthält und vermittelt den „Geschmack" oder das Gefühl des Vergangenen und sie ist Subjektbezogen.

Insgesamt gesehen sind es meines Erachtens vor allem diese beiden Typen qualitativer Eigenschaften – zum einen die Kontinuität des Erlebens, zum anderen die Erlebnisqualität von Erinnerungen –, auf denen das implizite Bewusstsein basiert, als numerisch identisches Erfahrungssubjekt über die Zeit hinweg zu existieren.

4 Zusammenfassung

Im vorliegenden Text habe ich zwei Problemansätze diskutiert, die in unterschiedlicher Weise das begriffliche Verhältnis von qualitativem Erleben und personaler Identität über die Zeit hinweg thematisieren. Ich habe am Beispiel von Barry Daintons Argument gezeigt, dass der Versuch, qualitatives Erleben als *Kriterium* zu begründen, mit unüberwindbaren Schwierigkeiten verbunden ist. Ich habe anschließend vorgeschlagen, das philosophische Problem anders zu fokussieren, um die theoretische Bedeutung von qualitativem Erleben für personale

Identität sichtbar zu machen. Dies führte zur Analyse des zeitübergreifenden numerischen Identitäts*bewusstseins* von Personen, von dem ich gezeigt habe, dass qualitatives Erleben eine zentrale Bedingung ist – und zwar sowohl in Form des zeitlich andauernden Erlebnisstroms also auch in Form von qualitativen Eigenschaften impliziter episodischer Erinnerungen.

Das Identitätsbewusstsein ist meines Erachtens in grundlegender Weise auf das Selbstverständnis von Personen bezogen. Wenn man sich z. B. Charaktereigenschaften zuschreibt und sich dabei auf konkrete Erfahrungen, Erlebnisse, Entscheidungen und Handlungen früherer Lebensepisoden bezieht, dann geschieht dies auf der Grundlage des Bewusstseins, als identisches Erfahrungssubjekt in der Zeit zu existieren. Darüber hinaus hat dies Folgen für das moralische Selbstverständnis: Denn nur wenn man sich als numerisch identisches Erfahrungssubjekt begreift, das über die Zeit hinweg existiert, kann man sich für frühere Handlungen, die man ausgeführt hat, verantwortlich fühlen.

Bibliographie

Augustinus, Aurelius (1998): Bekenntnisse. Hrsg. v. K. Flasch, B. Mojsisch. Stuttgart: Reclam.

Bayne, Tim (2010): The Unity of Consciousness, Oxford/New York: Oxford University Press.

Crone, Katja (2012): Phenomenal Self-Identity Over Time. In: Grazer Philosophische Studien 84, 213 – 228.

Dainton, Barry (2000): Stream of Consciousness. Unity and Continuity in Conscious Experience. London/New York: Routledge.

Dainton, Barry/Bayne, Tim (2005): Consciousness as a Guide to Personal Persistence. In: Australasian Journal of Philosophy 83 (4), 459 – 571.

Gustafsson, Johan G. (2011): Phenomenal Continuity and the Bridge Problem. In: Philosophia 39 (2), 289 – 296.

James, William (1981): The Principles of Psychology. 3 Vols. Cambridge, Mass.: Harvard University Press.

Mackie, David (1999): Personal Identity and Dead People. In: Philosophical Studies 95, 219 – 242.

Nagel, Thomas (1986): The View From Nowhere. New York/Oxford: Oxford University Press.

Noonan, Harold W. (1989): Personal Identity. London: Routledge.

Parfit, Derek (1984): Reasons and Persons. Oxford: Clarendon Press.

Perry, John (1972): Can the Self Divide? In: Journal of Philosophy 69, 463 – 488.

Shoemaker, S. (1984): Personal Identity: A Materialist's Account. In: S. Shoemaker/R. Swinburne (Hrsg.): Personal Identity. Oxford: Blackwell.

Strawson, Galen (2009): Selves. Oxford: Clarendon.

Tulving, Endel (1985): Memory and Consciousness. In: Canadian Psychology 26 (1), 1 – 12.

Tulving, Endel/Craik, Fergus I. M. (Hrsg.) (2000): The Oxford Handbook of Memory. Oxford: Oxford University Press.

Van Inwagen, Peter (1990): Material Beings. Ithaca: Cornell University Press.

Williams, Bernhard (1970): The Self and the Future. In: The Philosophical Review 79 (2), 161 – 180.

Julia Eckert

Tugendethik und Verantwortung

Eine sozialanthropologische Perspektive

Die Zuschreibung von Verantwortung erscheint in der Gegenwart zunehmend als ein Feld sozialer Kämpfe. Auf der einen Seite werden globale Vernetzungen, kausale Zusammenhänge und moralische Gemeinschaft immer deutlicher wahrgenommen und benannt; auf der anderen Seite führt die Komplexität dieser Verbindungen vielfach zu einer Fragmentierung von Verantwortlichkeit sowohl im Recht (Veitch 2007) als auch in moralischen Verpflichtungen. In einer sozialanthropologischen Perspektive[1] auf eine der Globalisierung oder den weltgesellschaftlichen Prozessen angemessene Ethik steht zunächst die Frage im Zentrum, welche Formen der sozialen Organisation von Verantwortung sich gegenwärtig durchsetzen und welche ethischen Normen darin bestimmend werden. Das sozialanthropologische Interesse zielt nicht darauf, ethische Werte und Normen zu formulieren oder beobachtbare gegeneinander abzuwägen,[2] sondern die Prozesse zu verstehen, in denen Institutionen der Verantwortungszuschreibung sich etablieren und ethische Normorientierungen sich wandeln. Es gilt dabei zu untersuchen, wie Menschen ihre Unterscheidungen zwischen gut und böse, gerecht und ungerecht ideologisch begründen und wie Menschen in ihrer alltäglichen Praxis

---

1 Ich werde im Folgenden den Begriff Sozialanthropologie stellvertretend für Ethnologie, Kulturanthropologie und eben Sozialanthropologie verwenden. Die ursprünglichen Unterschiede zwischen Sozialanthropologie und Kulturanthropologie haben sich in der jüngeren Geschichte des Faches aufgelöst bzw. zu anderen Unterscheidungen transformiert; der Begriff der Ethnologie ist letztlich der Ausweg aus der politischen Geschichte der Anthropologie im Nationalsozialismus gewesen. Alle drei verfolgen aber Fragen nach Unterschieden und Gemeinsamkeiten menschlicher Organisationsformen und dem Zusammenhang von politischen, religiösen, rechtlichen, wirtschaftlichen und verwandtschaftlichen Systemen. Es geht heute insbesondere um die vergleichende Analyse sozialen Wandels unter Bedingungen der globalen Verflechtung, und zwar aus einer Perspektive, die kein Gesellschaftsmodell konzeptionell privilegiert.

2 Freilich haben sozial- und kulturanthropologische Positionen auch immer zumindest implizit das Anliegen gehabt, den Wert anderer normativer Ordnungen aufzuzeigen, darin vielleicht gar Alternativen für die eigenen gesellschaftlichen Ordnungen zu finden, zumindest aber alternative Perspektiven auf die eigenen Institutionen zu eröffnen, sie zu „verfremden". Dieses Unterfangen gilt auch für den Begriff der Person, der Handlungsfreiheit oder eben der Zuschreibung von Verantwortung, wobei es nicht darum geht, hier essentielle Wesensunterschiede zwischen unterschiedlichen Konzeptionen solcher Begriffe aufzuzeigen, sondern vielmehr darum, die Aspekte, die man über die Betrachtung des Anderen als wichtig verstand, nun auch im Eigenen zu finden.

diese Unterscheidung vollziehen. Dabei geht es weiter darum, die Kriterien und Prinzipien dieser Unterscheidung, wie sie zu unterschiedlichen Zeitpunkten und in unterschiedlichen sozialen Zusammenhängen wirksam werden, zu verstehen und die Prozesse nachzuvollziehen, durch die diese Prinzipien Geltung erlangen oder sie verlieren.

Ich möchte der Frage nach dem Wandel von Ethiken der Verantwortung nachgehen, um zu verstehen, wie die soziale Wahrnehmung von globaler Verwobenheit unterschiedliche Verantwortungspostulate hervorbringt. Dabei steht infrage, was zu einem bestimmten Zeitpunkt von wem als für die Verantwortungszuschreibung relevanter Handlungszusammenhang wahrgenommen wird und was daher als gerechte Zuschreibung oder aber als ungerechte Unterlassung beurteilt wird. Ich gehe von der These aus, dass derzeit eine Diskrepanz zwischen der Wahrnehmung von Handlungszusammenhängen und Institutionen der Verantwortungszuschreibung, die diese abbilden, besteht: Neu als relevant wahrgenommene Beziehungen in der Weltgesellschaft sind nicht in verbindlichen Institutionen abgebildet; existente Institutionen korrelieren nicht mit den Narrativen von Kausalität oder den normativen Erwartungen von Verantwortung; die soziale Reichweite von Verantwortungsbeziehungen scheint entgegen einer universalistischen Verantwortungsrhetorik zu schrumpfen, oder genauer: im moralischen Anspruch teils zu wachsen, in der Institutionalisierung aber an Verbindlichkeit zu verlieren. Die Versprechen moderner Staatlichkeit an Wohlfahrt und Rechtssicherheit, die in ihren wohlfahrtsstaatlichen, staatssozialistischen oder developmentalistischen Ausprägungen in fast jeden Winkel der Welt (wohlgemerkt: als Versprechen) vorgedrungen sind, blieben entweder unerfüllt oder werden im Zuge von Strukturreformen zurückgenommen.

Die Frage ist daher, welche ethischen Antworten auf die Erfahrung der Diskrepanzen zwischen Regelungsbedürfnissen und -erwartungen, Regelungsversprechen und Institutionen der Verantwortungszuschreibung gefunden werden und welche neuen Verantwortungsbeziehungen sich darüber etablieren. Ich möchte an dieser Stelle der Hinwendung zu tugendethischen Orientierungen nachgehen, wie sie vielerorts zu beobachten ist, um damit eine solche Antwort auszuloten.

1 Kausalitätsnarrative

Als ich 1997 anfing, die Beziehungen zwischen Hindus und Muslimen in jenen Gebieten Bombays zu erforschen, die von Gewaltausschreitungen betroffen gewesen waren, traf ich unter den Muslimen viele, die sich der Tabligh-Bewegung zugehörig fühlten.[3] Bei genauerem Nachfragen stellte sich heraus, dass die meisten der Tabligh nach den Pogromen gegen Muslime in Bombay im Jahr 1993 beigetreten waren. Sie wurde als der richtige religiöse Weg für Muslime wahrgenommen, weil sie sich als a-politisch darstellte, (in Indien[4]) „Unsichtbarkeit" versprach und somit einen nach den Gewalterfahrungen für viele Muslime beängstigenden, konfrontativen Kurs und jedwede Forderung an die hinduistische Mehrheitsgesellschaft vermied. Dies begründeten die Tablighi damit, dass eigentlich die Muslime selbst für die enorme Gewalt, denen sie in Bombay ausgesetzt gewesen waren, verantwortlich seien; nicht, dass sie den Kreislauf der Gewalt losgetreten oder die Hindus provoziert hätten. Nein, Gott hätten sie provoziert und die Gewalt sei als kollektive Strafe für ihre Verfehlungen gegenüber Gott über sie gekommen. Kausal ursächlich war also ihr eigenes Verhalten in der Vergangenheit, d. h. die Verletzung ihrer Pflichten gegenüber Gott. Verantwortlich für die Folgen waren sie selbst. Die Verantwortungsbeziehung war die zwischen Gott und jedem Einzelnen.

Ich deutete damals diese Haltung gegenüber der Gewalterfahrung als eine Exit-Option im Sinne Hirschmans (1970), als den Versuch, in einem Kontext, in dem *voice* nicht möglich war, sich den konfliktiven sozialen Beziehungen zu entziehen (Eckert 2003, 164–167). Ich interpretierte diese Zuschreibung von Verantwortung als eine Form, mit der eigenen Ohnmacht umzugehen, Ohnmacht nicht nur gegenüber denjenigen, die die Akte der Gewalt verübt hatten, sondern auch gegenüber einer Mehrheitsgesellschaft, deren Rechtsinstitutionen diese nicht zur Verantwortung zogen. Angesichts der politischen Unmöglichkeit, von den Tätern Gerechtigkeit zu erlangen, stellten die Tablighi die Eigenverantwortung für das Leiden ins Zentrum und eigneten sich so auch wieder Handlungsmacht an. Denn wo man selbst verantwortlich war, konnte man auch selbst Abhilfe leisten.

Dementsprechend schlugen die Anhänger der Tabligh-Bewegung auch ganz spezifische Strategien ein; es ging ihnen um Selbstverbesserung, individuelle Frömmigkeit: um die Erfüllung der Verpflichtungen gegenüber Gott durch Tugendhaftigkeit. Diese Tugendethik ging einher mit dem Abbruch sozialer Beziehungen zu Andersgläubigen, auch Muslimen anderer religiöser Ausrichtung. Insbesondere wurden synkretistische Praktiken und religionsübergreifende Zusammenhänge, wie regionale oder lokale Feste, aufgegeben, Netzwerke und

---

3 Die Tabligh-Bewegung ist eine inzwischen weltweit unter sunnitischen Muslimen verbreitete puritanische Bewegung, die zu Beginn des 20. Jahrhunderts im Norden Indiens entstand, um den „Re"-Konversionsbemühungen der Arya Samaj, einer reformhinduistischen Bewegung, unter Muslimen entgegenzuwirken.

4 In Ländern Europas verfolgten die Tabligh oft keine Politik der „Unsichtbarkeit", sondern, im Gegenteil, eine der sichtbaren religiösen Identität (Khedimella 2004).

Austauschprozesse abgebrochen. Die Transzendentalisierung des Kausalitätsnarrativs und die Individualisierung der Verantwortung führten so zu einer umfassenden Veränderung der Gruppenbeziehungen, die freilich schon durch die
Gewalt nachhaltig gestört worden waren – und letztlich zur Aufkündigung von
Beziehungen, indem nicht einmal Schuld dem anderen, sondern allein sich selbst
zugewiesen wurde.

Im gleichen Zeitraum, nämlich in den 90er-Jahren, beobachtete der Rechts-
ethnologe David Engel einen drastischen Rückgang der Versicherungsklagen bei
Autounfällen in Thailand (Engel 2006; 2010). Er suchte die Opfer der Unfälle auf
und fand, dass sie die Ereignisse nicht mehr im Sinne der Schuld der Fahrer in-
terpretierten, sondern als Ausdruck der Kräfte von lokalen Geistern und als ihr
eigenes Verschulden, diese Geister nicht in Betracht gezogen zu haben. Sie
machten sich oder ihr Karma dafür verantwortlich, an Orte und in Situationen
geraten zu sein, in denen sie Verletzungen erfuhren, und nahmen deshalb Ab-
stand von Versicherungsklagen auf Schadenersatz. Auch in diesem gänzlich anderen Zusammenhang war also eine Transformation sowohl im Kausalitätsnar-
rativ als auch in der daraus folgenden Verantwortungszuschreibung zu
beobachten. Auch hier hatte die „Transzendentalisierung" des Kausalitätsnarrativs die Individualisierung der Verantwortung zur Folge. Auch hier folgte eine
Tugend-Ethik, die sich auf die Vermeidung von Pflichtverletzungen gegenüber
transzendenten Kräften konzentrierte.

Joel Robbins stellte 2010 allgemein die Zunahme von deontologischen Ver-
antwortungsmodellen fest, die er besonders in neuen christlichen Bewegungen
von puritanischer oder millenarischer Orientierung beobachtete. Diese haben in
den letzten Jahrzehnten großen Zuwachs erfahren,[5] und wenn sie auch in ihren
unterschiedlichen Kirchen in Nordamerika, Lateinamerika, Afrika und vielen
Teilen Asiens verschiedene konkrete Ausprägungen finden, so einen sie doch
spezifische Aspekte ihrer normativen Programme: Robbins weist auf die ihnen
allen gemeinsame Fokussierung auf das eigene Verschulden, die Versündigung
durch Regelverletzung hin, die hier zum zentralen ethischen Maßstab wird. Was
von Robbins aufgrund der Bedeutung der Schuld durch religiöse Pflichtverletzung
als deontologische Ethik beschrieben wird, ist genauer vielleicht als Tugendethik
zu verstehen, denn neben der Vermeidung von Pflichtverletzungen oder allgemein
von „Sünde" liegt die Aufmerksamkeit in all diesen Bewegungen ebenso zentral in
der Entwicklung eines tugendhaften Selbst. Rijk van Dijk (2012) verwendet den
Begriff „responsabilization" (Selbstverantwortlichung) und weist auf die kirchli-

---

5 Die Zahl der Angehörigen evangelikaler und Pfingstkirchen wird auf 300 – 400 Millionen geschätzt.

chen Institutionen hin, die über neue Pädagogiken und Diskurse unter den An-
hängern der Pfingstkirchen spezifische Normen persönlicher und sozialer Verantwortung zu verankern versuchen und sie in spezifischen Auffassungen der
moralischen Person ausbilden. Diese neuen Vorstellungen einer moralisch guten
Person sind eng verknüpft mit (religiösen) Praktiken der „Arbeit am Selbst",
insbesondere Abstinenz und Fleiß.

Die konkreten Umstrukturierungen von sozialen Beziehungen, die durch diese
neuen Normen von Verantwortung erreicht werden, sind weitreichend: Auch hier
bedeutet die Tugendethik die Herauslösung aus bestehenden sozialen Zusammenhängen, die Verschiebung von Fürsorgepflichten von Verwandtschaftsver-
bänden oder anders begründeten Solidargemeinschaften zu Kleinfamilien (van
Dijk 2002; Bochow/van Dijk 2012), von Ahnenkulten zur individuellen Heilser-
wartung (van Dijk 2002; 2012). Auch hier ist also eine Veränderung hinsichtlich der
sozial-räumlichen wie auch der zeitlichen Dimensionen von Verantwortung zu
beobachten, die das Individuum und dessen Zukunft ins Zentrum der Produktion
einer moralisch guten Person stellt. Auch wenn sich die Zukunftskonzeptionen im
Einzelnen unterscheiden und manche Bewegungen und Kirchen eher die Zukunft
nach dem jüngsten Gericht – das allerdings auch nicht fern ist –, andere, insbesondere die „Erfolgs-Gospel", aber die nähere materielle Zukunft (als Ausdruck
göttlichen Segens) ins Zentrum ihrer Aufmerksamkeit stellen, so ist es doch die
binäre Beziehung zwischen Gott und dem Frommen, die hier das Zukunftsge-
schehen bestimmt.

Nun ist es natürlich nicht überraschend, dass in religiösen Bewegungen die
Erfüllung religiöser Pflichten ein zentrales Anliegen ist. Auffallend ist die Ausdehnung der Lebenszusammenhänge, für die religiöse Pflichterfüllung als ursächlich für Erfolg oder Misserfolg betrachtet wird. Auffallend ist zudem, dass es
die tugendethischen Interpretationen religiöser Pflichten sind, die hier Vorrang
vor z. B. konsequentialistischen Interpretationen religiöser Pflichten gewinnen.
Denn in keinem Fall sind tugendethische Orientierungen notwendigerweise die
einzig mögliche Auslegungsform religiöser Ethik. Auffallend ist vor allem der in all
diesen Zusammenhängen zu beobachtende Rückzug aus weiterer sozialen Beziehungen, die allgemeine Verengung sowohl prospektiver als auch retrospektiver
Verantwortungskonzeptionen, die mit Tugendethiken einherzugehen scheint.

Tugenden sind zum einen spezifische Normen, deren Gewicht gegenüber
anderen Normen innerhalb einer normativen Ordnung von Einzelnen unterschiedlich ausgelegt werden (Laidlaw 2005). Es gab wohl immer und in vielen
spirituellen Zusammenhängen Tugendethiker, die sich Tugendhaftigkeit zur Le-
bensaufgabe machten, Asketen, welche die Arbeit am Selbst ins Zentrum ihrer
ethischen Praxis stellten. Saba Mahmoud (2005) und Charles Hirschkind (2001)
haben tugendethische Praktiken im Sinne von Foucaults „Technologien des

Selbst" interpretiert und damit auch einen Begriff der Handlungsmächtigkeit stark gemacht, der diesen von seinen Konnotationen der Widerständigkeit oder den ihm zugeschriebenen strukturtransformativen Potentialen befreite und stattdessen *agency* im „Erfüllen" genauso wie im Verändern sah. Für die hier verfolgte Diskussion von Verantwortungsethiken ist aber zunächst entscheidend, dass Tugendethiken spezifische Interpretationen von Normen sind, die auch anders – konsequentialistisch – interpretiert und „praktiziert" werden könnten. Die Frage ist dann, wann tugendethische Auslegungen ethischer Normen gegenüber konsequentialistischen Deutungen dominant werden, wann sie andere ethische Orientierungen verdrängen und was die historischen Bedingungen der vermehrten Hinwendung zur Tugendethik sind.

In meiner Deutung der Hinwendung zu den tugendethischen Postulaten der Tabligh Jamaat im Bombay der Jahrtausendwende stehen tugendethische Orientierungen in engem Zusammenhang mit Erfahrungen der Ohnmacht, einer Ohnmacht, wie gesagt, die nicht nur den konkreten Angreifern gegenüber empfunden wurde, sondern gegenüber einem gesellschaftlichen System, dessen rechtliche und politische Institutionen nicht dazu geeignet waren, Verantwortung für die Gewalt zu benennen und durchzusetzen.[6]

Auch David Engel deutete die wachsende Bedeutung von Karma-zentrierten Interpretationen von Kausalität und die dadurch veränderte Zuschreibung von Verantwortung in Thailand im Zusammenhang einer sich rapide wandelnden sozialen Ordnung und den damit einhergehenden Erfahrungen von Anomie und Unsicherheit: Urbanisierungsprozesse lösten alte soziale Beziehungen und die damit einhergehenden Formen sozialer Kontrolle auf; staatliche und private Versicherungssysteme erschienen unzuverlässig; Unberechenbarkeit und Unsicherheit prägten das Erleben des sozialen Wandels (Engel 2006).

---

6 Die Individualisierung der Verantwortung auf der Mikroebene, wie wir sie bei den Tablighi beobachteten, kann in gewissem Maße im Zusammenhang mit dem Scheitern der rechtlichen Institutionen betrachtet werden, eine Zurechnung von Schuld zu mobilisieren. Dieses Scheitern kulminierte, so könnte man sagen, in dem Versuch, Narendra Modi, den heutigen Premierminister Indiens, wegen seiner Rolle in den Pogromen von 2002, als er Ministerpräsident von Gujarat war, vor den Internationalen Gerichtshof zu bringen und ihn als Befehlsverantwortlichen, zumindest aber wegen Beihilfe, Unterlassung oder Verletzung der Fürsorgepflicht für 2000 muslimischen Todesopfer und die 200 000 Vertriebenen zur Verantwortung zu ziehen. Der Versuch scheiterte, weil Indien das Römische Statut nicht ratifiziert hatte und weil argumentiert werden konnte, dass indische Gerichte diesen Fall selbst bewältigen könnten. Dies haben sie freilich bis heute trotz einer enormen Beweislage nicht getan. Sie haben zwar inzwischen in ein paar wenigen Fällen die direkt Beteiligten verurteilt, aber der Aspekt der Befehlsverantwortung, der ja das Internationale Strafrecht prägt, kam hier nicht zum Tragen. Diese „Unterlassung" war für viele Muslime Indiens eine gravierende Absage an die Versprechen der Rechtssicherheit.

Joel Robbins deutet allgemeiner die Zunahme deontologischer Orientierungen mit dem Verlust der Kontrollmöglichkeiten über die nähere Zukunft:

> Forms of moral reasoning only flourish in those social circumstances that are well suited to them. Consequentialist moral reasoning, for example only works where people have a sense that the social world they inhabit is relatively predictable, such that the probable consequences of an action appear relatively easy to gauge with certainty. Where such conditions do not hold, deontological approaches make much more sense – even in situations in which one cannot control the consequences of one's action, one can control whether or not they conform to a rule or a set of rules. (Robbins 2010, 124)

Wo die nähere Umgebung und insbesondere die nähere Zukunft unvorhersehbar und die Konsequenzen des eigenen Handelns nicht kontrollierbar erscheinen, wenden sich Menschen den für sie kontrollierbaren Pflichten gegenüber spezifischen (ethischen, religiösen) Regeln zu.

Doch warum und wann in bestimmten sozialen Zusammenhängen Ohnmacht und Kontrollverlust wahrgenommen werden und wann das eigene Geschick als ungewiss erlebt wird, ist nicht eindeutig zu sagen. Menschen gehen sehr unterschiedlich mit Unsicherheit oder (rapidem) Wandel um und Ungewissheit ist in „stabilen" Situationen wahrscheinlich fast ebenso weit verbreitet wie in solchen des Umbruchs. Mir scheint deswegen die These angemessen, dass Erfahrungen des Kontrollverlustes mit unerfüllten Kontrollerwartungen gekoppelt sind. Insofern erscheint es mir notwendig, die Ohnmachtserfahrung, die über die Hinwendung zu Tugendethiken in einer Form der Selbstermächtigung aufgelöst werden, vor dem Hintergrund bestimmter Erwartungshaltungen zu betrachten. Diese Erwartungen können aus dem Erleben vorgängiger Institutionen von Verantwortung oder der Erinnerung an sie erwachsen, wenn diese ihre Verbindlichkeit verlieren, oder aber aus den normativen Programmen, den Versprechen neuer Institutionen, die noch keine Verbindlichkeit erlangt haben.

Ich möchte im Folgenden versuchen, die vermehrte Hinwendung zu tugendethischen Interpretationen ethischer Normen im Kontext historischer Prozesse zu verstehen, in denen etablierte Verantwortungsbeziehungen, seien dies traditionelle oder solche moderner Staatlichkeit, brüchig werden und neue noch nicht verbindlich etabliert sind. Die These ist, dass die Hinwendung zu tugendethischen Orientierungen eine Antwort auf die Erfahrung der Diskrepanz zwischen wahrgenommenen Verantwortungszusammenhängen und Institutionen der Verantwortungszuschreibung ist, die diese Diskrepanzerfahrung durch die Reduktion der Verantwortung auf eine binäre Beziehung zwischen Selbst und Gott (o. ä.) auflöst und dem Einzelnen darüber wieder Kontrolle über das eigene Geschick zuschreibt. Weder sind tugendethische Orientierungen nur eine solche Antwort – sie enthalten freilich auch andere Aspekte, und jede Reduktion auf eine reaktive

Dimension wäre unangemessen – noch sind tugendethische Orientierungen die einzige Antwort auf solche Diskrepanzerfahrungen. Wann sie aber als solch eine Antwort überzeugen und wann ihre spezifische Konzeption von Verantwortung Anhänger gewinnt und darüber Institutionen ausprägen kann, das steht hier infrage.

2 Vernetzung und Verantwortung

Die Zuschreibung von Verantwortung beruht auf der einen Seite auf Kausalitätsnarrativen, der Wahrnehmung von Handlungszusammenhängen also, die als „Verursachung" für die Zuschreibung von Verantwortung als relevant betrachtet werden. Auf der anderen Seite bezeichnet der Begriff die soziale Organisation von Haftung und Verantwortung. Aufgrund der Verschränkung von Kausalitätsvorstellungen und sozialen Verpflichtungen der Haftung und Verantwortung sind Verantwortungskonstruktionen eng mit gesellschaftlichen Begriffen von Gerechtigkeit und Ungerechtigkeit verknüpft; Vorstellungen von Verantwortung geben Auskunft über historisch spezifische Unterscheidungen von Schicksal, Schuld und Risiko. Doch wie Verursachung und Verantwortung verknüpft sind, ist in verschiedenen Normordnungen höchst unterschiedlich. Kausalitätsnarrative sind zudem sozialem Wandel genauso unterworfen wie die soziale Organisation von Verantwortungs- und Haftungspflichten. Weil sich Kausalitätsnarrative und Verantwortungsinstitutionen nicht notwendig kongruent zueinander wandeln, entstehen hier Diskrepanzen zwischen Erwartungen und Institutionen. Gegenwärtig scheint gerade die erweiterte Wahrnehmung langer Handlungsketten, auf denen sich „Verursachung" nicht eindeutig zurechnen lässt oder umstritten ist, mit der Verengung oder der Aufweichung („soft law") von Institutionen der Zuschreibung in Konflikt zu geraten.

Die Verlängerung von Handlungsketten in der Gegenwart ist in sehr unterschiedlicher theoretischer Sprache thematisiert worden. Ganz grundsätzlich hat Bruno Latour (1998) auf die Verlängerung von Netzwerken bzw. Handlungsketten in der Moderne und auf die auf diese Ketten verteilte Handlungsmacht (*agency*) hingewiesen. Ulrich Beck (1996) hat die Problematik der Zuschreibung von Verantwortung innerhalb der Welt-Risiko-Gesellschaft thematisiert und vielfach steht die Folgerung im Raum, dass die Komplexität dieser Handlungszusammenhänge die Zuschreibung von Verantwortung unmöglich macht.

Doch die Verlängerung der Handlungsketten in der Moderne und die Schwierigkeit, hier Phänomene zuzurechnen, sagt freilich noch wenig über die Angemessenheit oder Gerechtigkeit derjenigen Institutionen der Zuschreibung aus, die sich heute etablieren. Zudem bedeutet die Schwierigkeit der Zuschreibung nicht notwendigerweise, dass es nicht alternative, eventuell differenziertere Zuschreibungsmodelle geben könnte, auch wenn auch sie die Komplexität von Handlungszusammenhängen nicht in Gänze abbilden würden. Marilyn Strathern hat auf Latours These von den verlängerten Handlungsketten in der Moderne erwidert, dass zwar eventuell moderne Netzwerke bzw. Handlungsverkettungen weitreichender geworden sind, dass aber moderne Institutionen, wie z. B. das moderne Eigentumsrecht diese Netzwerke und die darin konstituierten sozialen Beziehungen, in spezifischer Weise „abschnitten" (Strathern 1996; 2009). Während nicht-moderne Rechtsinstitutionen die Sozialität z. B. von Eigentum berücksichtigten, verkürzten moderne Rechtsinstitutionen diese, indem sie exklusiv seien. Sie verweist auf das Beispiel des intellektuellen Eigentumsrechts und seine Privilegierung der „Erfindung" bzw. Innovation, die eben gerade von den durch Latour betonten Netzwerken, die zu technischen Innovationen führen, abstrahiere und ein Patent nur dem „Erfinder", nicht aber denen, die am Gesamtprozess der Entwicklung beteiligt waren, zuschreibe.

Diese hier auf das Beispiel des Eigentumsrechts fokussierte Überlegung kann auf andere Zusammenhänge übertragen werden. In politischen und ökonomischen Kontexten, die von komplexen Interaktions- und Handlungsketten geprägt sind, welche eine eindeutige bzw. einfache Zuschreibung kausaler Verursachungen erschweren, operiert z. B. das internationale Recht mit Figuren, die ähnliche „Schnitte" in Handlungsketten vollziehen: Die rechtsrelevante Figur des „Täters" z. B. legt die Annahme von Handlungsautonomie zugrunde, die Handlungszusammenhänge und die Schaffung von Ermöglichungsstrukturen ausblendet, um Rechtssicherheit durch die Behauptung der Möglichkeit eindeutiger Zuschreibungen zu betreiben. Auch der im internationalen Strafrecht zentrale Begriff der Befehlsverantwortung enthält eine enorme, letztlich wiederum allein pragmatisch begründete Reduktion der Komplexität von Konfliktverläufen. Der Versuch, über das Konzept der Beihilfe diesen weiteren Handlungszusammenhängen gerecht zu werden und die „Herstellung der Möglichkeit" als relevant für Verantwortungszuschreibung zu institutionalisieren, scheitert wiederum daran, dass die Begriffe der *Beihilfe* oder der *Unterstützung* im internationalen Recht eng ausgelegt werden und so meist nur dann von Beihilfe gesprochen wird, wenn die der Straftat förderliche Handlung vorsätzlich deren Gelingen unterstützt.[7]

---

7 Wann ein solcher Vorsatz zur Beihilfe identifiziert oder als relevant angesehen wird, ist aber wiederum höchst unterschiedlich: Während z. B. in Fragen der Unterstützung terroristischer Netzwerke der Vorsatz zur Unterstützung einer terroristischen Tat nicht notwendigerweise nachgewiesen werden muss und jedwede, auch humanitär motivierte Unterstützung ohne direkten Bezug zur Straftat ausreicht, um von Unterstützung auszugehen (Schiffauer 2011, 180 – 192),

Die grundsätzliche Verkürzung von Handlungszusammenhängen in modernen (Rechts-) Institutionen betrifft grundlegend ihre zeitlichen und sozial-räumlichen Dimensionen; die verlängerten Handlungszusammenhänge der Moderne werden also nicht in modernen Institutionen der Verantwortungszuschreibung reflektiert. Der Pragmatismus, mit dem diese Schnitte begründet werden, ist aber nicht notwendigerweise die einzige Form, diesen komplexen Handlungszusammenhängen institutionell gerecht zu werden. Unterschiedliche Formen der sozialen Organisation von Verantwortung sind mit solch weitreichenden Handlungsketten unterschiedlich umgegangen. Man kann aus den Diskussionen zu Fragen der Verantwortungszuschreibung in der Sozialanthropologie genau in Hinblick auf die Reichweite von Kausalitätsnarrativen und korrespondierenden Institutionen der Verantwortungszuschreibung einen Vergleich mit alternativen Bearbeitungen komplexer Handlungszusammenhänge und anderen Begriffen von Kausalität und Haftung versuchen, der die Historisierung, die „Provinzialisierung" (Chakrabarty 2000), auch die Politisierung (Fassin 2014, 6) der uns vertrauten Institutionen und ihres gegenwärtigen Wandels ermöglicht, die uns deren Spezifik besser verstehen lassen. Es geht dabei nicht um die Abgrenzung grundsätzlich und wesentlich verschiedener Organisationsformen und Normen von Verantwortung, sondern vielmehr um das Verständnis der Bedingungen spezifischer Entwicklungstendenzen.

Verantwortung ist in der Sozialanthropologie meist in Hinblick auf die unterschiedliche soziale Organisation von Verantwortung beschrieben worden.[8] Das individuelle Vermögen, für die eigenen Handlungen Rechenschaft ablegen zu können (der gegenwärtig wohl gebräuchliche Begriff von Verantwortung), war für Sozialanthropologen zwar in Hinblick auf die Personenbegriffe, die in unterschiedlichen Zuschreibungsnormen zum Ausdruck kamen, von Belang,[9] doch im

---

so wird Beihilfe und Unterstützung im Zusammenhang mit den finanziellen Aktivitäten von Rohstoffunternehmen in Konfliktgebieten meist (noch) eng ausgelegt.

8 Viele sozialanthropologische Darstellungen der sozialen Organisation von Verantwortung haben diese in einer synchronen Perspektive als kohärente Normordnungen beschrieben. Dabei wurden dann zwar Normkonflikte zwischen verschiedenen normativen Ordnungen thematisiert, weniger aber der Wandel solcher Ordnungen.

9 Unterschiedliche Normordnungen unterscheiden sich zentral hinsichtlich der Personenbegriffe, die hier zum Tragen kommen, d. h. in den Annahmen über Handlungsmächtigkeit und Zurechnungsfähigkeit von Individuen und Kollektiven bzw. deren Determinierung durch Aspekte wie Alter, Lebensphasen, Geschlecht, Status oder klinische Befunde zu neurologischen Zuständen etc. Die Vorstellungen darüber, wer wann und inwiefern *agency*, insbesondere moralische *agency*, hat und welche Rolle Intentionalität spielt, ob oder in welchem Maße ein Mensch in seinem Handeln durch freie Entscheidung oder aber durch andere Kräfte geleitet wird, seien dies Hormone, Geister, Karma oder aber die sozialen Bedingungen, unterscheiden sich.

Zentrum des Interesses standen die anders gearteten rechtlichen Institutionen und Normen von Verantwortung. Auch für die Sozialanthropologie ist ethische Praxis „freie" Praxis (Laidlaw 2014). Ungeachtet der oft unterschiedlichen Personenbegriffe, die in verschiedenen Normordnungen bestimmend sind, haben Sozialanthropologen auf verschiedene Weise versucht, einen Begriff der Freiheit zu entwickeln, der die Sozialität von Freiheit erfasst (Laidlaw 2014), also die soziale Eingebundenheit des Einzelnen sowohl als Grenze als auch als Grundlage individueller Handlungsfreiheit zu konzeptionieren versucht. Dabei ist ethische Reflexion als allgegenwärtige Dimension menschlichen Handelns in den Blick genommen worden (Laidlaw 2014, 13), wie sie in alltäglicher Praxis aufscheinen (Lambek 2010; Das 2012).

Doch für die Diskussion von Verantwortungsnormen weit zentraler als die Kapazität, für sein eigenes Handeln Rechenschaft abzulegen, sind die Unterschiede in der Konzeption der zeit-räumlichen Dimensionen von Handlungszusammenhängen und deren Koppelung mit Institutionen der Zuschreibung. Es erscheint fast, als sei in der Konzentration „westlicher" Verantwortungsbegriffe auf den *moral agent* und der Vernachlässigung der Konzeptionalisierung von Relationalität, die ja ein ebenso zentraler Aspekt aller Formen der Zuschreibung ist, die Verengung auf das Selbst gegenwärtig dominanter Verantwortungskonzepte quasi vorweggenommen bzw. gespiegelt, obwohl diese Verengung ja eher als eine historisch spezifische Ausformung von Verantwortung betrachtet werden könnte.

Denn die Zuschreibungen von Verantwortung zeichnen sich nirgendwo allein durch Verhandlungen von Graden der Zuschreibungsfähigkeit aus. Das Prinzip der verschuldungsunabhängigen Haftung z. B. ist überall zu finden (Falk-Moore 1972). Auch wenn also der Personenstatus in jeder Form der sozialen Organisation von Verantwortung wichtig ist, so ist doch die Zuschreibung von Verantwortung in gewissem Sinne unabhängig von den Befunden zur Existenz oder Nicht-Existenz, oder schlicht der „Natur" des freien Willens; sie ist vielmehr eine soziale Beziehungen konstituierende und definierende Operation und viele von Anthropologen beschriebene Konstruktionen von Verantwortung kommen gänzlich ohne den Begriff des freien Willens aus.

Die sozialanthropologischen Perspektiven legen also eine Konzeption von Verantwortung nahe, die Verantwortung als eine spezifische soziale Beziehung betrachtet. Nicht der *moral agent*, sondern die Sozialität des Menschen, oder weiter: die Relationalität allen Seins, steht hier im Zentrum des Begriffs. Verantwortung beschreibt ein Verhältnis der Verpflichtung gegenüber anderen und anderem, sei dies aufgrund kausaler, ethischer, ontologischer oder rechtlicher Annahmen. Gesellschaft ist dann als ein Netzwerk von Verantwortungsbeziehungen vorstellbar. Diese unterscheiden sich in Hinblick auf ihre Reichweite in

Zeit und Raum, ihre Verbindlichkeit, ihre Reziprozität, die daraus erwachsenden Kontrollbefugnisse und -kompetenzen sowie eben die genannten Personenbegriffe. Verantwortungsbeziehungen sind insofern auch immer Felder der Inklusion und Exklusion, und die These ist hier, dass viele Kämpfe der Gegenwart genau solche Grenzen gegenseitiger Verantwortung betreffen.

In Hinblick auf Reichweite und Verbindlichkeit unterscheiden sich Verantwortungsbeziehungen „traditioneller"[10] Ordnungen von modernen oft dahingehend, dass die Verpflichtungen, die in die Vergangenheit (gegenüber Ahnen), in die Zukunft (gegenüber zukünftigen Generationen) gerichtet sind oder aber gegenüber der nicht-menschlichen Natur[11] entworfen werden, weitreichender als im modernen Recht konzeptioniert sind, wo die zeitliche Erweiterung von Verantwortungsbeziehungen gegenüber zukünftigen Generationen durch Debatten über Umwelt- oder Klimaverantwortung erst ihre Anfänge nimmt[12] und die sozialräumliche durch eher „weiche" Versuche, Verantwortungsnormen in den langen Produktions- und Konsumptionsketten des gegenwärtigen Kapitalismus gerecht zu werden, gekennzeichnet ist.[13] Auch die Konzepte der Verursachung sind in traditionellen Normordnungen vielfach umfassender als moderne Konstrukte der Verursachung. So hat Stuart Kirsch die Vorstellungen von Haftung unterschiedlicher melanesischer Gruppen mit denen verglichen, die von transnationalen Unternehmen auf Grundlage wissenschaftlicher Kausalzusammenhänge sowie rechtlicher Haftpflichtvorschriften vorgebracht werden (Kirsch 2001). Während wissenschaftliche Gutachten zu Verursachung Haftbarkeit auf unmittelbare Verursacher begrenzen, ziehen die von ihm diskutierten melanesischen Haftungsvorstellungen den zur Verantwortung, der den Kontext für eine bestimmte soziale

---

10 Ich verwende die vereinfachende Bezeichnung „traditionell" ungern und im Bewusstsein, dass sie als Sammelbegriff für Normordnungen, die weder unter das Römische Recht noch unter common-law-Systeme fallen, völlig unzureichend ist. Die dichotome Gegenüberstellung von *traditionell* und *modern* hat pragmatischen Charakter und verweist auf Begriffstraditionen, die freilich weitreichender Kritik unterzogen worden sind. Dieser kann hier nicht Rechnung getragen werden.

11 Bruno Latour hat freilich genau diese Trennung zwischen Natur und Mensch als Produkt der Moderne ausgemacht; die ontologische Ausrichtung in der Sozialanthropologie versucht, ihre Begriffe grundsätzlich von dieser für die westliche Denktradition wohl grundlegenden Dichotomie zu befreien.

12 Die Verantwortung gegenüber vorangegangenen Generationen wird im modernen Recht wohl allein in den unterschiedlichen Modellen, mit kollektiver Gewalt umzugehen, erprobt. Diese reichen von Reparations- und Entschädigungszahlungen über Mahnmale und Gedenktage bis zu einfachen Entschuldigungen oder aber der Verweigerung irgendeiner Verantwortungsübernahme für Vergangenes (vgl. Sundar 2004).

13 Interessant in Hinblick auf die gegenwärtigen Versuche, Verantwortungsbeziehungen auch im modernen Recht weiter zu fassen, ist auch die Tierrechtsdebatte (z. B. Donaldson/Kymlicka 2011).

Interaktion, die eventuell zu Schäden geführt hat, hergestellt hat. Dass diejenigen, welche Handlungen anderer ermöglichen, im modernen Recht vielfach nur sehr eingeschränkt zur Verantwortung gezogen werden können, weil der Begriff der Beihilfe z. B. wiederum sehr eng verstanden wird, habe ich oben angemerkt. Dies verweist eben auf die unterschiedlichen Verknüpfungen von Verursachung und Haftung, die innerhalb aber insbesondere zwischen unterschiedlichen Verantwortungskonzeptionen bestehen, und damit auch auf die unterschiedlichen Personenbegriffe, die darin zum Tragen kommen. Kirsch verweist hier auf die Untersuchungen von Marilyn Strathern, die das melanesische Personenverständnis als eines beschrieben hat, in dem die Person all das ist, was ein Individuum an Spuren in der Welt hinterlässt – im Leben und auch danach (Kirsch 2001, 159; Strathern 1988).

Während also die eventuell kürzeren Handlungsketten traditioneller Zusammenhänge bzw. sogar in Zeit und sozialem Raum sehr weitreichende Konzeptionen der Verkettung in traditionellen Wissenssystemen von Kausalität von Institutionen der Verantwortungszuschreibung erfasst werden[14] und somit eine Kongruenz zwischen Vernetzungswissen und Kausalnarrativen auf der einen Seite und Verantwortungsinstitutionen auf der anderen Seite besteht, löst sich diese Korrespondenz in modernen Institutionen auf: Die verteilte *agency* macht es scheinbar unmöglich, den an diesen Handlungsketten differenziert Beteiligten Verantwortung zuzuschreiben. Die institutionellen Schnitte in den Handlungsketten, auf die Strathern hinwies, sind so gesehen pragmatischer Natur. Doch wird die Notwendigkeit eines solchen Pragmatismus vielfach bestritten und die Möglichkeit, lange Handlungsketten institutionell abzubilden, eingeklagt: Unter den Schlagworten „Klimagerechtigkeit" oder „Sozialstandards", in den Kämpfen um intellektuelle Eigentumsrechte oder die Entwicklung eines internationalen Unternehmensstrafrechts sind verschiedene Modelle solch differenzierterer und verlängerter Modelle der Zuschreibung vorgebracht worden.

Man kann die Auflösung von verbindlichen Verantwortungszusammenhängen und Haftpflichten als Kalkül und Strategie, als „cunning" wie es Shalini Randeria (2002) genannt hat, interpretieren oder aber als notwendiges Ergebnis der verteilten *agency* in der Netzwerkgesellschaft, in der die Zuschreibung eines

---

14 Dies hängt auch mit Formen der Vorstellung von Relationalität zusammen, die grundsätzlich die Vorstellungen von Beziehungen, seien es die zwischen Menschen oder die zwischen Mensch und „Natur", kennzeichnen und die in traditionellen Normordnungen „präsenter" sind, obwohl sie auch im modernen rational-instrumentellen Denken Spuren hinterlassen. Dabei besteht ein weiterer Unterschied eventuell in der Vorstellung von Kontrolle, d. h. darin, welche Kontrollmechanismen Institutionen der Verantwortungszuschreibung beinhalten und welche unterschiedlichen Vorstellungen von Wirksamkeit oder Effektivität darin zum Ausdruck kommen.

Ergebnisses zu einem Verursacher (fast) unmöglich wird. Man wird für beide Interpretationen Belege finden. Doch auch wenn man eine grundsätzliche Unmöglichkeit konstatiert, die Handlungsketten der Moderne institutionell abzubilden, so erscheinen die Fragen zentral, welche spezifischen Schnitte in diesen Handlungsketten vorgenommen werden und welche alternativen Schnitte möglich wären; wie weitreichend Verantwortungsbeziehungen gedacht und wahrgenommen werden; wem unter Bedingungen der verteilten *agency* in der Netzwerkgesellschaft Verantwortung zugeschrieben wird und wem nicht; welche Qualität von Verbindlichkeit diese hat und welche sozialen Organisationsformen sich aus diesen Verantwortungsbeziehungen ergeben. Dies genau würde die Historisierung und Politisierung der etablierten Institutionen der Verantwortung bedeuten.

3 Die tugendethische Antwort

Die Diskrepanz zwischen wahrgenommenen Handlungszusammenhängen und den Institutionen der Verantwortungszuschreibung ist heute möglicherweise eine grundlegende Erfahrung. Drei Probleme scheinen die Versprechen der Institutionen der Verantwortung in der Weltgesellschaft in ihrer Überzeugungskraft zu mindern. Erstens das Problem der Verkürzung der Handlungsketten in deren institutioneller Reflexion, auf das Strathern hingewiesen hat, und das mit den Versprechen auseinanderklafft, mit denen diese Institutionen antreten: Rechtssicherheit und Gleichheit vor dem Recht, allgemeingültige Menschenrechte, aber auch die in Dekolonisierung und Modernisierung einst enthaltenen Versprechen von ökonomischem Wohlstand, politischer Partizipation und Gleichberechtigung.

Das zweite Problem ist das der augenscheinlichen politischen und sozialen Asymmetrien, das die Umsetzung der Institutionen insbesondere internationaler Verantwortungszuschreibung strukturiert, die ebenfalls mit den universalistischen Begründungsideologien in Konflikt geraten. Nicht für jede Asymmetrie, nicht für jede Form der Ungleichheit werden Begründungen eingefordert; viele sind ideologisch ausführlich begründet. Ob solche Begründungen Akzeptanz erfahren, ist an dieser Stelle nicht das Thema. Infrage stehen die Folgen von Asymmetrien, die im Gegensatz zu den Gleichheitspostulaten der Institutionen stehen und die z. B. in der oft genannten Fokussierung des Internationalen Strafgerichtshofes auf „afrikanische Fälle" augenscheinlich wird (vgl. Clarke 2010). Nandini Sundar hat in Hinblick auf das internationale Strafrecht gefordert, dass,

> if international morality is to mean something more than the self-serving prejudice of powerful states, scholars must explore the political economy of restitution claims and tribunals

in a comparative perspective. One needs to ask why and how certain groups succeed in having their demands taken seriously and others do not [...]. (Sundar 2004, 161)

Diese Asymmetrien in internationalen Institutionen der Verantwortungszuschreibung betreffen nicht allein das internationale Völkerstrafrecht, sondern in gleichem Maße das internationale Umwelt(straf)recht, das erst im Entstehen begriffene internationale Steuerrecht oder Haftungspflichten innerhalb langer transnationaler Produktions- und Konsumptionsketten. Sie betreffen freilich auch national-staatliche oder verbandschaftliche Organisationsformen von Verantwortung, die ebenfalls durch sozio-ökonomischen Wandel verändert werden; auch hier steht die politische Ökonomie ihrer Entwicklungstendenzen infrage. Es reicht insofern nicht aus, unterschiedliche Modelle der sozialen Organisation von Verantwortung und deren normative Begründungen zu historisieren; vielmehr muss eben der Grad der Umsetzung der in solchen unterschiedlichen Modellen versprochenen sozial-räumlichen Reichweite von Verantwortungsbeziehungen in den Blick genommen werden.

Das dritte Problem, mit dem die Versprechen der gegenwärtigen Verantwortungsinstitutionen konfrontiert sind, ist das der zunehmenden Unverbindlichkeit moralischer Selbstverpflichtung. Wo die kurzen Kausalitätsnarrative gegenwärtiger Institutionen in transnationalen Handlungsketten keinen konkreten Täter, insbesondere keine natürliche Person, ausmachen können (oder wollen) und sich nicht einmal Teilverursachungen oder gar ein Wille zur Straftat eindeutig identifizieren lassen, räumt das Strafrecht mitunter zugunsten moralischer Selbstverpflichtungen das Feld. Unternehmensverantwortung ist z. B. im Wesentlichen ein moralischer Akt: Unternehmen wie Union Carbide oder Texaco räumen gegenüber den Opfern der in Zusammenhang mit ihren Produktionsaktivitäten in Bhopal oder Ecuador entstandenen Schäden moralische Verantwortung ein, lehnen aber strafrechtliche Verantwortung ab; sie etablieren Programme der Corporate Social Responsibility, vermeiden aber rechtlich bindende Verpflichtungen sowohl gegenüber den eigenen Beschäftigten als auch (und insbesondere) gegenüber den Anrainern der Produktionsstätten. Das Problem besteht hier nicht nur darin, dass vielfach Verantwortlichkeiten nicht erfüllt werden, sondern auch darin, dass die „Freiwilligkeit" der moralischen Verantwortung die Interdependenz derer, die an Handlungsketten der Netzwerkgesellschaft in verschiedenen Positionen beteiligt sind, aus dem Blick geraten lässt. Genau aus dieser Entkoppelung entsteht wiederum eine spezifische Beziehung zwischen dem, der Verantwortung „übernimmt", und jenem, der vom Umstand, für den Ersterer Verantwortung übernimmt, betroffen ist, nämlich eine, in der der eine freiwillig, aus moralischer Selbstverpflichtung „gibt", der andere zum passiven Empfänger ohne Anrecht wird, der eventuell nun die Übernahme von Verantwortung durch den

Ersteren durch Dankbarkeit oder eine spezifische Disposition entgelten muss. Handlungsmacht liegt dann allein bei dem, der Verantwortung trägt; der andere ist passives Opfer und Hilfsbedürftiger (vgl. Fassin 2010, 219 f.).

Die tugendethische Reaktion ist eine, die über die Selbstermächtigung diesem Opferstatus zu entkommen versucht. Sie greift letztlich die Idee von Selbstverantwortlichkeit, Autonomie und Handlungsmacht, welche die Aufkündigung der weitreichenden Versprechen der Institutionen der Moderne ideologisch begründete, auf, setzt sie um und erfüllt damit quasi das, was als Grundmerkmal gegenwärtiger Gouvernmentalität ausgemacht worden ist: Die in tugendethischen Orientierungen implizierte Individualisierung von Verantwortung entspricht der Tendenz zur Selbstverantwortlichung (Rose 1999).[15]

Es gibt freilich auch andere Reaktionen auf die Fragilität und Fragmentierung von Verantwortungsbeziehungen in der Gegenwart, solche, welche die Versprechen auf Verbindlichkeit auf rechtlichem Wege einzuklagen versuchen (vgl. Eckert et al. 2012), sie mit Gewalt zu erkämpfen trachten[16] oder über weitreichende horizontale Solidaritätsbeziehungen zu verwirklichen suchen. Manchmal gelingt das. Es sind freilich gegenwärtig auch allerorten Bewegungen zu beobachten, die die Vorstellung von „natürlichen Grenzen" von Verantwortungsbeziehungen und damit deren notwendigerweise exklusive Beschaffenheit propagieren, die teilweise die Verlängerung der Handlungsketten, insbesondere aber die institutionelle Reflexion der darin begründeten Interdependenzen bestreiten und zu kleinräumigen Solidargemeinschaften zurückkehren wollen.

---

15 Insofern ist auch die Überzeugungskraft dieser spezifischen Neudeutung der Religion und der darin dominanten Kausalitätsnarrative nicht als defensive Reaktion auf die Zumutungen der Globalisierung zu verstehen, wie einige Autoren insgesamt das Wiedererstarken von Religiosität interpretiert haben (z. B. Castells 1997, 12–26).

16 Es ist nicht immer eindeutig, wie politische Bewegungen in Hinblick auf ihre Normen von Verantwortung zu deuten sind. Faisal Devjis (2005) Lesart des militanten Jihad deutet diesen als weitere deontologische Ethik. Schon weil Al Qaida nicht einmal beabsichtigen konnte, die globalen Folgen der Anschläge vom 11. September 2001 zu kontrollieren, sind sie für Devji Akte ethischer Pflichterfüllung, wie eben auch der über sie verfolgte Jihad eher ethischen als politischen Charakter hat. Aber nicht nur die Unmöglichkeit, die Konsequenzen des eigenen Handelns zu kontrollieren, sondern auch das Versagen, mit politischem Handeln auf das eigene Geschick und das Geschick derer, für die man Verantwortung beansprucht, einzuwirken, sind nach Devji ursächlich für die deontologische Orientierung des militanten Islamismus gewesen. Auch hier kommt der Unmöglichkeit der Kontrolle über die Folgen des eigenen Handelns ein zentraler Stellenwert bei der Hinwendung zu tugendethischen Orientierungen zu. Der militante Jihad kann aber in einer anderen Lesart als der Devjis nicht als eine deontologische Wendung, sondern vielmehr als eine Form, auf Verantwortungsketten (und damit auf die Verantwortung der USA) hinzuweisen und deren Verbindlichkeit zu erkämpfen, gelesen werden (z. B. Mamdani 2004).

Die tugendethische Antwort auf die Probleme der Zuschreibung von Verantwortung ist also eine unter mehreren. Gerade weil hier sehr verschiedene normative Entwürfe sich nebeneinander entfalten und gegeneinander „antreten", gilt es zu verstehen, welche die Chance haben, verbindliche Institutionen auszubilden, und welche spezifischen Handlungszusammenhänge darin abgebildet werden und welche als irrelevant oder nicht für die Zurechnung geeignet ausgeblendet werden. Gleichzeitig stehen die unterschiedlichen Wirkungen dieser verschiedenen normativen Antworten auf die Transformation sozialer Beziehungen infrage. Die tugendethische Antwort ist in ihrer Reduktion des Kausalitätsnarrativs auf das Selbst und der Verengung der Verantwortungsbeziehung auf eine binäre in gewissem Sinne die systemisch unaufwendigste für die Problematik der Verantwortungszuschreibung. Gleichzeitig ist das, was sie an Entlastung in Hinblick auf systemische Verantwortungszuschreibung erreicht, in Hinblick auf die Leistungen sozialer Beziehungen für die Ausbildung und die Tragfähigkeit gesellschaftlicher Institutionen verloren.

Bibliographie

Beck, Ulrich (1996): World risk society as cosmopolitan society? Ecological questions in a framework of manufactured uncertainties. In: Theory Culture & Society 13 (4), 1–32.

Bochow, Astrid/van Dijk, Rijk (2012): Christian creations of new spaces of sexuality, reproduction, and relationships in Africa: Exploring faith and religious heterotopia. In: Journal of Religion in Africa 42 (4), 325–344.

Chakrabarty, Dipesh (2000): Provincialising Europe, Postcolonial Thought and Historical Difference. Princeton: Princeton University Press.

Clarke, Kamari (2010): Rethinking Africa through its exclusions: The politics of naming criminal responsibility. In: Anthropological Quarterly 38 (3), 625–651.

Das, Veena (2012): Ordinary ethics. In: Didier Fassin (Hrsg.): A Companion to Moral Anthropology. Oxford: Wiley/Blackwell, 133–149.

Devji, Faisal (2005): Landscapes of Jihad. Ithaca, NY: Cornell University Press.

Donaldson, Sue/Kymlicka, Will (2011): Zoopolis. A Political Theory of Animal Rights. Oxford: Oxford University Press.

Eckert, Julia (2003): The Charisma of Direct Action: Power, Politics and the Shiv Sena. Delhi: Oxford University Press.

Eckert, Julia/Donahoe, Brian/Strümpell, Christian/Biner, Zerrin Özlem (Hrsg.) (2012): Law against the State: Ethnographic Forays into Law's Transformations. Cambridge: Cambridge University Press.

Engel, David (2006): Globalization and the decline of legal consciousness: Torts, ghosts, and Karma in Thailand. In: Law & Social Inquiry 30 (3), 469–514.

Engel, David (2010): Tort, Custom, and Karma: Globalization and Legal Consciousness in Thailand. Stanford: Stanford University Press.

Falk-Moore, Sally (1972): Legal Liability and evolutionary interpretation: some aspects of strict liability, self-help and collective responsibility. In: Max Gluckman (Hrsg.): The Allocation of Responsibility. Manchester: Manchester University Press, 51–108.

Fassin, Didier (2010): Humanitarian Reason. A Moral History of the Present. Berkeley: University of California Press.

Fassin, Didier (2014): The moral question in anthropology. In: Didier Fassin/Samuel Lézé (Hrsg.): Moral Anthropology. A Critical Reader. London: Routledge, 1–11.

Hirschkind, Charles (2001): The ethics of listening: Cassette-Sermon audition in contemporary Cairo. In: American Ethnologist 28 (3), 623–649.

Hirschman, Albert O. (1974): Abwanderung und Widerspruch. Reaktionen auf Leistungsabfall bei Unternehmungen, Organisationen und Staaten. Tübingen: Mohr.

Khedimella, Moussa (2004): Die jungen Prediger der Tabligh Bewegung in Frankreich. In: Nilüfer Göle/Ludwig Ammann (Hrsg.): Islam in Sicht. Der Auftritt von Muslimen im öffentlichen Raum. Bielefeld: Transcript, 265–282.

Kirsch, Stuart (2001): Property effects. Official networks and compensation claims in Melanesia. In: Social Anthropology 9 (2), 147–163.

Laidlaw, James (2005): A life worth leaving: Fasting to death as telos of a Jain religious life. In: Economy and Society 34 (2), 178–199.

Laidlaw, James (2014): The Subject of Virtue. An Anthropology of Ethics and Freedom. Cambridge: Cambridge University Press.

Lambek, Michael (2010): Toward an ethics of the act. In: Michael Lambek (Hrsg.): Ordinary Ethics: Anthropology, Language, and Action. New York: Fordham University Press, 39–63.

Latour, Bruno (1998): Wir sind nie modern gewesen. Versuch einer symmetrischen Anthropologie. Frankfurt am Main: Suhrkamp.

Mahmoud, Saba (2005): Politics of Piety: The Islamic Revival and the Feminist Subject. Princeton: Princeton University Press.

Mamdani, Mahmood (2004): Good Muslim, Bad Muslim. America, the Cold War, and the Roots of Terror. New York: Pantheon.

Randeria, Shalini (2002): Between Cunning States and Unaccountable International Institutions. Social Movements and Rights of Local Communities to Common Property Resources. Discussion Paper der AG Zivilgesellschaft des Wissenschaftszentrums Berlin.

Robbins, Joel (2010): On the pleasures and dangers of culpability. In: Critique of Anthropology 30, 122–128.

Rose, Nikolas (1999): Powers of Freedom. Reframing Political Thought. Cambridge: Cambridge University Press.

Schiffauer, Werner (2011): Die Bekämpfung des legalistischen Islamismus. In: Werner Schiffauer/Marianne Krüger-Potratz (Hrsg.): Migrationsreport 2010. Frankfurt am Main: Campus, 163–201.

Strathern, Marilyn (1988): The Gender of the Gift. Problems with Women and Problems with Society in Melanesia. Berkeley: University of California Press.

Strathern, Marilyn (1996): Cutting the network. In: Journal of the Royal Anthropological Institute 2, 517–535.

Strathern, Marilyn (2009): Losing (out on) intellectual resources. In: Alain Pottage/Martha Mundy (Hrsg.): Law, Anthropology and the Constitution of the Social. Making Persons and Things. Cambridge: Cambridge University Press, 201–233.

Sundar, Nandini (2004): Toward an anthropology of culpability. In: American Ethnologist 31 (2), 145–163.

Van Dijk, Rijk (2002): Religion, pentecostalism and restructuring family responsibility in the Ghanaian pentecostal diaspora. In: D. Bryceson/U. Vuorela (Hrsg.): The Transnational Family. Oxford: Berg, 173–196.

Van Dijk, Rijk (2012): The social cocktail: Weddings and the innovative mixing of competences in Botswana. In: A. Leliveld/J.-B. Gewald/I. Peša (Hrsg.): Transforming Innovations in Africa. Explorative Studies on Appropriation in African Societies. Leiden: Brill, 191–207.

Veitch, Scott (2007): Law and Irresponsibility. On the Legitimation of Human Suffering. Oxon: Routledge-Cavendish.

Armin Nassehi

Moral im System

Die Minimalmoral von Kommunikation[1]

Von einer Minimalmoral der Kommunikation zu sprechen, heißt nicht, eine moralische oder ethische Perspektive auf Kommunikation zu richten. Es geht hier also nicht um eine Ethik der Kommunikation. Meine soziologische Perspektive ist auch keine normative Perspektive in dem Sinne, dass hier ein bestimmter moralischer Standpunkt ethisch begründungsfähig gemacht werden soll. Ich möchte vielmehr – je nach Standpunkt diesseits oder jenseits der philosophischen Ethik – soziologisch zeigen, wie sich im grundlegenden Mechanismus der Kommunikation stets auch ein moralischer Mechanismus einstellt. Ich beginne deshalb auch nicht mit Ethik, sondern mit Moral. Es soll also Moral am Mechanismus der Kommunikation grundgelegt werden. Wagt man einen empirischen Blick auf Kommunikationsprozesse, wird man feststellen, dass Menschen in unterschiedlichen Praxisfeldern moralischer handeln und argumentieren, als man es im ersten Moment denkt.

Soziologisches Denken beginnt mit zwei basalen Intuitionen. Die eine besteht darin, dass all unser Handeln, Verhalten, Denken und Fühlen praktisch in den sozialen Bezügen verortet ist, in denen diese stattfinden. Welche Sprache wir sprechen, in welche Kultur wir geboren werden, welchem soziokulturellen Milieu wir angehören, welche materiellen Ressourcen uns zur Verfügung stehen, welchen Sozialisationsinstanzen wir ausgesetzt waren – all das hat einen Einfluss darauf, wie wir uns im sozialen Raum bewegen. Das meint übrigens keineswegs ein Verhältnis der Determination, sondern eher ein Wechselseitigkeitsverhältnis. Die zweite basale soziologische Grundintuition besteht darin, dass wir uns soziale Ordnung nur so vorstellen können, dass Akteure nicht alle Handlungsmöglichkeiten, die sie aktuell haben, auch tatsächlich empirisch in Anspruch nehmen können. Handlungsmöglichkeiten müssen sozial eingeschränkt werden, damit soziale Ordnung im Sinne einer kalkulierbaren Erwartung von Erwartungen möglich ist. Einer dieser Mechanismen der Einschränkung ist tatsächlich: Moral (vgl. Nassehi 2015a, 13 ff.).

---

1 Dieser Beitrag ist die erweiterte Fassung eines Textes, der zeitgleich als *Die Minimalmoral der Kommunikation. Eine soziologische Perspektive* in *Philosophie und Lehre. Philosophisch-ethische Themen und fachdidaktische Zugänge, Band II* (Julian Nida-Rümelin/Irina Spiegel/Markus Tiedemann (Hg.), Paderborn: UTB/Schöningh 2015) erscheint.

Unter Moral ist nichts Subjektivistisches zu verstehen. Zum einen ist es nicht beliebig, was ein Individuum unter moralisch richtigen Sätzen versteht, weil moralische Standards stets mit sozialen Erwartungen, Konventionen, Begründungsfiguren und Praktiken zu tun haben. Zum anderen kann man aus der Tatsache, dass es in modernen, komplexen und pluralistischen Gesellschaften keine gesellschaftsweit verbindliche Moral gibt, nicht im Sinne eines postmodernen Relativismus auf eine Beliebigkeit unterschiedlicher moralischer Standpunkte schließen. Nach philosophischem Sprachgebrauch würde ich also einen objektivistischen Standpunkt von Moral formulieren, weil moralische Ansprüche stets einen Anspruch auf Geltung oder auf Gültigkeit innerhalb eines sozialen Erwartungshorizonts haben.

Wenn ich mit einem moralischen Anspruch auftrete, dann wäre es schon aus performativen Gründen sehr merkwürdig, wenn ich behaupten würde, der moralische Anspruch gelte nur für mich, solle aber für andere keine Geltung beanspruchen müssen. Der soziale Sinn eines moralischen Anspruchs liegt gerade darin, ihn appellativ an andere zu richten. Ohne einen solchen fordernden Anspruch kann man letztlich nicht von Moral sprechen.

Eine weitere empirische Beobachtung zeigt, dass es auch in einer pluralistischen Gesellschaft keineswegs bloße moralische Beliebigkeit gibt. Man kann jedenfalls beobachten, dass es offensichtlich erwartbar ist, andere Menschen als relativ gleichwertige Adressen zu behandeln. Kommunikation stellt zunächst eine fundamentale Form von Symmetrie her – wohlgemerkt nur eine zunächst operativ wirksame fundamentale Form von Symmetrie, die sich dadurch einstellt, dass wir den anderen als zurechnungsfähige Adresse behandeln können. Wie stark solche einfachen Symmetrieerwartungen sind, kann man daran erkennen, dass Kommunikation mehr Energie aufbringen muss, um jemanden prinzipiell, also schon im operativen Mechanismus der Kommunikation, nicht als symmetrisches Gegenüber zu behandeln. Jemanden wegen seines Aussehens, seines Geschlechts, seiner Hautfarbe oder sonstiger als sichtbar gelabelter Merkmale asymmetrisch zu behandeln, braucht mehr Aufmerksamkeit, selektive Energie und Begründungspflichten als die zunächst operative Herstellung von Symmetrie.

Dieser letzte Hinweis sollte nicht unterschätzt werden. Denn es wird hier nicht behauptet, dass Kommunikation per se zu moralischem Verhalten führt. Behauptet wird lediglich, dass der Mechanismus der Kommunikation die Herstellung von Symmetrie wahrscheinlicher macht als asymmetrische Anschlussformen, was man schon daran erkennen kann, dass asymmetrische Formen mehr Informationswert und damit wiederum mehr Anlass für Kommunikation entstehen lassen als symmetrische. Ein funktionalistischer Zugang zur Kommunikation kann einen der problemlösenden Aspekte der Kommunikation auch darin erkennen, die Wahrscheinlichkeit von Anschlussfähigkeit zu erhöhen und damit so etwas wie

Erwartbarkeit in kommunikative Prozesse einzubauen. Das dürfte unter symmetrischen Verhältnissen einfacher gelingen als unter asymmetrischen und antipodischen. Es wäre aber ein Missverständnis, daraus sogleich etwas über die moralische Qualität sozialer Operationen zu sagen – dies wäre ein Fehlschluss. Es muss aber soziologisch beschreibbare Gründe geben, warum Symmetrie in der Kommunikation zunächst erwartbarer ist als Asymmetrie. Dies aufzudecken, zugleich davor zu warnen, daraus sofort eine Ethik der Symmetrie deduzieren zu können, ist Gegenstand dieses Beitrages, der in fünf Schritten argumentiert und dann in einem sechsten Schritt eine normative Intuition anfügt.

1 Kommunikation/Interaktion als Ordnungsgenerator

Wenn ich vorhabe, Moral an der grundlegenden Form von Kommunikation nachzuweisen oder umgekehrt: die Moral als einen grundlegenden Mechanismus von Kommunikation zu beschreiben, dann muss zunächst gezeigt werden, was unter Kommunikation zu verstehen ist. Ich beginne mit einem Mechanismus, den man in der Soziologie seit Talcott Parsons *doppelte Kontingenz* nennt, dessen grundlegender Mechanismus aber auch in den Sozialtheorien von Alfred Schütz, Erving Goffman und im Pragmatismus George Herbert Meads nachzuweisen ist und vor allem in der soziologischen Systemtheorie Niklas Luhmanns weiter entwickelt wurde (vgl. Luhmann 1984, 148 ff.; Nassehi 2011a, 39 f.). Doppelte Kontingenz ist ein Versuchsaufbau. Unter doppelter Kontingenz verstehen wir die Situation, dass sich Alter und Ego begegnen, und Alter und Ego ihr Verhalten jeweils von Ego und Alter abhängig machen. Diese Situation wäre bereits das Ende der Kommunikation, bevor sie begonnen hat, denn wenn jeder sein Verhalten gleichzeitig vom Verhalten des anderen abhängig macht, kann letztlich in einer solchen Situation vollständiger Symmetrie nichts geschehen. Es muss also bereits in jeder symmetrischen Situation ein Moment Asymmetrie geben, damit es überhaupt zu Kommunikation kommen kann.

Wohlgemerkt: Die Situation reiner doppelter Kontingenz kommt empirisch nicht vor. Sie ist lediglich ein Gedankenexperiment zur Verdeutlichung von Kommunikation. Stellen wir uns eine sehr einfache Vortragssituation vor. Ein Sprecher steht an einem Pult, vor dem ein Auditorium sitzt. Schon die soziale Anordnung im Raum erzeugt eine Asymmetrie – es ist wahrscheinlicher, dass der Sprecher mit dem Vortrag beginnt, als dass jemand aus dem Auditorium anfängt, zu sprechen. In die soziale Situation ist also bereits ein asymmetrisches Moment eingebaut, das Kommunikation in Gang bringen kann und Ego und Alter positioniert. Nun ist eine Vortragssituation bereits eine organisatorisch gerahmte, also dadurch asymmetrisierte Situation. Stellen wir uns also eine einfachere Situation vor: Es treffen sich zwei mehr oder weniger gut Bekannte auf der Straße und nehmen sich wechselseitig wahr und nehmen auch wechselseitig wahr, dass sie sich wahrgenommen haben. In diesem Moment ist es unwahrscheinlich, dass beide lange daran festhalten, ihr Verhalten an dem des anderen zu orientieren. Wahrscheinlicher ist, dass damit begonnen wird, dass Asymmetrie in die Situation eingebaut wird. Einer der beiden grüßt oder spricht den anderen an, beginnt über irgendetwas zu reden, oftmals in solchen Situationen über etwas vergleichsweise Unverfängliches – und wenn sich die beiden besser kennen, gibt es vielleicht Themen, auf die man gleich zu sprechen kommen kann. Es ist also auch hier die soziale Situation, wenn auch weniger formal gerahmt, die für Anschlüsse sorgen kann. Es entsteht dabei ein Drittes: nämlich Kommunikation, die Alter und Ego jeweils in Anspruch nimmt. Es entsteht in der Zeit ein Kommunikationssystem, in dem Alter und Ego jeweils durch Äußerungen herausgefordert werden, sich innerhalb dieses Systems zu bewegen. Kommunikation kann man dann als etwas Drittes ansehen, das in der Interaktion immer mit einem Gegenüber zu tun hat, mit einem Gegenüber, das als Alter oder Ego oder Ego oder Alter zu sehen ist. Diese Interaktionstheorie geht davon aus, dass Strukturaufbau dadurch geschieht, dass unterschiedliche Äußerungen sich wechselseitig ermöglichen, dass sie also eine Struktur entwickeln müssen, in der Anschlussfähigkeit entsteht. Das ist an einfachen empirischen Beispielen rekonstruierbar.

Man kann an jemanden herantreten und etwas sagen, was derjenige nicht verstehen kann. Dieser wird womöglich darauf reagieren, indem er sagt: „Das verstehe ich nicht." Und schon ist Kommunikation gelungen. Gelungene Kommunikation ist also nicht die Übertragung einer Information auf ein Gegenüber, um dann zu messen, ob der Kanal ein angemessener Kanal war oder nicht, sondern gelungene Kommunikation wäre nach einem mathematisch-kybernetischen Kommunikationsbegriff die Selektivität, die sich im Nacheinander kommunikativer Ereignisse ergibt. Wir errechnen also jeweils, was Kommunikation gemeint haben könnte, und schließen dann daran an, gerade weil uns die Psyche des Gegenübers prinzipiell intransparent bleibt (vgl. Nassehi 2014).

Ein solch niedrigschwelliger Kommunikationsbegriff kommt ohne komplizierte Kriterien fürs Gelingen aus und schließt letztlich jede Form des Anschlusses ein. Dies hat den Vorteil, das Verständnis von Kommunikation nicht bereits a priori mit bestimmten Qualitäten des Gelingens, der Angemessenheit oder des Wünschenswerten zu belasten – mit dem Ziel übrigens, bestimmte Qualitäten dann erst aus dem Kommunikationsgeschehen selbst heraus verstehen zu können.

2 Kommunikation von Achtung

Das Problem doppelter Kontingenz besteht darin, dass jeder zugleich Ego und Alter Ego ist und weiß, dass er für den anderen Alter Ego ist. Es entsteht also eine mehrstufige Form der wechselseitigen Zurechnung, die im Übrigen nicht subjekttheoretisch im Sinne wechselseitiger Transparenz von Alter und Ego zu verstehen ist, sondern die komplizierte Situation beschreibt, wie Alter und Ego in Kommunikationssystemen in Anspruch genommen werden. Diese mehrstufige Relation ist so komplex, dass es kaum zu Kommunikation kommen könnte, wenn diese komplexe Form der Wechselseitigkeit Alter und Ego jeweils transparent gemacht werden müsste. Auch dieser hier in der Sprache der soziologischen Systemtheorie formulierte Sachverhalt lässt sich in anderen soziologischen Theorietraditionen rekonstruieren. Überall finden sich soziologische Beschreibungen dieser komplexen Situation, in der Ego und Alter jeweils Alter und Ego füreinander sind und über die Wechselseitigkeit von intransparenten Erwartungen letztlich nicht zueinander kommen können. Der besondere soziologische Ertrag besteht nun darin, dass sich solche Situationen dann weniger komplex auflösen müssen. Die Frage ist, wie werden je für sich Ego und Alter und Alter Ego innerhalb des Kommunikationszusammenhangs integriert.

George Herbert Mead hat dafür die schöne Formel des *role taking* entwickelt (vgl. Mead 1988, 217). *Role taking* bedeutet, dass ein kommunikativer Akt von Ego sich immer schon aus der Perspektive von Alter wahrnimmt und daraus sozusagen sowohl die Motive als auch die Selektivität entstehen, in denen ein Sprechakt im sozialen Raum funktioniert. Um noch einmal das Beispiel der Vortragssituation aufzunehmen: Es wäre kaum möglich, einen Vortrag vor einem leeren Auditorium zu halten. Denn selbst wenn Zuhörer bei einem Vortrag letztlich vergleichsweise tatenlos sind und einfach zuhören, ermöglicht schon ihre Anwesenheit und ermöglichen die eher minimalistischen Reaktionen wie Blicke, Bewegungen oder kleine Geräusche es dem Redner, ein *role taking* vorzunehmen und sein Verhalten an den Erwartungen anderer zu orientieren bzw. solche Erwartungen zu erzeugen. Und ohne Gegenüber zu üben, wie man ihn oder sie begrüßen möchte, oder gar heikle Sätze in einer solchen Situation vorwegzunehmen, ist kaum möglich. Wer jemals alleine vor einer Fernsehkamera saß oder an einem Mikrofon in einem Rundfunkstudio, wird anfangs das Fehlen eines *konkreten* Gegenübers registrieren, an dem das eigene Verhalten scharfgestellt werden kann. Aber auch in solchen Situationen müssen wir letztlich mit vereinfachten Formen des *role taking* arbeiten, also letztlich mit so etwas wie einem Vertrauen in die Situation, in der wir davon ausgehen, dass die Dinge sich so verhalten, wie wir sie imaginieren.

Dieses komplizierte System von Kommunikation kann empirisch letztlich in dieser Komplexität nicht bearbeitet werden. Es müssen also Kurzformen etabliert werden, durch die wir in der Lage sind, uns in solchen Situationen zu orientieren. George Herbert Mead schlägt, wie schon formuliert, das *role taking* vor, also letztlich die Bestätigung dessen, was ich tue, über die Erwartung der Erwartung meines Gegenübers. Das erzeugt dann schon einen evolutionären Vorteil für Symmetrie, für Ja-Stellungnahmen und für die Risikobearbeitung, dass der nächste Sprechakt des anderen schwer auszurechnen ist.

> Als Indikator für einen akzeptierbaren Einbau des Ego als Alter und als Alter Ego in die Sichtweise und Selbstidentifikation seines Alter dient der Ausdruck von *Achtung* und die Kommunikation über Bedingungen wechselseitiger Achtung. Ego achtet Alter und zeugt ihm Achtung, wenn er sich selbst als Alter im Alter wiederfindet, wiedererkennt und akzeptieren kann oder doch sprechende Aussichten zu haben meint. Achtung fungiert also im Kommunikationsprozeß als Kürzel für sehr komplexe zugrundeliegende Sachverhalte, die nur über diese symbolische Substitution überhaupt kommunikationsfähig werden. (Luhmann 2008, 102)

Hier wird also weniger eine bereits vorkonsentierte Welt vorausgesetzt, sondern so etwas wie symmetrische Achtungsbedingungen werden in den Kommunikationsprozess selbst hineinverlagert – gewissermaßen als funktionaler Anreiz für Anschlussfähigkeit, was dann der Moral eben einen „objektivistischen" Charakter verleiht und keineswegs eine „subjektivistische" Beliebigkeit ist. Man kann also mit Luhmann durchaus eine Art funktionale Notwendigkeit von Moral in der Kommunikation voraussetzen. Exakt hier liegt der Schlüssel für eine soziologische Begründung einer Minimalmoral der Kommunikation, die sich durchaus normativ weiter entwickeln lässt.

Wir können in Interaktionssituationen fast überall wahrnehmen, dass sie nur funktionieren, wenn das, was passiert, nicht sofort in Missachtung umschlägt. Man stelle sich eine Situation vor, in der man mit dem Risiko umgehen müsste, dass alles, was geschieht, sofort in Missachtung umschlägt. Empirisch gibt es solche Situationen, der Rassismus etwa. Ein Rassist kann nicht davon absehen, dass sein Gegenüber ein Weißer ist oder ein Schwarzer, und dadurch wird jeder Sprechakt so doppelt codiert, dass, selbst wenn das Gegenüber Erwartbares sagt, das noch ein Anlass für Missachtung ist, weil darin eine besonders perfide Strategie gesehen wird. Verhält sich also ein Schwarzer erwartbar, ist das bereits ein Zurechnungsgrund für Missachtung, weil die Affirmation zur Provokation wird.

Ein ähnliches Beispiel bietet Richard Wagners Schrift „Über das Judenthum in der Musik", in der er gerade in der Genialität der Musik des (protestantisch getauften) Juden Felix Mendelssohn Bartholdy die perfide Strategie eines Juden sieht, das Großartige gewissermaßen zu simulieren (vgl. Wagner 1869). Es ist

Wagner also nicht möglich, in aller Achtung für die grandiose Musik Mendelssohns die Missachtung seines Judentums einzuklammern und Kommunikation (hier: über ihn, nicht mit ihm; die Schrift ist nach Mendelssohns Tod publiziert worden) nicht dadurch zu vergiften.

So funktioniert Rassismus in einem sehr einfachen operativen Zusammenhang. Meistens gehen wir davon aus (und meistens gelingt das auch), dass das Gegenüber mit Achtung reagiert. Achtung und nicht Missachtung wäre so etwas wie eine minimale grundlegende Moral innerhalb der Kommunikation, die dann erfolgreicher darin ist, die Motive und die Aufmerksamkeit beteiligter Personen entsprechend zu binden.

Das Argument ist freilich *nicht*, dass Kommunikation stets zu moralischer Achtung führt. Das wäre naiv. Das Argument lautet auch nicht im Sinne einer von Habermas inspirierten Universalpragmatik, Kommunikation erzeuge Sprecherpositionen, die sich in moralischen Diskursen über ihre Geltungsansprüche bewusst werden. Mein Argument setzt tiefer an.

Es setzt am Anschlussmechanismus der Kommunikation selbst an. Es setzt daran an, dass Kommunikation Formen entwickelt, sich zu reproduzieren. Achtung ist eine Form, durch die Personen so inkludiert werden, dass es tatsächlich weitergeht. Empirisch heißt das, dass in Kommunikationszusammenhängen praktisch moralische Standards entstehen, die sich im Weitergehen der Kommunikation manifestieren. Diese Art von Moral wäre eine Moral, die womöglich gar nicht explizit formuliert werden muss. Und das vielleicht Beunruhigende daran ist, dass zu solchen Moralen womöglich auch solche gehören können, die wir normativ problematisch finden. So setzen etwa Binnenmoralen stark integrierter Gruppen auf diesen Mechanismus der Moral. Die Herstellung gruppenbezogener Exklusivität operiert ebenso wie die Unterscheidung von Zugehörigen und Nicht-Zugehörigen. Diese Art von Moral ist also nicht in einem universalistischen Sinne von ethischer Verallgemeinerbarkeit, sondern ganz im Gegenteil konfundiert in der Praxis anschlussfähiger Kommunikationsroutinen. Ein solcher Moralbegriff beinhaltet also vieles, was man schon intuitiv *unmoralisch* nennen würde – aber es ist ganz hilfreich, zunächst einen solchen niedrigschwelligen Moralbegriff zu formulieren.

Es wäre übrigens völlig falsch, zu glauben, diese Art von Moral im Sinne der Präferierung von Achtung gegenüber Missachtung für den einzigen Erfolgsgenerator von Kommunikation zu halten. Vor allem in einer modernen, komplexen Gesellschaft treten funktionale Äquivalente von Moral in den Vordergrund: zum Beispiel Geld, Macht oder wissenschaftliche Wahrheit als Kommunikationsmedien, die die Anschlussfähigkeit von Kommunikation erleichtern. Eine zivilisatorische Errungenschaft des Geldes und des Handels besteht unter anderem darin, dass der Wert des Geldes als symbolisch generalisiertes Kommunikationsmedium sich unter anderem davon unabhängig machen kann, *wer* zahlt. Das setzt Fragen von Achtung und Missachtung geradezu außer Kraft. Das Gleiche gilt übrigens auch für wissenschaftliche Wahrheit. Wir würden wissenschaftliche Wahrheit stets als etwas ansehen, was letztlich unabhängig von demjenigen gelten sollte, der das Argument vorbringt. Das bedeutet, dass die Gesellschaft auch andere Medien entwickelt als die Achtung oder Missachtung Personen gegenüber, um den Anschluss von Kommunikation wahrscheinlicher zu machen. Dass wir etwa Justitia blind darstellen, ist ein Zeichen für die moralische Anonymität des Rechts. Moralische Anonymität heißt nicht, dass das Recht unmoralisch oder amoralisch sei, das ist es nicht, sondern dass die Praxis des Rechts von der Person absieht, um der Person gerecht zu werden.

Achtung bedeutet übrigens auch nicht Konsens oder Normenkonformität, sondern Achtung wäre gemäß meinem Argument auch nur ein Mechanismus, der Anschlussfähigkeit wahrscheinlicher macht – ganz abgesehen davon übrigens, dass Achtung auch unter Bedingungen von Dissens möglich ist. Ein expliziter Dissens über Wahrheits- oder Richtigkeitsfragen ist durchaus kompatibel mit einem Achtungserweis dem anderen gegenüber.

Geradezu kontraintuitiv kann man sagen: Achtung ist der Grund der Moral, nicht umgekehrt. Es ist nicht eine abstrakte moralische Einstellung, kein Bekenntnis zu einem moralischen Standard, aus dem sich dann Achtung bzw. Achtungsansprüche deduzieren ließen. Es ist vielmehr der die Kommunikation stabilisierende Mechanismus der Achtung, der die Moral innerhalb eines sozialen Systems fundiert.

Damit machen die Bedingungen von Achtung letztlich die Moral einer Gesellschaft aus. Aus soziologischer Perspektive ist es durchaus lohnend, diesen Mechanismus an kleinen empirischen Situationen zu rekonstruieren. So ist es etwa sehr leicht, despektierlich über jemanden zu sprechen, der nicht im Raum, der nicht unmittelbar anwesend ist. Stehen wir aber einer anderen Person gegenüber, wird Achtung wahrscheinlicher als Missachtung. Man könnte das auch psychologisch als Vermeidung von Peinlichkeit oder auch Angst interpretieren. Aber dennoch ist es zu einem großen Teil der Mechanismus von Kommunikation selbst, der die Achtungswahrscheinlichkeit erhöht. So ist auch zu erklären, warum etwa Rassismus oder Antisemitismus vor allem dort gedeihen, wo der Umgang mit entsprechenden Personen eher unwahrscheinlich ist.

Aus der Vorurteilsforschung wissen wir, dass häufiger Kontakt zu Mitgliedern anderer Gruppen Vorurteile verringern kann (klassisch dazu Allport 1954). Diese sogenannte Kontakthypothese setzt exakt an dem Mechanismus an, der in Situationen doppelter Kontingenz eben wechselseitige Wahrnehmbarkeit voraussetzt und damit bestimmte Standards der Kommunikation generalisiert. Für die Kontakthypothese spricht etwa, dass man sich dort am meisten Sorgen um die

Islamisierung des Abendlandes macht, wo die Gefahr am geringsten ist. Freilich setzt Kritik an der Kontakthypothese dort an, wo man empirisch zeigen kann, dass sich durch entsprechende Routinen auch Vorurteile kommunikativ stabilisieren können, wenn es gelingt, stabile In- und Outgroup-Strukturen zu generalisieren. Solche Differenzen kommen dann übrigens meistens mit starker moralischer Verve daher.

Wenn die operative Moral der Kommunikation so etwas wie erwartbare Anschlussfähigkeit erzeugt, stellt sich die Frage, wie Kommunikation dann mit Differenz umgehen kann. Eine Form – das ist übrigens eine Formulierung von Niklas Luhmann, die ich übernehme – ist Takt. Takt setzt eine Art Differenziertheit zwischen Sagen und Meinen voraus, um Kommunikation weiter möglich zu machen. Takt wäre eine Kommunikationsform, in der die Form der Selbstdarstellung des anderen kommunikativ akzeptiert wird, auch wenn man sie bei genauem Hinsehen kritisieren würde. Taktvoll ist eine Kommunikation, „die nicht ganz so gemeint ist, wie sie sich darstellt" (Luhmann 2004, 248). Paradoxerweise wäre dann der Verzicht auf Authentizität eine Bedingung für die Minimalmoral der Kommunikation. Taktvoll wären wir, indem wir davon absehen, weitere Sätze zu sagen, die Missachtung in Anspruch nehmen würden. Das wäre eine Form, mit moralischer Differenz umzugehen oder mit solchen Konflikten umzugehen. Man könnte paradoxerweise sagen: Man stellt von Achtung der Person gegenüber auf Achtung reibungsloser Kommunikation gegenüber um und kann dann Missachtung vermeiden.

3 Moral und Asymmetrie

Die hier entwickelte Idee einer Minimalmoral der Kommunikation ist, wie bereits erwähnt, kompatibel mit Asymmetrie. Wir haben ja heute die Idee, dass Moral vor allem etwas Symmetrisches ist, besser gesagt: die Ethisierung von Fragen dazu führen soll, dass wir auf Augenhöhe symmetrisch miteinander umgehen (vgl. Saake 2013, 2015a; 2015b). Die Minimalmoral, die ich gerade beschrieben habe, ist durchaus mit Asymmetrie kompatibel, zum Beispiel mit der Asymmetrie des Verhältnisses von Experten oder Professionellen und Laien. Das Verhältnis von Angehörigen von professionalisierten Berufen und Laien ist womöglich eines der wichtigsten Schlüsselverhältnisse für die Entstehung der modernen Gesellschaft. Man denke an das Verhältnis von Ärzten und Patienten, das Verhältnis von Priestern und Gläubigen, das Verhältnis von Lehrpersonal und Schülern auf unterschiedlichen Ebenen, das Verhältnis von Richtern und konfligierenden Parteien, das Verhältnis von Meistern und Gesellen. Diese Verhältnisse sind meistens asymmetrisch gebaut, und gerade in diese Asymmetrie sind starke Formen von

Moral eingebaut. Man könnte sagen: asymmetrische Achtungsverhältnisse. Professionell Handelnde haben vor allem als Gute-Gründe-Lieferanten gedient.

Der klassische Professionelle war in der Lage, die Sachdimension des Medizinischen, des Rechtlichen, des Religiösen, z. T. auch des Wissenschaftlichen und des Pädagogischen mit der moralischen Dimension des Sollens zu verbinden. Klassischen Professionellen war es möglich, von Sachaussagen auf Sollensaussagen unmittelbar zu schließen. Damit wird der klassische Professionelle gewissermaßen zu einem inkarnierten, aber praktisch wirksamen naturalistischen Fehlschluss. Ihm oblag die Übertragung des Moralischen in die Sachdimension des Fachlichen, und so bewegte er sich stets an den Schnittstellen einer funktional differenzierten Gesellschaft und fungierte letztlich als Elite.

In diesem Sinne zu behaupten, die Geburt der Vernunft entstamme dem Geist des Paternalismus, ist keine Gegenthese zur philosophischen Begründung der Vernunft (vgl. Nassehi 2009). Worum es mir aus soziologischer Perspektive geht, ist die Frage, wer wie praktisch vernünftig wird. Die Erfahrung von Subjektivität als einer Sprecherposition, die innerhalb einer sich funktional differenzierenden Gesellschaft nicht einfach gesellschaftliche Handlungspläne abarbeitet, sondern gute Gründe für konkrete Entscheidungen liefern muss, besteht eben darin, diese guten Gründe sich selbst bzw. anderen Subjekten zuzurechnen. Die Erfindung von Subjektivität ist also nichts anderes als die Erfindung, den Willen im Sinne des besten Arguments, des besten Grundes in das Individuum selbst zu verlegen. Der freie Wille mag die Bedingung der Möglichkeit für die Begründung der Vernunft sein. Er ist aber auch eine soziale Zurechnungsform, die von exakt jenen Kontexten abhängig ist, in denen sich das Problem des freien Willens überhaupt stellt, sowohl philosophisch als auch gesellschaftlich-praktisch. Solche Kontexte sind typischerweise asymmetrische Kontexte, in denen, in der klassischen Hegel'schen Formulierung, die Notwendigkeit mit der Einsicht versöhnt wird, als Einsicht in die Notwendigkeit eben.

An der Figur des Arztes wird das besonders deutlich, denn, wie bereits Talcott Parsons gezeigt hat, der Arzt war eine der ersten Figuren, die in der Lage war, quer zur Schichtungsordnung der Gesellschaft einem Höherstehenden bestimmte Lebensweisen vorzuschreiben und dies nicht nur mit der Verve eines fachlichen Arguments, sondern auch eines moralischen Anspruchs zu formulieren. Zum Professionellen dieses klassischen Typs gehört auch noch die Brutalität, dass ein besseres Argument ein besseres Argument ist als ein schlechteres Argument. Das ist brutal, das ist hochgradig asymmetrisch, das ist auch das, was im Prinzip den Impetus von wissenschaftlicher Kommunikation ausmacht. Wir würden ja stets betonen, dass ein besseres Argument besser ist als ein schlechteres Argument. Diese Asymmetrie muss man aushalten können – und zugleich die Minimalmoral von Kommunikation in Anspruch nehmen können, dass die Sachfrage eben nicht auf Achtungsfragen durchschlägt. Wie schwer das ist, kann man am Umgang von Professionellen untereinander oft beobachten.

4 Moral und Gesellschaft

Was ich bis jetzt als Minimalmoral der Gesellschaft beschrieben habe, taugt selbstverständlich nicht als Gesamtmoral der Gesellschaft, weil Gesellschaft keineswegs auf Interaktion basiert, also nicht in Kommunikationsformen aufgeht, die auf Anwesenheit gebaut sind (vgl. Luhmann 1984, 551 ff.). Von der modernen Gesellschaft zu sprechen, heißt, von einer funktional differenzierten Gesellschaft zu sprechen, in der Funktionssysteme für Politik, Ökonomie, Wissenschaft, Recht, Religion, Kunst, Erziehung/Bildung und Massenmedien nach je eigenen Regeln, Codierungen und Routinen operieren. Man darf sich die moderne Gesellschaft freilich nicht als eine wohl koordinierte Einheit vorstellen, in der die Teile durch eine je dritte Instanz zusammengehalten werden. So lässt sich etwa keine gemeinsame Moral bestimmen, auch kein gemeinsames Ziel, nicht einmal ein Schema für Arbeitsteilung im Sinne eines rational durchdachten Schnittstellenmanagements.

Eine solche Karikatur einer arbeitsteilig koordinierten Gesellschaft würde vollständig den Sinn des differenzierungstheoretischen Arguments verfehlen. Es geht gerade nicht um Koordination oder darum, dass die unterschiedlichen Logiken der Gesellschaft sich zu wechselseitiger Unterstützung begegnen – an welchem Ort der Gesellschaft sollten sie das auch tun?

Differenzierung meint etwas anderes: Man kann beobachten, wie die unterschiedlichen funktionalen Logiken unterschiedliche Anschlusslogiken erzeugen, die weder koordiniert noch aufeinander bezogen vonstattengehen. Die unterschiedlichen Funktionssysteme lösen Probleme je nur nach ihrer Maßgabe – das politische System hat zwar gesellschaftliche Probleme im Blick, es löst sie aber eben nur politisch, das heißt im Hinblick auf politische Entscheidungen und im Hinblick darauf, dass der Entscheider weiter entscheiden kann. Und das Wirtschaftssystem hat in der Tat mit Knappheit zu tun – aber es löst Probleme erstens nicht in toto und zweitens im Hinblick darauf, dass Zahlungen im Zeitverlauf neue Zahlungsfähigkeit herstellen können. Differenziert ist vor allem die Anschlussfähigkeit. An ein und dasselbe Ereignis wird in der modernen Gesellschaft von ihren Zentralinstanzen unterschiedlich angeschlossen, und zwar so unterschiedlich, dass man dies als „Pluralismus" nur sehr verniedlichend wiedergibt (vgl. dazu einführend Nassehi 2011a, 101 ff.).

Ich möchte dies an einem Beispiel deutlich machen: Ein Patient hat eine Patientenverfügung verfasst, in der er für bestimmte medizinische Konstellationen einen Behandlungsabbruch verlangt, wenn er nicht mehr selbst entscheiden kann. Nun ist der Patient nicht mehr bei Bewusstsein und es sieht so aus, dass die Bedingungen eingetreten sind, die in der Patientenverfügung ausdrücklich qualifiziert werden. So wird der Jurist darauf beharren, dass in der Patientenverfügung der Wille des Patienten ausgedrückt ist; aus medizinisch-psychiatrischer Sicht dagegen sind Zweifel angebracht, ob dies tatsächlich der angemessene Wille des Patienten sein kann; der behandelnde Arzt kann die in der Patientenverfügung beschriebene Situation nicht in Deckung mit den medizinischen Parametern des konkreten Falles bringen; und ein Journalist ist vor allem daran interessiert, wie wenig sich der Arzt um den Patientenwillen kümmert. Das ist ein zugegebenermaßen konstruiertes, aber wohl keineswegs realitätsfernes Beispiel. Wer nun versuchen wollte, die Frage zu beantworten, welche der Anschlussformen die richtige und angemessene sei, wird schnell ratlos werden. Denn es gibt kaum Möglichkeiten, die unterschiedlichen Anschlüsse gegeneinander auszuspielen. Das Merkwürdige ist, dass die Anschlüsse sich einerseits radikal widersprechen, andererseits alle irgendwie *angemessen* sind. Die aporetische, antinomische Situation basiert auch nicht auf einem Aporie- oder Antinomiefehler in der Beschreibung des Sachverhalts, sondern die gesellschaftliche Struktur ist selbst antinomisch gebaut. Die unterschiedlichen Perspektiven können allenfalls ineinander übersetzt werden, was nicht bedeutet, so etwas wie einen gemeinsamen Horizont herstellen zu können.

Mein Beispiel zeigt, dass die moderne Gesellschaft in erster Linie auf Perspektivendifferenz gebaut ist, auf Unversöhnlichkeit, auf widersprüchliche Praxisformen. Es entstehen durch unterschiedliche Anschlüsse unterschiedliche Gegenwarten, unterschiedliche Kontexte – und gesellschaftliche Modernität scheint sich dadurch auszuzeichnen, mit dieser Differenziertheit klarzukommen. Ich habe sie eine „Gesellschaft der Gegenwarten" genannt (vgl. Nassehi 2011b). Die Konzentration der modernen westlichen „Kultur" auf Einheitschiffren – auf Rationalität und Vernunft, auf eine universalistische conditio humana, auf die Idee der Gesellschaft als Arena des Interessenausgleichs, auf standardisierte Formen legitimer ästhetischer Urteile und Lebensformen etc. – verweist auf dieses Bezugsproblem der konkurrierenden Kontexte.

Bezogen auf den Mechanismus dessen, was ich als eine interaktionsnahe Minimalmoral der Kommunikation beschreibe, ist die Operationalisierung der Funktionssysteme aufgrund abstrakter Codes in erster Linie moralisch indifferent – wenigstens bezogen auf die minimalmoralische Form des Achtungserweises in interaktionsnahen Settings. Die Leistungsfähigkeit von Funktionssystemen hängt unter anderem exakt davon ab, gewissermaßen a-moralisch zu sein, weil die Bedingungen des Erfolgs in Politik, Wirtschaft, Wissenschaft oder Recht anders, moralferner, amoralischer eben, codiert sind. Sie machen sich zunehmend unabhängig von der Frage der Achtung und Missachtung von Personen. Bisweilen aber wird das auch zur Quelle moralischer Konflikte.

Wenn etwa Geld als Medium des Wirtschaftssystems tatsächlich so funktioniert, dass die Anschlussfähigkeit des Geldes von der Ansicht des Gegenübers und damit von Achtung und Missachtung unabhängig wird, dann hat das Geld eine doppelte Funktion: Es kann einerseits eine emanzipatorische Bedeutung haben, weil wirtschaftliche Transaktionen von konkreten Personen unabhängig gemacht werden können. Andererseits kann der andere gerade im Geldverkehr auf eine kunstvoll zivilisatorische Weise betrogen werden, ohne dass er als Person gemeint sein muss. Der Geldverkehr kann sich inzwischen selbst völlig von Personen unabhängig machen, wenn man an den Computerhandel an Börsen denkt. Diese Art Kommunikation ist völlig indifferent für jene Minimalmoral von interaktionsförmiger Kommunikation. Solche anonyme Kommunikation wird von Intentionen völlig gelöst, damit auch von klaren Zurechenbarkeiten. Der Mechanismus der Handlungskoordinierung wandert in einen Algorithmus aus. Davor hat übrigens Max Weber schon vor hundert Jahren gewarnt (vgl. Weber 1984), nicht vor der technischen Algorithmisierung natürlich, aber davor, wie sich dieses Genre verselbstständigen kann, in dem der Sinn des Geldes das Geld selbst wird.

Das Gleiche gilt übrigens auch für die Folgen politischer Herrschaft. Politische Herrschaft wird so stark institutionalisiert, dass sie sich von einer bestimmten Form von Moral unabhängig machen kann, weil sie den Machterhalt selbst als Möglichkeit ansehen kann, sich zu erhalten. Und die Geschichte der Moderne ist voll von Optionssteigerungen des Politischen, in denen tatsächlich die Macht der einzige Sinn der Machtausübung gewesen ist. Die Katastrophen des 20. Jahrhunderts nenne ich eine Optionssteigerung des Politischen. Die Diktaturen des 20. Jahrhunderts hatten vor allem damit zu tun, alle Bereiche der Gesellschaft mit Macht zu überziehen und keineswegs sozusagen politische Inhalte durchzusetzen, weil sie als politische Inhalte einen moralischen Wert hatten. Das Schreckliche an Revolutionen ist, dass sie meistens mit hochmoralischen Intentionen beginnen und am Ende nur noch das Problem haben, ihre Macht sichern zu müssen.

Alle diese Aspekte können hier nur Andeutungen bleiben. Jedenfalls sollte deutlich geworden sein, dass Funktionssystemen aufgrund ihrer abstrakten Codierungen keine Stoppregel zur Verfügung steht und Anschlussfähigkeit gerade jenseits des moralerzeugenden Mechanismus interaktionsnaher Handlungskoordinierung unterliegt (zur Optionssteigerung vgl. Nassehi 1999, 29ff.). Dass das auch zivilisatorische Vorteile erzeugen kann, ist evident, wenn man etwa an das Geld denkt, das unabhängig vom Ansehen der Person gilt, wenn man an abstrakte Rechtsregeln denkt, die sich geradezu blind machen müssen für den Rechteträger, wenn man an das Prinzip *one man one vote* in demokratischen Prozeduren denkt oder auch an die allgemeine Schulpflicht, die tatsächlich eine Vollinklusion der Bevölkerung vorsieht, selbst wenn diese durchaus Ungleichheitseffekte hat.

Gerade diese Entpersönlichung der Kommunikation in Funktionssystemen macht es freilich schwierig, den Mechanismus einer Minimalmoral der Kommunikation in solchen Systemen vorauszusetzen. Das bedeutet freilich nicht, dass sich innerhalb der Funktionssysteme keine gelingenden sozialmoralischen Formen entwickeln konnten. Man denke etwa an den sogenannten *ehrbaren Kaufmann* (vgl. Schwalbach/Fandel (Hg.) 2007). Der ehrbare Kaufmann als Sozialfigur kommt nur deshalb vor, weil es auf Märkten nicht ganz einfach ist, gegenseitige Formen von Symmetrie herzustellen, alltägliche Geschäftsprozesse aber gerade davon abhängig sind, wenn man etwa daran denkt, dass ich morgen mit meinem Geschäftspartner nur noch Geschäfte machen kann, wenn ich ihn heute nicht über Gebühr über den Tisch ziehe. In solchen Bereichen kommt dann der Mechanismus der Minimalmoral der Kommunikation wieder zum Tragen. Für andere Funktionssysteme sind funktionale Äquivalente etwa der dem Patienten zugewandte Arzt, der Lehrer, Meister oder Professor, der sich um seine Schüler, Auszubildenden und Studenten kümmert, der Forscher, der seine Ergebnisse kritisierbar vorträgt, oder auch der Arbeiter, der im Betrieb nicht gegen, sondern mit den Kollegen solidarisch arbeitet.

Es sollte deutlich geworden sein, dass die Funktionssysteme und ihre Logik sich letzlich gegen die Zumutungen interaktionsnaher Minimalmoral immunisieren – mit durchaus zivilisatorischen Vorteilen, aber auch um den Preis, dass die Dynamik von Funktionssystemen immer weniger Gegenstand moralischer Kritik sein kann. Dies verweist auf die Frage nach dem gesellschaftlichen Ort der Moral.

5 Moral der Gesellschaft?

Wie verhält es sich also mit der Gesamtmoral der Gesellschaft? Gibt es eine Gesamtmoral der Gesellschaft? Jedenfalls gibt es eine lange soziologische Tradition, so etwas wie eine moralische Dimension der Integration von Gesamtgesellschaften entweder zu postulieren oder sogar für funktional notwendig zu halten. Ob – wie etwa bei Joas – vom Diskurs über die Entstehung der Werte und ihre integrative Kraft die Rede ist (vgl. Joas 1997), ob die diskursethischen Potentiale der Sprache als Grundlage moralisch integrierter Handlungskoordinierung hervorgehoben werden (vgl. Habermas 1992), ob im Sinne Rawls' Gerechtigkeit als Grundkategorie angemessener Vergesellschaftung geführt wird (vgl. Rawls 1975), ob in der kommunitaristischen Liberalismuskritik partikulare, aufs Patriotische beschränkte Universalismen gepflegt werden (vgl. Taylor 1995; Sandel 1982; Etzioni 1994), ob gegen die kommunitaristische Wiederbelebung des Durkheimianismus eine mit der differenzierten Moderne kompatible Minimalmoral entworfen wird, wie dies etwa Gertrud Nunner-Winkler (1997; 2001) betreibt, ob im Sinne Martha Nussbaums in einem aristotelisch-essentialistischen Sinn eine allgemeine Humanität zum moralischen Maßstab des Sozialen gemacht wird (vgl. Nussbaum 1993) oder ob im Sinne einer Theorie der Rationalität kohärenztheoretisch auf eine strukturelle Rationalität hingewiesen wird (Nida-Rümelin 2002) – stets läuft der Diskurs so, dass einerseits nach wie vor die integrative Kraft des moralischen Urteilens betont wird, andererseits eine Gesellschaft imaginiert wird, der womöglich mehr Konsistenz und Kohärenz nachgesagt wird, als dies in einem komplexen System möglich ist.

Am Beispiel von Julian Nida-Rümelin lässt sich dies gut zeigen. Nida-Rümelin, der eine rationalistische, nicht-konsequentialistische, kohärentistische Ethik vertritt, schreibt in dem kleinen Band „Strukturelle Rationalität" Folgendes: „Eine in sich vollkommen kohärente Lebensform wirft keine internen Begründungsprobleme auf" (Nida-Rümelin 2001, 160). Dieses Statement bringt das Problem ziemlich genau auf den Punkt, denn in der Tat besteht die Utopie des Ethischen offensichtlich darin, dass rationale Begründungen sich letztlich durchsetzen können, ohne interne Probleme. Das freilich setzt eine Lebensform voraus, in der sich Begründungsprobleme aufgrund der Einsicht in die Notwendigkeit der rationalen Kontinuität und der kohärenten Begründung nicht mehr stellen. *Begründungsprobleme* wären in diesem Sinne Probleme, die mit der gut begründeten Ablehnung von Gründen durch bessere Gründe zu tun haben. Letztlich bedarf es aber für die angemessene Ablehnbarkeit bzw. Kritik von Gründen tatsächlich jener kohärenten Lebenswelt und Lebensform, die schon deshalb in modernen Gesellschaften kaum denkbar ist, weil sich Ordnungsbedingungen unter Bedingungen funktionaler Differenzierung eben nicht den interaktionsnahen Formen von Vergesellschaftung fügen.

Ich argumentiere hier nicht als Philosoph, sondern als Soziologe. Für die Philosophie ist es gewissermaßen notwendig, nach den Bedingungen zu fragen, unter denen so etwas wie eine vollständig begründbare Lebensform bzw. in denen der Zugzwang guter Gründe möglich ist. Ob es sich bei solchen Fragen nach der denknotwendigen Bedingung der Möglichkeit immer gleich um transzendentale Fragerichtungen handelt, sei dahingestellt – den meisten Selbstbeschreibungen der Philosophie wäre eine solche Selbstzurechnung fremd. Aus der Perspektive einer empirischen Wissenschaft freilich macht es genau den Anschein, dass die Vorbedingung einer kohärenten Lebenswelt und Lebensform als vorempirische Bedingung dafür dienen muss, auch eine kohärente Erreichbarkeit der Gesellschaft imaginieren zu können.

Eine philosophische Perspektive auf die Moral muss als Ethik eine Einstellung zur Gesellschaft einnehmen, *als wäre* die Gesellschaft allein eine Gründewelt, also eine Welt, in der Handlungskoordinierung *faktisch* auf Gründen, und zwar: besseren Gründen, basiere. Jede Abweichung davon müsste dann als pathologischer oder wenigstens insuffizienter Fall behandelt werden. Ich kritisiere das übrigens nicht, sondern sehe in der philosophischen Kompetenz, so zu tun, als basierten Handlungskoordinationen auf Gründen, eine kritische Perspektive auf die Praxis einer Gesellschaft, die zu selten normative Unterbrechungen ermöglicht, Fragen nach Gründen überhaupt zu stellen. Meine Perspektive ist also keineswegs gründeskeptisch. Aber sie möchte als soziologische Perspektive der philosophischen als zusätzliche Perspektive anbieten, dass eine moderne Gesellschaft gänzlich andere Formen der Handlungskoordinierung und des Anschlusses von Kommunikation kennt als Gründe und normative Intuitionen. Das muss man empirisch zur Kenntnis nehmen – nicht, um auf Ethik zu verzichten, sondern um nach den Bedingungen der Erreichbarkeit der Gesellschaft für normative Kritik zu fragen.

6 Eine ethische Intuition

Gerade aus gesellschaftstheoretischer Perspektive, insbesondere aus der Perspektive der soziologischen Gesellschaftstheorie, könnte man es sich leicht machen und auf so etwas wie einen Bedeutungsverlust der Ethik oder auf einen Bedeutungsverlust normativer Fragen hinweisen. Eine solche Perspektive wäre völlig verfehlt – und das aus zwei Gründen. Der eine Grund ist ein empirischer. Normative Debatten, Gründe für politische, ökonomische, kulturelle, persönliche Richtigkeit, moralische Empörung und Intuitionen sind weit verbreitete Formen der Kommunikation. Sie sind in der Lage, Themen zu platzieren, Dynamiken in den Funktionssystemen anzuregen und für die Sichtbarkeit von Problemstellungen zu sorgen.

Der andere Grund ist ein normativer Grund, denn die Frage danach, was normativ angemessen ist, also die Frage nach moralisch-praktischen Fragen stellt sich tatsächlich – und hier muss man gerade mit einer eher skeptischen Perspektive wenigstens eine Idee dazu anzubieten haben, wie solche normativen Fragen wirksam werden können.

Ich möchte deshalb den Begriff der Minimalmoral der Kommunikation, den ich am Anfang meiner Ausführungen eher empirisch gemeint habe, durchaus normativ aufladen. Er hat nämlich insofern eine normative Komponente, in einer Gesellschaft, die von Perspektivendifferenzen geprägt ist, eine Wechselseitigkeit von Sprechern unterschiedlicher „funktionaler" Herkünfte zu ermöglichen. Die Frage, die sich mehr und mehr stellt, ist die, wie sich Problembeschreibungen und Problemlösungskonzepte in Zukunft weniger versäult als bisher darstellen, sondern miteinander konfrontiert werden, um neue Lösungsmöglichkeiten zu entwerfen.

Ich habe an anderer Stelle (Nassehi 2015b) ausführlich zu zeigen versucht, dass sich Fragen nach angemessener Problemlösung in einer modernen Gesellschaft eben nicht mehr am Ideal einer „Gesellschaft aus einem Guss" beantworten lassen können. Konsistente Lebensformen kann es in einer funktional differenzierten Gesellschaft schon deshalb nicht geben, weil sich Erfolgsbedingungen unterschiedlicher Funktionssysteme radikal unterscheiden. Insofern mögen gute Gründe als Gründe stechen, nicht aber zwingend als handlungsregulierendes Motiv. In der Ethik sind solche Fragen u. a. als Kooperationsspiel nachgestellt worden, etwa mit dem Gefangenendilemma. Aber auch dies setzt letztlich noch auf zu viel Kontinuität.

Nun ist die Alternative keineswegs eine postmoderne Behauptung der Beziehungslosigkeit unterschiedlicher Logiken und Sprachspiele – exakt das Gegenteil ist der Fall, denn es handelt sich ja um eine differenzierte Gesellschaft, systemtheoretisch gesprochen darum, dass das Unterschiedliche in einer Gesellschaft statthat. Was mir vorschwebt, ist der Versuch, die Differenz der unterschiedlichen Logiken ernst zu nehmen und zugleich zu sehen, dass sich die Wechselseitigkeit der unterschiedlichen Funktionssysteme letztlich stets in kommunikativer Gestalt begegnet. Ich habe dafür ein Übersetzungskonzept entwickelt. Übersetzungen erzeugen bekanntlicherweise keine Eins-zu-eins-Übertragungen von einer Sprache in eine andere. Worum es hier geht, ist die Überlegung, wie sich Perspektiven unterschiedlicher Funktionssysteme, etwa der Politik und der Wirtschaft, der Wissenschaft und des Bildungssystem, so aufeinander beziehen können, dass man die Unterschiedlichkeit der jeweiligen *constraints* und Erfolgsbedingungen in Rechnung stellen kann. Solche Perspektivenübernahmen können in einer komplexen Struktur nicht mehr auf Konsens zählen, auch nicht auf die Durchsetzung guter Gründe als alleinigen Algorithmus, nicht einmal auf die Formulierung gemeinsamer Ziele, wollen diese nicht allzu allgemein und undeutlich sein. Worum es geht, ist, Ethik nicht damit zu überfordern, ein Algorithmus für eine Gesellschaft zu sein, die es aus strukturellen Gründen nicht mehr gibt. Was aber ethisch relevant sein könnte, ist die Erfahrung, dass Kommunikation, die die Differenz der funktionssystemspezifischen Erfolgsbedingungen explizit in Rechnung stellt und berücksichtigt, womöglich von jenem Mechanismus zehren kann, den ich oben als Minimalmoral der Kommunikation angedeutet habe.

Es müssten hier Achtungsbedingungen entstehen – vielleicht gar nicht mehr nur mit dem Funktionssinn der Bindung von Personen, sondern mit einem erweiterten Funktionssinn der Bindung unterschiedlicher Logiken und Codierungen, von denen man wissen kann, dass sie nicht aufeinander abbildbar sind, aber ineinander übersetzt werden können. Diese Art von Moral würde sich dann auch von den Restriktionen und Gefahren einer partikularistischen Binnenmoral befreien, ohne universalistisch zu sein. Sie wäre operativ wirksam, weil man sich kommunikative Settings vorstellen kann, in denen man gewissermaßen quer zur Gesellschaftsstruktur auf Lösungen kommt und gewissermaßen parasitär, wie Michel Serres (1981), die Differenzen nutzen kann, nicht um sie aufzuheben, sondern sie – eben parasitär – zu nutzen. Dabei geht es nicht darum, dass sich unterschiedliche stabile Positionen treffen und sich gegeneinander behaupten können. Vielmehr erzeugt Kommunikation selbst jene Formen, die Anschlussfähigkeit ermöglichen.

Denn zum Mechanismus der Kommunikation gehört auch, dass Sprecher nicht einfach mit fertigen Sätzen aufeinandertreffen, sondern dass es die Kommunikationsprozesse selbst sind, die Sprecher auf das bringen, was gesagt werden kann. Der Mechanismus des *role taking* ist vielleicht der entscheidende Mechanismus, der dazu führt, dass Argumente eines Sprechers innerhalb einer Kommunikationssequenz nicht einfach geäußert werden, sondern letztlich durch und in der Situation entstehen, in der wechselseitige *role taking*-Perspektiven aufeinandertreffen und die Kommunikation die Argumente letztlich weitertreibt – und das gilt dann eben nicht nur für ein *role taking* im Hinblick auf Personen, sondern auch auf funktionale gesellschaftliche Logiken. Die systemtheoretische Provokation, nicht Menschen könnten kommunizieren, nur die Kommunikation könne kommunizieren, bekommt hier einen besonderen Sinn (vgl. Luhmann 1990, 31). Kommunikation kann, wenn Sprecher aufeinandertreffen, sowohl von der Eigendynamik der kommunikativen Anschlussmöglichkeiten profitieren als auch von dem Mechanismus der von mir beschriebenen Minimalmoral der Kommunikation, die Achtung wahrscheinlicher macht als Missachtung.

Eine dieser Kommunikationsformen ist die Mediation als eine vermittelnde, übersetzende Form der Kommunikation, eine andere wäre der multiprofessionelle Diskurs oder aber auch der Diskurs, wie wir ihn aus Gremienethiken kennen. Irmhild Saake hat sehr eindringlich gezeigt, dass sich in solchen Gremien womöglich immer weniger das bessere Argument durchsetzt, sondern die Authentizität der Sprecher oftmals das letzte Argument bleibt – insbesondere wenn es sich um marginalisierte Positionen handelt (vgl Saake 2013; 2015a). Aus diesem empirischen Befund kann man freilich normativ schließen, dass solche Kommunikationsformen die Kommunikation offensichtlich mit Perspektiven versorgen können, die sonst nicht zur Sprache kommen. Diese werden sicher nicht einfach konsentierend integriert, aber womöglich ist Konsens inzwischen auch der unwahrscheinlichste Fall der Handlungskoordination.

All das kann hier nur angedeutet werden. Aber zumindest sollte deutlich geworden sein, dass Kommunikationssituationen, in denen wir die Potentiale der

Minimalmoral von Kommunikation abrufen können, durchaus einen systematischen Sinn haben können. Letztlich ist die Unbedingtheit von Achtungsbedingungen – eine paradoxe Formulierung – ein zentrales Muster der Normativität der
westlichen Moderne, die auch die Grundlage unserer Rechtsnormen bildet. Das
Symmetrieversprechen einer Gesellschaft, die ihre Handlungskoordination nicht
mehr einfach auf eingelebte Gewohnheit, pure Macht und Willkür bauen kann,
bildet einerseits stabile Codierungen unterschiedlicher Erfolgsbedingungen in
den Funktionssystemen aus, andererseits bekommt Kommunikation (das heißt:
Sprechen, nicht Sprache) einen besonderen Stellenwert, was dann im Rahmen der
kommunikativen Binnenmoral eine größere Bandbreite normativer Intuitionen
unter Achtungsmöglichkeiten stellt als die Binnenmoral traditioneller Gruppen
ohne kommunikative Abweichungsmöglichkeit. Das wäre die normative Grundintuition einer soziologischen Perspektive, die eine moralische Gesamtintegration
der Gesellschaft für unmöglich hält, aber im Mechanismus der Kommunikation
eine höhere Wahrscheinlichkeit für Achtung denn für bedingungslose Missachtung sieht.

Vielleicht muss die (philosophische) Ethik stärker den Kontakt zu einer Soziologie suchen, die ethisch nicht völlig unmusikalisch ist, die aber über die
empirische Möglichkeit jener Denkbedingungen fürs philosophische Räsonieren
aufklären kann.

Bibliographie

Allport, Gordon W. (1954): The Nature of Prejudice. Cambridge: Addison-Wesley.
Etzioni, Amitai (1994): The Spirit of Community. Rights, Responsibilities, and the
Communitarian Agenda. New York: Touchstone.
Habermas, Jürgen (1992): Faktizität und Geltung. Beiträge zur Diskurstheorie des Rechts und
des demokratischen Rechtsstaates. Frankfurt a. M.: Suhrkamp.
Joas, Hans (1997): Die Entstehung der Werte. Frankfurt a. M.: Suhrkamp.
Luhmann, Niklas (1984): Soziale Systeme. Grundriß einer allgemeinen Theorie. Frankfurt a. M.:
Suhrkamp.
Luhmann, Niklas (1990): Die Wissenschaft der Gesellschaft. Frankfurt a. M.: Suhrkamp.
Luhmann, Niklas (2004): Schriften zur Pädagogik. Frankfurt a. M.: Suhrkamp.
Luhmann, Niklas (2008): Soziologie der Moral (1978). In: Ders.: Die Moral der Gesellschaft,
hrsg. v. Detlef Horster. Frankfurt a. M.: Suhrkamp, 56 – 162.
Mead, George Herbert (1988): Geist, Identität und Gesellschaft. Aus der Sicht des
Sozialbehaviorismus. 7. Aufl. Frankfurt a. M.: Suhrkamp.
Nassehi, Armin (1999): Differenzierungsfolgen. Beiträge zur Soziologie der Moderne. Opladen:
Westdeutscher Verlag.

Nassehi, Armin (2009): Asymmetrien als Problem und als Lösung. In: Bijan
  Fateh-Moghadam/Stephan Sellmaier/Wilhelm Vossenkuhl (Hrsg.): Grenzen des
  Paternalismus. Stuttgart: Kohlhammer, 341–357.
Nassehi, Armin (2011a): Soziologie. Zehn einführende Vorlesungen. 2. Aufl. Wiesbaden: VS
  Verlag.
Nassehi, Armin (2011b): Gesellschaft der Gegenwarten. Studien zur Theorie der modernen
  Gesellschaft II. Berlin: Suhrkamp.
Nassehi, Armin (2014): Wenn wir wüssten! Kommunikation als Nichtwissensmaschine. In:
  Kursbuch 180: Nicht wissen. Hamburg: Murmann, 9–25.
Nassehi, Armin (2015a): Die ‚Theodizee des Willens' als Bezugsproblem des Ethischen. In:
  Armin Nassehi/Irmhild Saake/Jasmin Siri (Hrsg.): Ethik – Normen – Werte. Studien zu
  einer Gesellschaft der Gegenwarten. Wiesbaden: VS Verlag, 13–42.
Nassehi, Armin (2015b): Die letzte Stunde der Wahrheit. Warum rechts und links keine
  Alternativen mehr sind und Gesellschaft ganz anders beschrieben werden muss.
  Hamburg: Murmann-Verlag.
Nida-Rümelin, Julian (2001): Strukturelle Rationalität. Ein philosophischer Essay über
  praktische Vernunft. Stuttgart: Reclam 2001.
Nida-Rümelin, Julian (2002): Ethische Essays. Frankfurt a. M.: Suhrkamp.
Nunner-Winkler, Gertrud (1997): Zurück zu Durkheim? Geteilte Werte als Basis
  gesellschaftlichen Zusammenhalts. In: Wilhelm Heitmeyer (Hrsg.): Was hält die
  Gesellschaft zusammen? Bundesrepublik Deutschland: Auf dem Weg von der Konsens-
  zur Konfliktgesellschaft. Band 2. Frankfurt a. M.: Suhrkamp, 360–402.
Nunner-Winkler, Gertrud (2001): Devices for identity maintenance in modern society. In: Anton
  van Harskamp/Albert W. Musschenga (Hrsg.): The many faces of individualism. Leuven:
  Peeters, 197–224.
Nussbaum, Martha (1993): Menschliches Tun und soziale Gerechtigkeit. Zur Verteidigung des
  aristotelischen Essentialismus. In: Micha Brumlik/Hauke Brunkhorst (Hrsg.):
  Gemeinschaft und Gerechtigkeit. Frankfurt a. M.: Fischer, 323–361.
Rawls, John (1975): Eine Theorie der Gerechtigkeit. Frankfurt a. M.: Suhrkamp.
Saake, Irmhild (2013): Alles wird ethisch. Gremienethik als neue Herrschaftskritik. In:
  Kursbuch 176: Ist Moral gut? Hamburg: Murmann, 47–63.
Saake, Irmhild (2015a): Soziologie der Ethik. Semantiken symmetrischer Kommunikation. In:
  Armin Nassehi/Irmhild Saake/Jasmin Siri (Hrsg.): Ethik – Normen – Werte. Studien zu
  einer Gesellschaft der Gegenwarten. Wiesbaden: VS Verlag, 43–70.
Saake, Irmhild (2015b): Immer auf Augenhöhe. In: Süddeutsche Zeitung vom 5. Juni 2015.
Sandel, Michael J. (1982): Liberalism and the Limits of Justice. Cambridge: Cambrigde UP.
Schwalbach, Joachim/Fandel, Günther (Hrsg.) (2007): Der ehrbare Kaufmann. Modernes
  Leitbild für Unternehmer? Wiesbaden: Gabler.
Serres, Michel (1981): Der Parasit. Frankfurt a. M.: Suhrkamp.
Taylor, Charles (1994): Das Unbehagen an der Moderne. Frankfurt a. M.: Suhrkamp.
Wagner, Richard (1869): Das Judenthum in der Musik. Leipzig: J. J. Weber.
Weber, Max (1984): Die Börse. Göttingen: Vandenhoeck und Rupprecht.

Friedemann Schrenk

Paläoanthropologie im Spannungsfeld von Wissenschaft und Geschichte

Fossilfunde stehen als Indizien für die Stammesgeschichte der Menschen nur sehr spärlich zur Verfügung, statistisch gesehen etwa ein Knochen- oder Zahnfragment pro hundert Generationen Menschheitsgeschichte. Der paläontologische Erkenntnishorizont ist also begrenzt und die Evolution des Menschen kann von der Paläoanthropologie nur unvollständig nachgezeichnet werden. Fossilien tragen außer ihrer stummen Anwesenheit nichts zu ihrer Interpretation bei. Je nachdem, wer sich wann, wo und wie daran versucht, unterscheiden sich die Resultate erheblich: Das jeweilige wissenschaftliche und kulturelle Weltbild des Rekonstrukteurs, ideologische und religiöse Parameter bestimmten und bestimmen das Ergebnis.

Die Methodik der Paläoanthropologie wurde stark von der Klassifizierung der organismischen Welt beeinflusst, die erstmals von Linné (1735) vorgenommen wurde. Die Menschen wurden in wissenschaftlicher Korrektheit nach geographischer Herkunft und Hautfarben eingeteilt. In der zweiten Auflage seines Werkes (Linné 1758) fügte er dann jedoch Verhaltensmerkmale zur Unterscheidung hinzu, der Beginn des vermeintlich wissenschaftlich begründeten Rassismus. Damit begann eine Entwicklung, die bis zum Anfang des 20. Jahrhunderts anhielt: Afrikaner wurden in Zoos und Menagerien ausgestellt und nicht dem wahren Homo sapiens zugeordnet, der nach dieser Deutung nur in Europa entstanden sein konnte.

Bereits Charles Darwin vermutete, der Ursprung der Menschen sei dort zu suchen, wo bis heute unsere biologisch engsten Verwandten, die Schimpansen, leben. Allerdings war es bis zum ersten Fund eines Vormenschen-Fossils im südlichen Afrika noch ein langer Weg, und ein noch längerer zu seiner wissenschaftlichen Anerkennung. Zumal für Europäer, also die Bewohner des im 19. Jahrhundert „gebildetsten Erdteils", wie es im *Orbis Pictus* von 1842 heißt, kein anderer Ursprungsort der Menschheit vorstellbar war als Europa. Folgerichtig ist das „geschichtslose Afrika" ein bis heute wirksames Produkt eurozentrischen Machterhalts. Dass afrikanische Gesellschaften ihre Geschichte überwiegend oral tradierten, entsprach nicht der europäischen Norm, die seit Herodot schriftliche Dokumentation zum Standard der Geschichtsschreibung erhob. Glücklicherweise werden heute alle Arten von Quellen – mündliche Überlieferung, Fossilien, Artefakte, Genanalysen – für historische Forschungen ausgeschöpft. So ist auch die

Erforschung der Frühzeit des Menschen eine eigene Form der Geschichtswissenschaft, die auf der Grundlage nichtschriftlicher Quellen betrieben wird.

Heute gilt Afrika als biologischer Ursprungsort der Menschen, die sich von dort in mehreren „Wellen" seit ca. 2 Mio. Jahren über die Welt verbreitet haben. Auch die biologisch modernen Menschen entstanden vor ca. 160.000 Jahren in Afrika und besiedelten von hier aus die gesamte Erde. Die Entwicklung sozialer Fähigkeiten als Vorbedingung zur Kooperation – eine unverzichtbare Voraussetzung, um in einer bedrohlichen und mit vielfältigen Gefahren und mächtigen Gegnern aufwartenden Umwelt zu überleben – war entscheidend für die Entstehung und die Durchsetzung der Hominiden und ihre beginnende kulturelle Evolution. Die Bildung stabiler sozialer Gruppen als kultureller Prozess barg jedoch auch bereits den Keim für Ausgrenzung, Unterdrückung und Ausbeutung von Angehörigen anderer, fremder Gruppen in sich: In diesem Sinne ist Afrika Ursprung der biologischen, sozialen und kulturellen Evolution der Menschen – und damit auch der Ursprung der unterschiedlichen Wertesysteme.

1 Der Ursprung des aufrechten Gangs

Auch wenn es keine Zweifel daran gibt, dass die Wiege der Menschheit in Afrika stand, so bleibt die Frage: wo in Afrika? Im frühen *Miozän* (25 – 15 Mio. Jahre) existierte in Ost- und Nordafrika eine Vielzahl verschiedener Affen- und Menschenaffenarten. Zwar war das Ursprungsgebiet der Menschenaffen Afrika, dennoch gibt es dort mangels geeigneter geologischer Strukturen kaum entsprechende Fossilien. Nach ihrer Ausbreitung nach Asien und Europa – vor allem aufgrund neuer Landverbindungen zwischen Afrika und Europa – vor spätestens 14 Mio. Jahren existierten Menschenaffen in Europa bis vor 10 Mio., in Asien bis vor 7 Mio. Jahren. Ein Fund aus Katalonien brachte neue Erkenntnisse über den Ursprung der Menschenaffen: *Pierolapithecus catalaunicus* (Moyà-Solà et al. 2004) aus dem Mittel-*Miozän* (15 – 10 Mio. Jahre) besitzt äußerst robuste Lendenwirbel, die auf die Grundeigenschaft aller Menschenaffen hinweist, ihren Körper aufrichten zu können. Die geraden Finger- und Zehenknochen belegen, dass noch keine hangelnde Fortbewegung stattfand. Daher ist es wahrscheinlich, dass unsere eigenen Vorfahren nie vorwiegend „auf den Bäumen" gelebt haben, sondern Vierbeiner waren, die zwar auch klettern, aber vor allem eines konnten: sich aufrichten, also sitzen und wahrscheinlich auch kurzzeitig stehen.

Nach molekulargenetischen Untersuchungen fand die Abspaltung der zum Menschen führenden Linien von den Menschenaffen vor etwa 8 bis 7 Mio. Jahren statt. Bis zum Ende des 20. Jahrhunderts gab es jedoch kaum paläoanthropologische Belege aus dieser Zeit des viel gesuchten *missing links*. Kurz hintereinander kamen dann aber drei grandiose Funde zum Vorschein: in Kenia der ca. 6 Mio. Jahre alte aufrecht gehende „Millenium-Mensch" (*Orrorin tugenensis*) (Senut et al. 2001), in Äthiopien die ca. 5,8 Mio. Jahre alten Funde von *Ardipithecus kedabba* (White et al. 1994; Haile-Selassie 2001) und die mit knapp 7 Mio. Jahren bislang ältesten Hominiden-Reste (*Sahelanthropus tchadensis*) im Tschadbecken (Brunet et al. 2002).

Die verwandtschaftlichen Beziehungen zwischen diesen frühesten Vorfahren im Hominiden-Stammbaum sind noch ungeklärt, jedoch spricht einiges dafür, dass es den lang gesuchten *missing link* nie gab. Wahrscheinlicher ist eine diachrone Verflechtung geographischer Varianten der ersten Vormenschen entlang der Grenzen des tropischen Regenwaldes (Schrenk et al. 2004). Verständlich wird dieser früheste Abschnitt der Menschwerdung, wenn man die Entwicklung des Klimas und der Lebensräume betrachtet, vor allem des großen tropischen Regenwaldgebietes, das sich ursprünglich von der West- bis zur Ostküste Afrikas erstreckte. Vor ca. 10 bis 8 Mio. Jahren führte eine globale Abkühlung zu einer starken Abnahme der Waldgebiete. Aufgrund des aufsteigenden Grabensystems kam es auch zu regionalen Klimaveränderungen, die die Auswirkungen der globalen Klimaabkühlung regional noch verstärkten und das Entstehen von Baumsavannen und eine stärkere Diversität der Lebensräume begünstigten.

Die Verbreitung der afrikanischen Menschenaffen war ursprünglich auf den tropischen Regenwald begrenzt, nun siedelten Menschenaffenpopulationen an der Peripherie des Regenwaldes in Busch- und Flusslandschaften. Diese „Uferzonen-Habitate" waren das ideale Entstehungsgebiet für den aufrechten Gang (Niemitz 2004). Bei einer geographischen Ausdehnung von mehr als 5 Mio. Quadratkilometern ist es jedoch unwahrscheinlich, dass nur eine einzige Form des aufrechten Gangs entstand. Vielmehr ist anzunehmen, dass sich unterschiedliche geographische Varianten frühester zweibeiniger Vormenschen entwickelten. Tatsächlich liefern die fossilen Überreste aller drei dieser frühesten Vormenschen Hinweise auf den aufrechten Gang. Für *Ardipithecus ramidus* wird eine Fortbewegung auf den Ästen für möglich gehalten (Lovejoy 2009). Für Brachiation, also hangelnde Fortbewegung, gibt es keine Anzeichen. Die Vorfahren der Menschen waren wohl nie Hangler, diese Lokomotionsart hat sich wahrscheinlich unabhängig bei verschiedenen Menschenaffen entwickelt.

Neben der Ausbildung des aufrechten Gangs steht auch die Reduktion der Eckzähne am Anfang der Menschwerdung. Dies lässt auf ein stärker kooperatives Sozialverhalten schließen. Gleichzeitig wurde individuelle Attraktivität ein wichtiger Vorteil für die Monopolisierung von Weibchen gegenüber dem bei Menschenaffen üblichen aggressiven Verhalten der Männchen untereinander (Weston et al. 2004).

2 Erste panafrikanische Verbreitung der Hominiden: Australopithecinen

Der erstmals von Dart (1925) aus dem südlichen Afrika beschriebenen Vormenschengattung *Australopithecus* (Südaffe) werden heute sechs Arten zugeordnet, die in wesentlichen anatomischen und Verhaltensmerkmalen übereinstimmen.

Als am Beginn des Pliozän die saisonalen Trockenzeiten länger und ausgeprägter wurden, bot die sich entwickelnde baumbestandene Savanne neue Lebensräume. Der Nahrungserwerb dürfte relativ unspezialisiert gewesen sein: Früchte, Beeren, Nüsse, Samen, Sprösslinge, Knospen und Pilze standen den Vormenschen zur Verfügung. Aber auch kleine Reptilien, Jungvögel, Eier, Weichtiere, Insekten und kleine Säugetiere standen, je nach Jahreszeit, auf dem vormenschlichen Speiseplan.

Die Vormenschen behielten eine enge Verbindung zu den breiten Uferzonen-Habitaten bei, die sich seit ca. 4 Mio. Jahren stark ausbreiteten. Durch passive Migration entstanden so schließlich mehrere geographische Varianten der Australopithecinen, zunächst im nordöstlichen und westlichen Afrika, und – vor etwas mehr als 3 Mio. Jahren – auch im südlichen Afrika.

Die verwandtschaftlichen Beziehungen zwischen diesen Vormenschen-Varianten sind umstritten. *Australopithecus anamensis* unterscheidet sich deutlich von dem etwas älteren *Ardipithecus ramidus*, zugleich jedoch auch vom späteren *Australopithecus afarensis*. Die Zahnreihen im Ober- und Unterkiefer sind fast parallel angeordnet. Die Eckzähne des Unterkiefers stehen schräg zur Kaufläche und sind wie die Molaren sehr groß. *Australopithecus afarensis* war – wie das Skelett von „Lucy" zeigt – ca. 30 bis 50 kg schwer und ca. 1,20 m groß (Johanson et al. 1976). Die Backenzähne sind deutlich größer, als bei Schimpansen ähnlicher Körpergröße zu erwarten wäre. Dies lässt auf die Verarbeitung relativ grober Nahrung schließen.

Mit den Australopithecinen breiten sich frühe Menschen erstmals über ganz Afrika aus. Zwar sind aus dem westlichen Teil nur wenige Funde bekannt (*Australopithecus bahrelgazali*), dies dürfte aber an schlechten Fossilisationsbedingungen liegen. Eine pan-afrikanische Verbreitung der Vormenschen seit ca. 3 Mio. Jahren ist sehr wahrscheinlich.

3 Das Schicksal der „Nussknackermenschen“: *Paranthropus*

Allen robusten Australopithecinen, die oft zur Gattung *Paranthropus* zusammengefasst werden, sind wesentliche Merkmale in der Konstruktion des Schädels und der Bezahnung gemeinsam: Der Gesichtsschädel ist sehr breit. Die Jochbögen sind sehr kräftig und weit ausladend. Am auffälligsten ist allerdings die Ausbildung eines Scheitelkammes an der Oberseite des Schädels aufgrund stark vergrößerter seitlicher Kaumuskulatur. Diese Merkmale und auch die megadonte Bezahnung deuten darauf hin, dass vor allem harte und grobe pflanzliche Nahrung, zum Beispiel Samen und Pflanzenfasern, zerkaut wurde. Die robusten „Nussknackermenschen“ weisen im Zahnschmelz der Backenzähne Furchen und Kerben auf, die bei der Zermahlung von Pflanzen, die immer mit der Aufnahme von harten Partikeln wie etwa Quarzteilchen verbunden ist, entstehen können.

Die robusten Australopithecinen hielten Verbindung zu den wasserführenden Zonen, besonders während der Trockenzeiten. Ihre großen Zähne waren möglicherweise auch gut geeignet, hartschalige Nahrung zu knacken. Ihnen ging wahrscheinlich nie die ursprüngliche Verbindung zu den geschlosseneren Habitaten ihres Lebensraumes verloren, da dieser „Wohnraum“ nach wie vor Schutz, Schlafplätze und ein gewisses Maß an Nahrung bereithielt.

Der für die „Nussknackermenschen“ charakteristische massive Schädelbau entstand im Zusammenhang mit der erwähnten Phase zunehmender Trockenheit in Afrika vor ca. 2,8 bis 2,5 Mio. Jahren. Die offenen Lebensräume mit einem höheren Anteil an hartfaserigen und hartschaligen Pflanzen dehnten sich aus, die verbleibenden Galeriewälder wurden schmaler. Der Selektionsdruck dieser Habitatänderung erhöhte die Chancen für Säugetiere mit großen Mahlzähnen, die sich das härtere Nahrungsangebot der Savannen erschließen konnten. Dieser Druck war groß genug, um eine Aufspaltung der Australopithecinen in die Gattungen *Paranthropus* und *Homo* vor ca. 2,5 Mio. Jahren hervorzurufen (Schrenk/ Bromage 1999).

4 Der Beginn der Kultur: Gattung *Homo*

Bislang wurden in Afrika über 200 Hominiden-Fragmente gefunden, die im weitesten Sinne zu den frühesten Nachweisen der Gattung *Homo* zu rechnen sind und die etwa 40 Individuen repräsentieren.

Bei den frühesten Urmenschen der Gattung *Homo* sind zwei Gruppen zu unterscheiden, die anhand von Funden aus Koobi Fora (Kenia) definiert wurden:

Grundtypus der *Homo-habilis*-ähnlichen Formen ist der Schädel KNM-ER 1813, die zweite Gruppe wird von dem Schädel KNM-ER 1470 als *Homo rudolfensis* (Alexeev 1986) repräsentiert. Verwirrend ist die Vermischung von Australopithecinen und *Homo*-Merkmalen bei beiden Arten. Während *Homo rudolfensis* ein eher ursprüngliches Gebiss aufweist, dafür aber im Bewegungsapparat schon *Homo*-ähnlich erscheint, zeigt *Homo habilis* mit reduzierten Zahnwurzeln ein fortschrittlicheres Gebiss, ist aber im Skelettbau eher den Menschenaffen ähnlich als den Menschen. Das mit 2,5 Mio. Jahren geologisch älteste Fundstück des ersten Angehörigen der Gattung Mensch stammt aus Uraha im Karonga-Distrikt Nord-Malawis (Schrenk et al. 1993).

Aus der Gleichzeitigkeit der Entstehung der robusten „Nussknackermenschen" und der Gattung *Homo* ist zu schließen, dass es zur Entwicklung der großen Zähne der robusten Australopithecinen eine Alternative gab: den Beginn der Werkzeugkultur, deren Anfänge ebenfalls – wie die der Gattung *Homo* – 2,5 Mio. Jahre alt sind. Östlich der Hominiden-Fundstellen von Hadar bei Gona in Äthiopien wurden sehr ursprüngliche, 2,6 Mio. Jahre alte Geröllwerkzeuge entdeckt. Auch Funde am Westufer des Turkana-Sees bestätigen, dass vor ca. 2,5 Mio. Jahren die ersten Werkzeugkulturen etabliert waren.

Die Benutzung von Steinwerkzeugen zum Hämmern harter Nahrung zeigte bald Vorteile in unvorstellbarem Ausmaß: Zufällig entstehende scharfkantige Abschläge wurden als Schneidewerkzeuge eingesetzt – eine Revolution in der Fleischbearbeitung und der Zerlegung von Kadavern. Die sich entwickelnde Werkzeugkultur überdeckte die Auswirkungen des Klimawechsels so lange, bis *Homo rudolfensis* andere Nahrungsquellen besser als jede andere Hominiden-Art zuvor nutzen konnte. Unter dem Druck der Umweltveränderungen zu jener Zeit war es die Fähigkeit der Hominiden zu kulturellem Verhalten, die die Gattung *Homo* entstehen ließ. Im Gegensatz zu den robusten Vormenschen legten unsere Vorfahren eine größere Flexibilität des Verhaltens an den Tag – eine Entwicklung, die letztlich auch zu einem größeren und leistungsfähigeren Gehirn führte. Die zunehmende Unabhängigkeit vom Lebensraum führte aber auch zu einer steigenden Abhängigkeit von den dazu benutzten Werkzeugen – bis heute ein charakteristisches Merkmal der Menschen.

5 Frühmenschen und erste Expansionen

Vor ca. 2 Mio. Jahren begann in Afrika die Entwicklung zu Hominiden-Typen mit kräftigerem und größerem Skelett und massivem Knochenbau im Schädel, den typischen Merkmalen von *Homo erectus*. Gegenüber *Homo rudolfensis* zeigen sich bei *Homo erectus* Körpermerkmale, die eine progressive Entwicklung andeuten.

Hierzu gehört vor allem die Vergrößerung des Hirnvolumens. Es beträgt bei den ältesten Schädeln (knapp 2 Mio. Jahre alt) ca. 800 – 900 ccm. Vor einer Million Jahren werden Werte von ca. 900 – 1000 ccm erreicht und vor einer halben Million Jahren Werte von über 1100 – 1200 ccm. Kennzeichnend sind auch eine recht niedrige Stirn und die Ausbildung von kräftigen Augenüberwülsten, über deren Funktion man bis heute rätselt. Die Bein- und Fußknochen waren sehr kräftig ausgebildet. Dies lässt darauf schließen, dass *Homo erectus* hohe Kraft und Ausdauer beim Tragen von Material und Nahrung zu den Wohnorten aufbrachte. Erstmals in der Evolution der Menschen sind anatomische Merkmale überliefert, die zeigen, dass nicht nur gegangen, sondern gerannt werden konnte.

Die ältesten Nachweise der Besiedlung Javas und Chinas gehen bis ca. 1,8 Mio. Jahre zurück, ein ebenso hohes Alter wurde für die Funde in Georgien (Dmanisi) ermittelt. Möglicherweise ist selbst *Homo floresiensis*, der bis vor 18.000 Jahren auf der indonesischen Insel Flores überlebt hat (Brown et al. 2005), ein direkter Nachfahre dieses ersten afrikanischen Auswanderers. Spätestens vor 2 Mio. Jahren verließen die Frühmenschen somit zum ersten Mal den afrikanischen Kontinent. Dies stimmt gut überein mit klimageographischen Daten aus dem Gebiet der Levante, die für die Zeit um 2 Mio. Jahren die Ausdehnung der an Nahrung reichen Lebensräume belegen, die zunächst zu einer langsamen Ausbreitung der Frühmenschen geführt haben dürfte. Möglicherweise war die Jagd eine Triebkraft, um in entfernteren Gebieten nach Beute zu suchen und den Lebensbereich langsam auszudehnen.

Die Eiszeit Europas, die sich in tendenzieller Abkühlung und in einer Intensivierung der Temperaturschwankungen äußerte, bildete die klimatische Rahmenbedingung für die Ausbreitung des Menschen auf der Nordhalbkugel. Vor ca. 1,4 Mio. Jahren dürften Hominiden zunächst in Südeuropa heimisch geworden sein, wie durch Funde von Steinwerkzeugen belegt ist. Die erste Ausbreitung des Menschen in Europa ist aus der Zeit vor ca. 800.000 Jahren aus der spanischen Fundstelle Atapuerca (Gran Dolina) belegt. Danach nahm die Intensität der Kälteperioden weiter zu. Diesen waren mildere und wärmere Zeitspannen zwischengeschaltet, in denen Menschen erstmals in das Europa nördlich der Alpen vordringen konnten. Die geographische Variante des *Homo erectus* in Europa, die sich im mittleren Pleistozän herausbildete, wird oft als eigene Frühmenschen-Art *Homo heidelbergensis* eingestuft. Ein bereits 1907 in Mauer bei Heidelberg entdeckter Unterkiefer ist mit einem Alter von ca. 600.000 Jahren der älteste Hominiden-Fund in Deutschland. Vor etwa 300.000 Jahren traten – noch in einer Warmphase des Eiszeitalters – erstmals Ante-Neandertaler (*Homo steinheimensis*) auf, spätestens vor ca. 90.000 Jahren waren die klassischen Neandertaler, erstmals Menschen mit heller Hautfarbe, entstanden. Am Höhepunkt ihrer Entwicklung waren sie in Europa und darüber hinaus weit verbreitet. Neandertaler waren in der

Lage, auch extreme Lebensräume zu besiedeln. Lange bevor die klassischen Neandertaler in Europa den Höhepunkt ihrer Entwicklung erreichten, waren die anatomisch modernen Menschen (*Homo sapiens*) in Afrika (seit 250.000 Jahren) entstanden. Neandertaler und moderner Mensch trafen vor knapp 90.000 Jahren im Gebiet des Nahen Ostens aufeinander. Sie existieren dort fast 50.000 Jahre lang neben- und miteinander. Die aus Afrika stammenden modernen Menschen setzen sich weltweit durch, während der europäische Neandertaler seit ca. 27.000 Jahren nicht mehr anatomisch nachweisbar ist (Schrenk/Müller 2004).

6 Ursprung der modernen Menschen

Vor wenigen hunderttausend Jahren beginnt sich ein Synergie-Effekt unterschiedlicher Faktoren biologischer und kultureller Evolution, wie Werkzeugkultur, Kommunikation, Sozialverhalten, Gehirnstruktur und Körperbau, auszuwirken. Dadurch und durch die gleichzeitige Erhöhung der sozialen Organisation entsteht zunehmend vorausschauendes Bewusstsein, was oft als Charakteristikum des Menschen angesehen wird. Während sich in Europa die Neandertaler entwickelten, entstanden so in Afrika vor ungefähr 500.000 bis 250.000 Jahren die ersten Vorfahren der modernen Menschen.

Frühe archaische *Homo-sapiens*-Formen, repräsentiert z. B. durch den Schädel von Bodo aus Äthiopien, den Schädel vom Ndutu See, Tansania, und den Kabwe-Schädel aus Sambia, sind in diesem Zeithorizont angesiedelt. Weitere Übergangsformen aus der Zeit um 250.000 bis 150.000 Jahren wurden im südafrikanischen Florisbad, in Eliye Springs in Kenia, im tansanischen Laetoli und in Jebel Irhoud in Marokko gefunden. Nach Fundlage und Schädelmerkmalen lassen sich in Afrika drei Entwicklungsstufen zum modernen Menschen unterscheiden:

Geologisch ältester Repräsentant des modernen *Homo sapiens* ist der auf ein Alter von 160.000 Jahren geschätzte Mann aus Herto im Afar-Dreieck Äthiopiens (White et al. 2003). Weitere Fossilien stammen aus Südafrika. Die Funde bei Klasies River Mouth und Border Cave weisen ein Alter von 100.000 und 150.000 Jahren auf.

In Afrika entstanden spätestens vor 160.000 Jahren die ersten modernen Menschen, die dann vor 120.000 Jahren im Nahen Osten in der Levante zu finden sind. Die Fossilien aus Qafzeh bei Nazareth im nördlichen Israel und aus Skhul bei Haifa, deren Alter mittels radiometrischer Datierungen auf 120.000 – 100.000 bzw. 100.000 – 80.000 Jahre bestimmt wurde, sind bislang die ältesten Nachweise für die Auswanderung der modernen Menschen aus Afrika. Sowohl die afrikanischen als auch die israelischen *Homo-sapiens*-Funde stützen eine Theorie, die als „*Out-of-Africa*"-Hypothese bezeichnet wird.

Auch wenn es keine älteren Funde moderner Menschen außerhalb Afrikas gibt, kann die inzwischen unabweisbare paläoanthropologische Erkenntnis des Phänomens „Out of Africa" immer noch eurozentrisch missinterpretiert werden, und zwar mit dem Umkehrschluss, dass eine Weiterentwicklung des Menschen zu sogenannten „Hochkulturen" jedenfalls nur außerhalb Afrikas stattfinden konnte. Dies jedoch ist äußerst unwahrscheinlich, wenn auch die Belege aus Europa bislang – aufgrund höheren Forschungsaufwands – noch zahlreicher sind. Mit zunehmenden Erkenntnissen aus Afrika wird sich ohne Zweifel herausstellen, dass alle Elemente kultureller Modernität einschließlich Kunst und Musik ihren Ursprung ebenso in Afrika hatten wie die biologische Modernität des *Homo sapiens* (Mcbrearty/Brooks 2000).

Auch ein „multiregionaler" Ursprung der modernen Menschen in verschiedenen Regionen der Welt erscheint unwahrscheinlich, wie molekulargenetische Daten vor allem aus DNS-Sequenzen von Mitochondrien (mtDNA) moderner Menschen zeigen. Mitochondrien sind Zell-Organellen, die nur von der Mutter vererbt werden. Daher spiegelt die genetische Variation von mtDNA die Geschichte der Frauen wider und gibt Aufschluss über die „molekulare Eva", also die Frau, auf welche alle heute existierenden mtDNA-Varianten zurückgehen, wenn man den Mutationsprozess zurückverfolgt (Cann et al. 1987). Es zeigt sich, dass sie in Afrika gelebt haben muss, da in Stammbäumen, die aus den mtDNA-Sequenzen erstellt wurden, afrikanische Varianten am nächsten zur Wurzel zu finden sind. Sequenzvarianten, die außerhalb Afrikas vorkommen, finden sich auch in Afrikanerinnen, während dies umgekehrt nicht der Fall ist. Eine Region im Genom, die sich als Gegenstück zur mtDNA anbietet, ist das Y-Chromosom. Da es ausschließlich vom Vater an die Söhne weitervererbt wird, spiegelt es die Geschichte der Männer wider. Auch die ältesten Linien von Y-Chromosomen basieren auf einem afrikanischen Ursprung.

Nicht zuletzt lehrt uns die moderne Genetik aber auch, dass es beim Menschen keine Rassen gibt. Es gibt zwar durchaus genetische Besonderheiten bei verschiedenen geographischen Varianten (weniger als 10 Prozent), aber auch so viele Übereinstimmungen (mehr als 90 Prozent), dass sie jedes Rassekonzept bei *Homo sapiens* hinfällig machen (Owens & King 1999).

7 Chancen für ein neues Geschichtsverständnis

Mit dem „Out of Africa"-Konzept wird der identitätsstiftende Ursprung von *Homo sapiens* einem Kontinent zugeschrieben, dem die Fähigkeit zur Entwicklung oft abgesprochen wird. Für die Paläoanthropologie ist der afrikanische Kontinent daher folgerichtig nicht nur ein zentraler Forschungsort und Forschungsgegenstand, sondern sie sollte auch die Frage nach der eigentlichen Bedeutung der Funde und ihrer Interpretation für Afrika stellen – eine Frage, die von hohem aktuellem gesellschaftlichem und ethischem Gehalt ist.

Deutung von Geschichte verlief niemals machtfrei. Wo die Macht lag, ergab sich stets aus der Geschichte – während der letzten 600 Jahre kam sie zumeist aus den Läufen der Gewehre, und dies galt nicht zuletzt für die Kolonialisierung Afrikas. Die Arroganz der Kolonialherren und ihrer intellektuellen Hilfstruppen hat in Afrika das Geschichtswissen und das historische Bewusstsein der autochthonen Bevölkerung entweder negiert oder, bis auf wenige Ausnahmen, zur Etablierung der eigenen Herrschaft neu erfunden, sowohl in biologisch-rassistischen wie in kulturell-hierarchisierenden Erklärungszusammenhängen.

Diese in der frühen Neuzeit entstandene und bis ins 20. Jahrhundert ungebrochene Geisteshaltung erweist sich bis heute als wirkungsmächtig. In der Moderne wurde die Welt in sogenannte entwickelte und unterentwickelte Länder aufgeteilt. Entwickelte Länder maßten sich an, den Entwicklungsbedarf der unterentwickelten zu bestimmen. Bei heutigen Wissenschaftskooperationen – auch paläoanthropologischen – offenbaren sich diese Machtverhältnisse immer noch, spätestens beim Zugang oder Nichtzugang zu Ressourcen. Auch die gegenwärtige Abschottung von Wohlstandsregionen ist der Versuch, einheitliche Lebensbedingungen für *Homo sapiens* zu verhindern. Dies wird aber langfristig – in vielen Generationen gedacht – nicht erfolgreich sein, da nur die kulturelle globale Vernetzung weltweit das Überleben moderner Menschen sichern kann, wie es sich in unserer langen Geschichte immer wieder gezeigt hat.

Die Bedeutung von Geschichte für Individuen und Gesellschaften ist das Resultat ihrer Deutung. Dies gilt für die neuere Geschichte ebenso wie für die biologische Entwicklungsgeschichte des Menschen und seine im engeren Sinne historische Vor- und Frühgeschichte. Die heutigen Erkenntnisse der Paläoanthropologie bieten daher die große Chance, die vielfältigen, komplexen und verwobenen historischen Prozesse zu rekonstruieren und dadurch zur Rückgewinnung der afrikanischen Geschichte für den afrikanischen Kontinent beizutragen.

Bibliographie

Alexeev, V. P. (1986): The Origin of the Human Race. Moskau: Progress Publishers.

Brown, P. (2005): A new small-bodied hominin from the Late Pleistocene of Flores, Indonesia. In: Nature 431, 1057–1061.

Brunet, M. et al. (2002): A new hominid from the Upper Miocene of Chad, Central Africa. In: Nature 418, 145–151.

Cann, R. L./Stoneking, M./Wilson, A. C. (1987): Mitochondrial DNA and human evolution. In: Nature 325, 31–36.

Dart, R. A. (1925): Australopithecus africanus: the man-ape of South Africa. In: Nature 115, 195–199.

Johanson, D. C./Taieb, M. (1976): Plio-pleistocene hominid discoveries in Hadar, Ethiopia. In: Nature 260 (1976), 293–297.

Linné, Carl von (1735): Systema Naturae. 1. Auflage. Upsala.

Linné, Carl von (1758): Systema Naturae. 2. Auflage. Upsala.

Lovejoy C. O./Suwa, G./ Simson, S. W./Matterns, J. H./White, T. D. (2009): The Great Divides: Ardipithecus ramidus reveals the postcrania of our last common ancestors with African apes. In: Science 326, 100–106.

Mcbrearty, S./Brooks, A. S. (2000): The revolution that wasn't: a new interpretation of the origin of modern human behavior. In: Journal of Human Evolution 39, 453–563.

Moyà-Solà, S. et al. (2004): Pierolapithecus catalaunicus, a New Middle Miocene Great Ape from Spain. In: Science 306, 1339–1344.

Niemitz, C. (2004): Das Geheimnis des aufrechten Gangs. Unsere Evolution verlief anders. München: Beck.

Owens, K./King, M.-C. (1999): Genomic views of human history. In: Science 286, 451–453.

Schrenk F./Bromage T. G./Betzler C. G./Ring U./Juwayeyi Y. (1993): Oldest Homo and Pliocene biogeography of the Malawi-Rift. In: Nature 365, 833–836.

Schrenk, F./Bromage, T. G. (1999): Climate change and survival strategies of early Homo and Paranthropus in the Malawi Rift. In: H. Ullrich (Hrsg.): Lifestyle and Survival Strategies in Pliocene and Pleistocene Hominids. Gelsenkirchen: Edition Archaea, 72–88.

Schrenk, F./Kullmer, O./Sandrock, O. (2004): An Open Source Perspective of Earliest Hominid Origins. In: Collegium Anthropologicum 28, 113–120.

Schrenk, F./Müller, S. (2005): Die Neandertaler. München: Beck.

Senut, B. et al. (2001): First hominid from the Miocene (Lukeino Formation, Kenya). In: Comptes Rendus de l'Académie de Sciences 332, 137–144.

Weston, E./Friday, A. E./Johnstone, R./Schrenk, F. (2004): Wide faces or large canines? The attractive versus the aggressive primate. In: Proceedings. Royal Society London B 271, 416–419.

White, T. D./Suwa, G./Asfaw, B. (1994): Australopithecus ramidus, a new species of early hominid from Aramis, Ethiopia. In: Nature 371, 306–312.

White, T. D. et al. (2003): Pleistocene Homo sapiens from Middle Awash, Ethiopia. In: Nature 423, 742–747.

Eike Bohlken
Anthropologie – Wirtschaft – Ethik
Ethische Implikationen einer neuen Wirtschaftsanthropologie[1]

Grenzt man den Fokus der Frage nach den Zusammenhängen von Anthropologie und Ethik auf den Bereich der Wirtschaft ein, so geht es darum, welche ethischen Implikationen sich aus einer Anthropologie des wirtschaftenden Menschen für die Ethik des Wirtschaftens bzw. wirtschaftlicher Transaktionen ergeben. Das gegenwärtige Interesse an einer neuen Wirtschaftsanthropologie speist sich aus dem Wunsch, der verbreiteten Sichtweise des Menschen als *homo oeconomicus* ein anderes Bild vom Menschen in der Wirtschaft entgegenzusetzen. Die Frage nach dem Menschenbild der Wirtschaft bzw. der deren Sichtweise weitgehend bestimmenden Wirtschaftswissenschaften hat in den letzten zehn Jahren angesichts diverser Finanzkrisen und angesichts des anthropogenen Klimawandels noch einmal massiv an Bedeutung gewonnen. Gegen den Ansatz des *homo oeconomicus* als Hintergrundannahme ökonomischer Theoriebildung spricht, dass er ein unzulässig verengtes Bild menschlichen Handelns vermittelt, aus dem soziale Beziehungen und vor allem Impulse zu moralisch-kooperativem Handeln systematisch ausgeblendet sind.[2] Eine neue, explizit als solche ausgewiesene Wirtschaftsanthropologie zielt demgegenüber auf ein realistischeres und ganzheitliches Bild des wirtschaftenden Menschen (vgl. etwa Dierksmeier/Hemel/Manemann 2015). Zielpunkt dieser wirtschaftsanthropologisch angestoßenen Blickwende ist ein wirtschaftliches Handeln nach dem Maß des Menschen.

Im Folgenden möchte ich den Zusammenhang von Anthropologie, Wirtschaft und Ethik aus der Perspektive einer Integrativen Anthropologie beleuchten, die danach strebt, die verschiedenen Humanwissenschaften und ihre unterschiedlichen methodischen Zugriffe auf den Menschen in einer Art Forschungsprogramm zusammenzuführen.[3] Ein erster Teil analysiert den Gegenstandsbereich der Wirtschaftsanthropologie, indem er vier Themenfelder untersucht. Der erste Ab-

---

1 Der vorliegende Text stellt eine überarbeite und erweiterte Fassung von Bohlken (2015) dar.
2 Dieser anthropologischen Engführung korrespondieren verschiedene Formen von Marktversagen, da sich ein rein für *homines oeconomici* konzipierter Markt als „blind" im Hinblick auf gerechte Verteilungen, im Hinblick auf die Situation zukünftiger Generationen sowie im Hinblick auf die Produktion kollektiver Güter erweist (vgl. Nida-Rümelin 2011, 281).
3 Vgl. hierzu die Einleitung in Bohlken/Thies (2009).

schnitt thematisiert den Menschen nicht nur als Mittelpunkt der Wirtschaftsanthropologie, sondern auch der Wirtschaft. Da diese Auffassung ganz und gar nicht der gegenwärtig vorherrschenden Ökonomik entspricht, ist sie mit einer Kritik des Ökonomismus und des *homo-oeconomicus*-Modells verbunden. Dabei geht es auch um den anthropologischen Status des *homo oeconomicus*. Der zweite Abschnitt führt diese Kritik fort, indem er das Verhältnis von Kooperation und Konkurrenz anhand anthropologischer Grundfiguren des Menschseins erörtert. Dem inhaltlich zu schmalspurig gedachten *homo oeconomicus* wird dabei die Figur eines *homo certaminis* als umfassenderes Gegenbild zum *homo cooperativus* entgegengestellt. Ein im engeren Sinne methodologischer Abschnitt erörtert die Frage nach dem richtigen Zugriff auf den wirtschaftenden Menschen: Ist er über die Frage „Was ist der Mensch (wenn er wirtschaftet)?" hinreichend präzise gefasst und gegen Reduktionen geschützt, oder sollte von der Was-Frage zur Frage „Wer ist der Mensch (wenn er wirtschaftet)?" übergegangen werden? Der vierte Abschnitt des ersten Teils diskutiert den zugrunde zu legenden Wirtschaftsbegriff, der den Rahmen der Wirtschaftsanthropologie wesentlich mitbestimmt.

Der zweite Teil führt zentrale Ergebnisse des ersten so zusammen, dass das Profil der neuen Wirtschaftsanthropologie deutlich wird. Der dritte Teil analysiert abschließend, was sich im Ausgang von der neuen Wirtschaftsanthropologie über die Implikationen der Wirtschaftsanthropologie für die Wirtschaftsethik sagen lässt.

1 Der Gegenstand der Wirtschaftsanthropologie

Versteht man die Anthropologie von ihren philosophischen Ursprüngen her, führt sie auf die Frage nach wesentlichen Merkmalen des Menschen, die ihn von anderen Lebewesen unterscheiden. Wirtschaftsanthropologie wäre demnach die Suche nach wesentlichen Merkmalen des Menschen innerhalb der Wirtschaft als einer spezifisch menschlichen Praxis. Ulrich Hemel kennzeichnet Wirtschaftsanthropologie in diesem Sinne als „empirische, historische und kulturphänomenologische Wissenschaft" mit einem „Erkenntnisinteresse, das sich auf das ‚Materialobjekt Mensch' unter dem formalen Gesichtspunkt des ‚Wirtschaftens' bezieht" und dabei „für philosophische oder ethisch-normative Schlussfolgerungen anschlussfähig ist, ohne in ihnen aufzugehen" (Hemel 2015, 9 f.). Ihre Grundfrage laute: „Wer ist der Mensch, wenn er wirtschaftet?" (Hemel 2015, 21). Diese Bestimmungen verweisen erstens darauf, dass es der Mensch ist, der im Zentrum der Wirtschaft steht; zweitens auf die Frage nach der Methode, mit der man sich ihm nähert; drittens auf das, was man allgemein – also schon vor der besonderen Frage nach dem Subjekt der Wirtschaft – unter „Mensch" versteht;

und viertens auf die inhaltliche Seite des Formalobjekts Wirtschaft, das heißt auf die Frage, was unter „Wirtschaften" zu begreifen ist. Im Folgenden sollen diese vier Gesichtspunkte in leicht veränderter Reihenfolge diskutiert und näher erläutert werden.

1.1 Der Mensch im Zentrum der Wirtschaft – Kritik am Ökonomismus und am *homo-oeconomicus*-Modell

Dass der Mensch im Zentrum der Wirtschaftsanthropologie steht, ist unstrittig. Steht er aber auch im Zentrum der Wirtschaft und Wirtschaftswissenschaften? Diese Frage ist für die moderne Ökonomik nicht einfach mit Ja zu beantworten. Auf der einen Seite sind Menschen direkt oder indirekt in sämtliche wirtschaftliche Transaktionen verwickelt.[4] Und es ist die Summe dieser Transaktionen und der mit ihnen erzeugten und aufrechterhaltenen Institutionen und Strukturen, die das System der Wirtschaft ausmachen. Auf der anderen Seite gibt es soziologische und ökonomische Theorien, die in ihrer Rekonstruktion des Systems Wirtschaft nur in sehr eingeschränkter Weise auf die konkreten Motive und das konkrete Handeln realer Individuen eingehen. Gegen diese stark formalisierten Ansätze ist von verschiedener Seite eingewandt worden, dass sie das eigentliche Ziel wirtschaftlichen Handelns aus dem Blick verloren hätten: die Orientierung an den materialen Bedürfnissen des Menschen (vgl. Nell-Breuning 1992) bzw. an der „Lebensdienlichkeit" der Wirtschaft (Ulrich 2001). Im Kontext dieser Vorwürfe steht auch die Kritik am Ansatz des *homo oeconomicus*. Diese Kritik ist für die hier verfolgte Fragestellung aus zwei Gründen von besonderem Interesse: Erstens führt sie mitten in die Auseinandersetzung um eine Neuausrichtung der Wirtschaftsanthropologie.[5] Zweitens lässt sich anhand des *homo-oeconomicus*-Ansatzes be-

---

4 Eine nicht unbeträchtliche Ausnahme bildet das *high frequency trading* der Finanzmärkte, das vollständig über Computeralgorithmen abgewickelt wird. Auch hier sind es aber Menschen, die diese Computeragenten nach bestimmten Vorstellungen entwickelt haben und einsetzen. Und es sind Menschen, die – im Positiven wie im Negativen – von den Resultaten dieser Transaktionen betroffen sind.

5 Genau genommen lassen sich hinsichtlich der bisherigen Wirtschaftsanthropologie zwei Stränge unterscheiden. Auf der einen Seite gibt es im englischen Sprachraum eine entwickelte *economic anthropology* als Subdisziplin der allgemeinen, ethnologisch gefassten *cultural anthropology* (vgl. etwa Carrier 2012; Hann/Hart 2011). Geprägt wurde der Begriff wohl durch die zweite Auflage des Buches *The Economic Life of Primitive Peoples* (1941) von Melville J. Herskovits, die neun Jahre später unter dem Titel *Economic Anthropology* erschien. Auf der anderen Seite steht die Figur des *homo oeconomicus*. Während sich sachliche Ursprünge bereits bei Adam Smith und John Stuart Mill aufzeigen lassen, weist die Begriffsgeschichte auf den irischen Dichter und Na-

sonders gut das Verhältnis von Modellen und Menschenbildern diskutieren, das für die Verhältnisbestimmung von Anthropologie und Ethik meines Erachtens von entscheidender Bedeutung ist.

Von Seiten einer neuen Wirtschaftsanthropologie wird der Vorwurf erhoben, der *homo oeconomicus* stehe für eine zu eng gefasste Konzeption des wirtschaftenden Menschen. Diesem Vorwurf wird allerdings von vielen Ökonomen entgegengehalten, der *homo-oeconomicus*-Ansatz zeichne gar kein Bild des Menschen, sondern sei lediglich ein mathematisches Modell zur statistischen Berechnung wirtschaftlichen Verhaltens. Damit stellt sich zunächst einmal die Frage nach dem anthropologischen Status des *homo-oeconomicus*-Ansatzes.

Der anthropologische Status des homo-oeconomicus-Ansatzes

Für den Bereich der Wirtschaftswissenschaften ist es offenkundig, dass der *homo oeconomicus* die Sicht des wirtschaftenden Menschen in den letzten hundert Jahren maßgeblich bestimmt hat. Allerdings ist es, dem Namen zum Trotz, klärungsbedürftig, ob es sich überhaupt um ein anthropologisches Theoriestück handelt. Die Kennzeichnung des *homo oeconomicus* ist von Ökonomen ebenso als Modell menschlichen Verhaltens wie als Menschenbild gerechtfertigt worden. So haben auf der einen Seite Autoren wie Milton Friedman, Gary Becker, Karl Homann und Andreas Suchanek darauf hingewiesen, dass es sich beim *homo oeconomicus* nicht um ein Menschenbild handele, sondern vielmehr um ein handlungstheoretisches Modell bzw. eine „reine Als-ob-Hypothese" (Manstetten 2002, 49).[6] Der theoretische Anspruch gehe nicht dahin, ein treffendes Bild des Menschen in der Wirtschaft zu zeichnen, sondern ziele vielmehr darauf, das wirtschaftliche Verhalten von Individuen durch bestimmte Annahmen über System- und Rationalitätsbedingungen so gut wie möglich quantifizier- und prognostizierbar zu machen. Referenzpunkt des Modells seien mithin nicht reale Menschen, sondern konstruierte statistische Größen. Das *homo-oeconomicus*-Modell sei zwar insofern

---

tionalökonomen John Kells Ingram zurück, der in seiner *History of Political Economy* von 1888 vom *economic man* sprach. Allerdings tat er dies in ironischer Absicht, da er die entsprechenden Theorien „als eine Karikatur des wirklichen Menschen" betrachtete (Manstetten 2002, 48, Anm. 12). Der lateinische Term findet sich erstmals bei Vilfredo Pareto in seinem *Manuale d'economia politica* (Pareto 1906, Kap. I, § 21).

6 Wie Manstetten zeigt, ist diese Sicht schon bei John Stuart Mill in seinem *System der deductiven und inductiven Logik* angelegt. Dort heißt es zum (allerdings noch nicht explizit so genannten) *homo oeconomicus:* „Nicht daß je ein politischer Ökonom absurderweise angenommen hätte, daß die Menschheit wirklich so beschaffen ist [...]" (zit. nach Manstetten 2002, 49).

reduktiv, als es die zu berücksichtigenden Faktoren menschlichen Handelns für die Analyse systemischer wirtschaftlicher Zusammenhänge in einer typisierenden Weise auf das notwendige Minimum zu beschränken suche, es sei aber *nicht reduktionistisch*, d. h. behaupte nicht, dass reale Menschen durch das Verfolgen ihres Eigeninteresses bzw. durch die Unterstellung einer rationalen und „konsistente[n] Präferenzordnung" hinreichend beschrieben würden (Suchanek 2007, 181). Als Beleg dafür, dass es sich bei dieser Einschränkung nicht um ein bloßes Lippenbekenntnis handelt, kann auf die Theorien der *bounded rationality* verwiesen werden. Hier wird versucht, der eingeschränkten Rationalität des Menschen auch im Rahmen ökonomischer Modellbildung gerecht zu werden (vgl. Lee-Peukert 2009, 344 – 348).

Lenkt man den Blick von der wirtschaftswissenschaftlichen Begriffsbildung auf den Bereich der Lebenswelt, lässt sich hingegen konstatieren, dass der *homo oeconomicus* sich einen festen Platz als Alltagstheorie und weltanschauliche Größe, d. h. als Menschenbild, erobert hat. Dieser Eindruck wird durch einen anderen Teil der wirtschaftswissenschaftlichen Literatur bestätigt. Gemäß dieser stärker anthropologisch orientierten Sicht wäre der *homo oeconomicus* schlicht „someone who is active in economy" (Kirchgässner 2008, 1).[7] Der *homo oeconomicus*-Ansatz umfasse neben einer axiomatisch-reduktiven Ebene auch eine phänomenologische Dimension, die sich auf konkrete lebensweltliche Erscheinungen beziehe. Daher könne von einer gemeinsamen „verborgene[n] Wurzel" ausgegangen werden, „der sowohl lebensweltliche Vorstellungen als wissenschaftliche Theorien entwachsen" (Manstetten 2002, 122, vgl. auch 35).

Folgt man der modellhaften Auffassung, liegt die Frage nahe, ob für die gegenwärtige Ökonomik überhaupt von so etwas wie einer „systemrelevanten" Wirtschaftsanthropologie gesprochen werden kann. Zwar gibt es wirtschaftshistorische, -soziologische und -psychologische Untersuchungen im Sinne der Ethnologie oder der *cultural anthropology*. Hier ist auch die *economic anthropology* zu verorten, die sich oft mit dem Studium „vormoderner Produktions- und Tauschformen" (Paul 1999, 7, Anm. 1) befasst. Sieht man auf den Stellenwert dieser Untersuchungen innerhalb der Wirtschaftswissenschaften, gewinnt man jedoch den Eindruck, dass es sich eher um einen Nebenschauplatz handelt, der ohne echten Einfluss auf das Kerngeschäft der Ökonomik bleibt.

---

7 Vgl. auch Manstetten (2002, 13 – 15). Trotz der Nähe dieser Auffassung zu einem vorwissenschaftlichen Verständnis des Wirtschaftens sieht Kirchgässner darin einen geeigneten Ausgangspunkt für eine Wirtschaftswissenschaft, die sich als Sozial- und Humanwissenschaft versteht: „The single individual is the unit of the analysis: the individual human being is in the focus of consideration. [...] This is a natural starting point for a social science which sees itself as a 'human science'." (Kirchgässner 2008, 11).

Auf der anderen Seite ist jedoch nicht zu übersehen, dass das Modell des *homo oeconomicus* in der soziokulturellen Lebenswelt den Status und die Wirkung eines Menschenbildes angenommen hat. Folgt man dieser Spur und kontrastiert die geäußerte Intention seiner Konstrukteure mit der gesellschaftlichen Wirkung des Modells, fungiert der *homo oeconomicus* tatsächlich als Grundfigur einer bestehenden Anthropologie der Wirtschaft und der Wirtschaftswissenschaften. Die Popularität der Vorstellung, der Mensch sei ein seinen Nutzen zweckrational maximierendes Wesen, macht deutlich, dass sich das „Missverständnis", der *homo oeconomicus* stehe für ein Menschenbild, flächendeckend durchgesetzt hat. Das Modell ist offenbar so plastisch, dass es dazu einlädt, seine Parameter mit der Beschreibung menschlicher Züge zu verwechseln und es weit über den Bereich der Wirtschaftswissenschaften und der Wirtschaft hinaus auszudehnen.[8]

Dies ist auch deshalb nicht verwunderlich, weil Homo-Epitheta seit dem 18. Jahrhundert zum klassischen Ausdrucksmittel geworden sind, um biologisch-paläoanthropologische Klassifikationen (*Homo sapiens*, *Homo erectus* etc.) und philosophisch-geisteswissenschaftliche Bestimmungen oder Gestaltungsmöglichkeiten des menschlichen Daseins (z. B. *homo ludens*, *homo faber*, *homo divinans*) zu benennen.[9]

Da dies kein Geheimnis ist, liegt die Schlussfolgerung nahe, dass die Vermengung von Modell und Menschenbild durch die Benennung eines Modells mit dem Begriff des *homo oeconomicus* mindestens billigend in Kauf genommen wurde: Es besetzt den Raum der Wirtschaftsanthropologie, in dem über die Sichtweise des Menschen in der Wirtschaft gestritten wird.

Als Ergebnis der kurzen Diskussion über den anthropologischen Status des *homo-oeconomicus*-Ansatzes kann festgehalten werden, dass es sich bei diesem, funktional betrachtet, weder schlicht um ein Modell noch um ein bewusst als

---

8 Die Ursache für diesen Erfolg kann darin gesehen werden, dass sich die Wirtschaftswissenschaften zahlreicher Begriffe als wissenschaftlicher Kategorien bedienen, die auch lebensweltlich verwendet werden, wie z. B. „Wirtschaft", „Arbeit", „Nutzen", „Gewinn", „Kapital" etc. „Das Modellkonstrukt homo oeconomicus ist so formuliert, daß es, schon durch die verwendeten Begriffe, in einer gewissen Nähe zur Alltagswelt bleibt" (Manstetten 2002, 91). Dabei scheint es sich weniger um eine feindliche Übernahme der Lebenswelt als vielmehr um die Verstärkung eines bestimmten Zuges von Konkurrenz zu handeln, der auch dort bereits zu finden ist.
9 Nach einzelnen Benennungen wie dem 1758 von Carl von Linné geprägten *Homo sapiens* oder dem 1892 von Eugène Dubois klassifizierten *Homo erectus* haben sich vor allem die Geistes- und Sozialwissenschaftler des 20. Jahrhunderts mit einer fast schon inflationären Zahl von Homo-Epitheta zu Wort gemeldet. Ein umfassender, wenngleich bezüglich der Belegquellen zum Teil recht ungenauer Überblick findet sich unter http://de.wikipedia.org/wiki/Liste_der_Homo-Epitheta (Stand: 15.06.2015). Eine weniger umfangreiche, aber dafür präzisere Liste bietet Antweiler (2009, 153 f.).

solches konzipiertes Menschenbild handelt. Der Ansatz des *homo oeconomicus* stellt vielmehr eine Verschränkung beider Aspekte dar. Er steht für ein Modell, das aufgrund seiner plastischen und anthropologisch klingenden Benennung *nolens volens* auch als Menschenbild wirkt.

1.2 Grundfiguren der Wirtschaftsanthropologie – vom *homo oeconomicus* zum *homo certaminis*

Auch wenn die Wirtschaftsanthropologie die Frage nach dem Menschen in der Wirtschaft von einem spezifischen Standpunkt aus stellt, steht sie dabei in enger Verbindung mit allgemein(er)en Aussagen über den Menschen. Es muss daher geklärt werden, in welchem Verhältnis allgemeinere anthropologische Aussagen über ein „Wesen" oder strukturelle Grundzüge menschlichen Seins zu den spezifischeren genuin wirtschaftsanthropologischen Erkenntnissen über den Menschen in der Wirtschaft stehen. Auf einer allgemeinen anthropologischen Ebene lässt sich wirtschaftliches Handeln als eine kulturelle Praxis beschreiben, die zwischen den komplementären Grundmöglichkeiten von Kooperation und Wettbewerb angesiedelt ist. Menschen sind soziale, in Gemeinschaften lebende Wesen, die sich sowohl zur Verfolgung gemeinsamer Zwecke zusammentun als auch untereinander und mit anderen Gruppen in Wettbewerb treten. Beide Grundorientierungen lassen sich in sehr unterschiedlicher Form verwirklichen: Kooperationen können – wenn der Begriff nicht schon im Vorfeld moralisch aufgeladen wird – ebenso aus altruistischen wie aus egoistischen bzw. strategischen Motiven eingegangen werden, sei es, weil man anderen helfen möchte oder seinen Beitrag zum Gemeinwesen leisten will, sei es, weil man sich allein für die eigenen Vorteile interessiert oder in der Absicht handelt, sich die kooperativ erzeugten Güter anzueignen. Wettbewerbe können sich in spielerisch-sportlicher Gestalt vollziehen; sie zielen dann auf den Spaß daran, Kräfte und Fähigkeiten zu messen und auf diese Weise die eigenen Potenziale auszuschöpfen. Sie können aber auch destruktive Formen annehmen und darauf abzielen, Konkurrenten zu schwächen, aus dem Weg (bzw. vom Markt) zu drängen oder gar in ihrer Existenz zu vernichten (Vernichtungswettbewerb).

Für unsere Diskussion ist es wichtig festzuhalten, dass der *homo-oeconomicus*-Ansatz nur eine ganz bestimmte Form des Wettbewerbs abdeckt: nämlich die Form des zweckrationalen Maximierens des eigenen Nutzens. Damit kann er jedoch nicht als anthropologische Konstante in Anspruch genommen werden. Denn als solche müsste er sämtliche historisch-kulturellen Gestaltungen von Wettbewerb in sich zu fassen vermögen und als komplementäres Gegenstück zum *homo cooperativus* fungieren.[10] Um die beiden Aspekte einer allgemeinen Wettbewerbsorientierung als Konstante menschlichen Handelns und der spezifischen Form des Wettbewerbs, die sich aus dem Ansatz des *homo oeconomicus* ergibt, deutlich gegeneinander abzugrenzen, schlage ich vor, auf der Ebene der Konstanten oder Grundfiguren menschlichen Handelns dem *homo cooperativus* die Komplementärfigur des *homo certaminis* (von lat. certamen, -inis: Wettkampf, Streit, Wetteifer) gegenüber- bzw. an die Seite zu stellen. Die Unterscheidung zwischen *homo certaminis* und *homo oeconomicus* begründet sich daraus, dass der Wettbewerb als Konstante menschlichen Daseins keineswegs notwendig zweckrational im Sinne einer rational-choice-Theorie ausfallen muss, sondern auch spielerisch-sportliche oder irrationale (z. B. verschwenderische) Formen annehmen kann. Hier wäre etwa der Ort, an dem über die Phänomene des Gabentausches zu diskutieren wäre.[11]

Auf der einen Seite ist es wichtig, darauf hinzuweisen, dass es die ganzheitliche Natur des Menschen mit ihrer Vielfalt an Grundmöglichkeiten ist, die sich ebenso auf die Wirtschaft auswirkt wie auf andere Bereiche kulturellen und gesellschaftlichen Lebens. Kooperation und Wettbewerb sind zwei Formen der Realisierung anthropologischer Potenziale. So sind der *homo certaminis* und der *homo cooperativus* mehr als bloße Bilder des Menschen in der Wirtschaft. Sie stehen auf einer allgemeineren und höheren Stufe als der menschenbildlich verstandene *homo oeconomicus:* Anthropologisch betrachtet ist der *homo oeconomicus* keine Konstante, sondern lediglich eine historisch und kulturell spezifische Ausformung der Grundfigur des *homo certaminis.* Warum das Menschenbild des *homo oeconomicus* so wirksam geworden ist, dass es diese Ebenentrennung in den westlichen Industriegesellschaften ebenso in den Hintergrund gedrängt hat wie die komplementäre Figur des *homo cooperativus*, ergibt sich aus den obigen Überlegungen: Es sind die beiden Momente der in Kauf genommenen Vermischung von Modell und Menschenbild auf der einen und der Verwechslung von *homo oeconomicus* und *homo certaminis* auf der anderen Seite, die den Höhenflug und die Diskurshoheit des *homo-oeconomicus*-Ansatzes in den Wirtschaftswissenschaften und sogar eine Expansion über diese hinaus ermöglicht haben. Gestützt wird diese Wirkung auch von der Praktikabilität und mathematischen Operationalisierbarkeit des *homo-oeconomicus*-Modells bzw. dadurch, dass dieses eng mit dem Erfolg der freien Marktwirtschaft assoziiert wird – ein Schulter-

---

10 Zur Figur des *homo cooperativus* vgl. etwa Hettlage (1990, 27–49) sowie Schräder (2008).
11 Die Phänomene des Gabentausches haben eine starke politische Dimension, weshalb sie nicht einfach als alternative Form der Ökonomie in Anspruch genommen werden können (vgl. Köpping 1997, 824, 826 und 829).

schluss, der angesichts zunehmender Umweltzerstörung und Finanzkrisen jedoch an Überzeugungskraft zu verlieren beginnt.

Für eine neue Wirtschaftsanthropologie ergibt sich aus dieser Diskussion, dass sie sich nicht die Aufgabe aufbürden lassen muss, eine gleichermaßen „ansprechende" bzw. erfolgreiche begriffliche Alternative zum *homo oeconomicus* aus dem Hut zu zaubern. Es genügt für ihre Zwecke, den *homo oeconomicus* bzw. seine Vertreter in die Schranken zu weisen und sich in ihren Untersuchungen der wirtschaftenden Menschen an dem weiteren Horizont auszurichten, der durch das Gegensatzpaar von *homo cooperativus* und *homo certaminis* eröffnet wird.

Mit welcher Methodik aber kann innerhalb dieses weit gesteckten Horizonts vorgegangen werden, um Näheres über den realen wirtschaftenden Menschen in Erfahrung zu bringen?

1.3 „Wer ist der Mensch?" oder „Was ist der Mensch?" – zur methodischen Ausrichtung der Wirtschaftsanthropologie

Manche Autoren präferieren heute im Anschluss an die Heidegger'sche Fundamentalontologie die Frage „Wer ist der Mensch?" gegenüber der klassischen „Was ist der Mensch?"-Frage. Der Vorteil wird darin gesehen, dass die Wer-Frage durch das in ihr steckende Personalpronomen das hermeneutische Moment individueller und kollektiver Sinnstiftungen stark mache. Damit werde ein geisteswissenschaftliches Gegengewicht zu biologistischen Ansätzen geschaffen, die den Menschen auf eine rein naturwissenschaftliche, z. B. auf eine genetische Perspektive zu reduzieren versuchen:

> Die Frage ‚was ist der Mensch?' muss daher durch die andere Frage, ‚wer ist der Mensch?' ergänzt werden. Menschen, wenn sie in ihrem Programmsinn thematisiert werden, sind nicht Entitäten, die in metrisierbaren Relationen zu anderen Entitäten stehen, sie sind vielmehr in Bezüge eingelassen, die Gelingens- und Widerfahrnischarakter haben. Aus solchen Bezügen, aus solchen ‚Spielräumen' entscheidet sich für den einzelnen wie für die Menschen insgesamt, ‚wer' sie sind. Wenn wir jemanden fragen ‚wer bist du?', dann fragen wir nicht nach seinen Genen, sondern nach seiner geschichtlichen Identität, über die er zugleich immer auch hinaus ist.
>
> Gerade solche historisch geronnenen Identitäten dokumentieren Möglichkeiten des Menschseins in Alltag, Wissenschaft, Wirtschaft, Religion und Kunst. In dieser Dimension entfalten die Geisteswissenschaften ihre Fragestellungen, sie stehen im Dienste der Antwortarbeit auf die Frage ‚wer' der Mensch ist. Diese Frage wird von den *Life Sciences* nicht gestellt und kann von ihnen auch nicht gestellt werden. Personalpronomen sind im Vokabular der *Life Sciences* amtlich nicht vorhanden. (Hogrebe 2007)

Es trifft zwar zu, dass sich die Was-Frage leichter für eine naturalistisch-reduktionistische Engführung der Anthropologie einsetzen lässt. Sie verweist jedoch zugleich positiv auf die natürliche Basis auch der Kulturalität des Menschen, wie sie in der modernen philosophischen Anthropologie etwa in *Die Stufen des Organischen und der Mensch* von Helmuth Plessner ausbuchstabiert und auf die Begriffe der „exzentrischen Positionalität" und einer „natürlichen Künstlichkeit" gebracht wird. Dies ist deshalb zu betonen, weil dem Extrem einer naturalistischen Engführung der Anthropologie auf der anderen Seite des Spektrums das Extrem einer kulturalistischen Verengung gegenübersteht, die von der biologischen Grundlage des Menschen nicht mehr viel in den Blick bekommt oder gar nichts mehr wissen will.[12] Gegen die naturalistische Engführung hat schon Kant auf eine die rein „physische" Anthropologie überschreitende Bedeutung der Was-Frage hingewiesen: So frage eine philosophische Anthropologie „in pragmatischer Hinsicht" danach, „was der Mensch aus sich machen kann und soll" (Kant 1789, 399). Diese Perspektive lässt sich ohne Probleme auf die Wirtschaftsanthropologie übertragen: Sie betrifft dann zum einen die Frage, was der Mensch aus sich macht, wenn er (auf bestimmte Art und Weise) wirtschaftet, zum anderen die weiterführende Frage, ob diese bestimmte Art und Weise des Wirtschaftens im Einklang mit allgemeinen moralphilosophischen und spezifischeren wirtschaftsethischen Forderungen steht.

Der Einwand, dass mit einer solchen Verteidigung der „Was-Frage" das Moment der Identität der wirtschaftenden Individuen, d. h. der Punkt, mit welchen als sinnhaft verstandenen Lebensentwürfen sie sich identifizieren, nicht wirklich berührt sei, ist durchaus zutreffend. Er geht jedoch insofern ins Leere, als er die Zielsetzung der Anthropologie verfehlt: Denn auch wenn sie sich als historische Disziplin versteht und mit den Ergebnissen qualitativer Forschung arbeitet, führt sie doch als „Lehre vom Menschen" letzten Endes unvermeidlich auf die Frage nach der Einheit der Menschheit als Gattung bzw. als Kulturmenschheit.[13]

Die Diskussion der „Was-oder-Wer-Frage" liefert bereits einigen Aufschluss über die methodische Ausrichtung der Wirtschaftsanthropologie. Soll die Wirtschaftsanthropologie ihrem Gegenstand gerecht werden, wird sie im Sinne einer Integrativen Anthropologie[14] historisch-kulturwissenschaftliche Methoden der

---

12 Für Axel T. Paul ist die Anthropologie bereits dann „kulturalistisch verengt", wenn sie „die Frage, wie Gesellschaften ihre materielle Reproduktion gewährleisten und organisieren als immer schon geklärt und damit nebensächlich übergeht" (Paul 1999, 8 f.).
13 Um einem Missverständnis vorzubeugen: Ich gebrauche diesen Begriff nicht etwa in kolonialem Sinne als Gegensatz zu „Naturmensch" oder „Naturvolk", sondern zur Bezeichnung der Gesamtheit aller Menschen und ihrer Gemeinschaften unter kulturellen Gesichtspunkten.
14 Vgl. oben Fußnote 3.

Erschließung und Deutung von Quellen mit Daten aus naturwissenschaftlich ausgerichteten empirisch-quantitativen Untersuchungen und mit philosophischen Reflexionen zusammenbringen müssen. Sie sollte sowohl eine „Beschreibung und Deutung des Verhaltens des oder der Menschen" liefern, „so wie sie sich dem Beobachter unter gegebenen Verhältnissen [...] präsentieren", als auch Raum für „die quasi-transzendentale Reflexion auf die [...] unhintergehbaren Bedingungen und grundsätzlichen Möglichkeiten menschlicher Existenz" bieten (Paul 1999, 1). Als Verbindungsglied zwischen diesen beiden Vorgehensweisen, wie sie in der Geschichte der Anthropologie durch die ältere Ethnologie oder die *cultural anthropology* auf der einen und beispielsweise durch die Philosophische Anthropologie Helmuth Plessners auf der anderen Seite verkörpert werden, kann die interdisziplinäre „Universalienforschung" gelten, wie sie etwa von Christoph Antweiler stark gemacht wird (vgl. Antweiler 2009). Wie aber ist das Feld abzustecken, auf dem die Wirtschaftsanthropologie tätig wird? Wir haben bereits gesehen, dass es allgemeine menschliche Potenziale (Kooperation und Konkurrenz) gibt, die sich in der Wirtschaft auf spezifische Weise konkretisieren. Wie aber lässt sich der spezifische Rahmen des Wirtschaftens gegen andere kulturelle Praktiken des Menschen abgrenzen?

1.4 Was heißt Wirtschaft? Zur Bestimmung des formalen Rahmens der Wirtschaftsanthropologie

Hinsichtlich der Bestimmung der Wirtschaft als kultureller Praxis sah sich eine Philosophie der Wirtschaft, unter deren Dach auch die Wirtschaftsanthropologie steht, lange erheblichen Vorurteilen ausgesetzt. Ausgehend von der Geringschätzung, mit der die griechische Philosophie der Antike die Erwerbsarbeit bedacht hatte, und der christlichen Verurteilung der Zinswirtschaft im Mittelalter bestanden noch zur Wende vom 19. zum 20. Jahrhundert massive Zweifel an der philosophischen Dignität der Wirtschaft als genuinem Teil der Kultur des Menschen. Grundlage dieser kulturphilosophischen Skepsis, die sich in vergleichbarer Weise auch gegen den Bereich der Technik richtete, war die Unterscheidung zwischen „Zivilisation" und „Kultur" im deutschsprachigen Raum. Gemäß dieser stark evaluativ ausgerichteten Unterscheidung gibt es „niedere" zivilisatorische Fundamente, auf deren Grundlage sich höhere Formen kulturellen Schaffens ausbilden und entfalten können (vgl. Schnädelbach 1996, 319 f. sowie 309). Zwar wird nicht geleugnet, dass die zivilisatorischen Grundlagen notwendige Voraussetzungen der Kulturproduktion sind. Ihnen wird jedoch kein kultureller „Eigenwert" zugesprochen. Sie gelten allenfalls als „Bedingungsgüter" oder

„Dienstwerte". Wer sich ihnen verschreibt, mag der Gesellschaft einen Dienst erweisen, verfehlt aber in seinem beruflichen Tun die höheren Weihen der Kultur.

Aus heutiger Sicht hat dieser Einwand jedoch seinen Stachel verloren. Er kann leicht durch den Hinweis auf den weiten und wertfreien Begriff von Kultur, der die Arbeit der heutigen Kulturwissenschaften bestimmt, zurückgewiesen werden. Zwar sind die wirtschaftlichen Eliten im Zuge der Weltfinanzkrise jüngst stark ins Zwielicht geraten und wurden zu „Heuschrecken", „Haifischen" oder „Raubtieren" erklärt. Es würde aber heute niemandem mehr einfallen, einen Unternehmer bloß aufgrund seiner Profession als „Krämerseele" abzuqualifizieren.

Die Frage nach der inhaltlichen Bestimmung des formalen Rahmens der Wirtschaftsanthropologie steht jedoch noch vor einem zweiten Einwand, in dem methodologische und inhaltliche Aspekte zusammenlaufen. Aus der Sicht der historischen Anthropologie spricht gegen eine Wirtschaftsanthropologie im bisher vorgestellten Sinne, dass es weder „die" Wirtschaft noch „den" wirtschaftenden Menschen im Singular gebe.[15] Die Frage „Was ist der Mensch, wenn er wirtschaftet?" geht gemäß dieser Auffassung doppelt ins Leere, weil sie zwei gleichermaßen vagen Abstrakta gilt: „Mensch" und „Wirtschaft". Die anthropologische Untersuchung „wirtschaftlicher" Phänomene dürfe nicht der Fiktion einer sachlichen Einheit nachjagen, sondern müsse sich damit begnügen, eine Vielzahl konkreter, historisch und kulturell differenter Phänomene zu kartieren, die sich nicht auf einen Nenner bringen lassen. Dieser Einwand ist deutlich gravierender als derjenige der Entgegensetzung von Zivilisation und Kultur. Ihm kann nicht einfach mit dem Hinweis auf ein globales Phänomen wie die derzeitige höchst reale Vorherrschaft der kapitalistischen Markt- und Warenwirtschaft begegnet werden, weil es sich auch bei dieser um ein historisches Phänomen handelt, dem gegenüber auf alternative Formen des Wirtschaftens verwiesen werden kann: Wirtschaftliches Handeln war lange Zeit weder kapitalbasiert noch marktwirtschaftlich im heutigen Sinn des Wortes.[16]

---

15 Schon von Seiten der Kritischen Theorie wurde der philosophischen Anthropologie mit ähnlicher Stoßrichtung vorgehalten, sie würde historische gesellschaftliche Verhältnisse zu anthropologischen Konstanten verklären (vgl. Habermas 1958).

16 So lässt sich im Anschluss an Moses I. Finleys Untersuchung *Die antike Wirtschaft* konstatieren, „daß unser heutiger Begriff von der Wirtschaft als einer über Märkte vermittelten Interdependenz von Angebot und Nachfrage bis ins frühe 18. Jahrhundert nicht einmal gedacht werden konnte, während andererseits Phänomene wie Ehe und Scheidung, wechselseitige Pflichten von Kindern und Eltern, Herren und Dienern als ökonomische angesehen wurden. Im heutigen Sinne ökonomische ‚Grundbegriffe wie Arbeit, Produktion, Kapital, Investition, Einkommen, Kreislauf, Nachfrage, Unternehmer, Nutzen' lassen sich nicht nur, wie Finley (ibd. 129) bemerkt, in keine antike Sprache übersetzen, sondern wären ‚zumindest in der abstrakten Form, die die ökono-

Der Hinweis der historischen Anthropologie auf historische, kulturelle und auch schichtspezifische Unterschiede ist äußerst wichtig, er sollte jedoch nicht überinterpretiert werden. Auf der einen Seite ist nicht von der Hand zu weisen, dass die moderne Ökonomik einseitig an Begriffen und Phänomenen wie *Markt*, *Warenproduktion*, *Arbeit*, *Kapital* orientiert ist[17] – und zwar nahezu durchgängig unter dem negativen Vorzeichen der Knappheit und dem positiven Ziel ewigen Wachstums. Auf der anderen Seite ist aber kaum zu bestreiten, dass der Tausch oder die Transaktion von (meist durch kooperative Arbeit erzeugten) Gütern zwischen einzelnen Menschen oder Gruppen ein universelles Phänomen ist und damit durchaus eine Konstante des Menschseins darstellt. Auch das sogenannte Diskontieren, d. h. die Tendenz, kleinere Gewinne in der Gegenwart und der nahen Zukunft höher zu gewichten als größere Erträge in einer ferneren Zukunft, scheint eine anthropologische Konstante darzustellen, die von nicht unerheblicher Bedeutung für den Umgang der Menschen mit wirtschaftlichen Ressourcen ist.

Die auch hier nur grob angerissene Diskussion verdeutlicht, dass für eine Wirtschaftsanthropologie schon hinsichtlich der inhaltlichen Bestimmung ihres Formalobjekts einiges an Aufwand zu betreiben ist. Die Einwände reichen jedoch nicht so weit, dass überhaupt nicht in einem allgemeinen Sinn von „Wirtschaft" oder „Wirtschaften" gesprochen werden könnte, der sich Menschen aus allen Kulturen vermitteln ließe.

2 Zur Ausrichtung einer neuen Wirtschaftsanthropologie

Als Ergebnis der bisherigen Diskussion können für die Ausrichtung einer neuen Wirtschaftsanthropologie eine Reihe von Anforderungen festgehalten werden.

Hinsichtlich der Bestimmung des formalen Rahmens des Wirtschaftens (1.4) ergab sich das Problem, dass auch eine neue Wirtschaftsanthropologie trotz eines alternativen, komplexer ausgestalteten Menschenbildes Gefahr läuft, historisch-kulturelle und damit kontingente Bestimmungen der Wirtschaft oder wirtschaftenden Handelns als Universalien festzuschreiben. Dieser Gefahr kann jedoch zum einen durch ein geschärftes Problembewusstsein und durch eine verfeinerte

---

mische Analyse fordert' (ibd.) auch den Theoretikern des Mittelalters und der frühen Neuzeit gänzlich fremd gewesen" (Manstetten 2002, 38, Anm. 6).

17 Schon die Rede von „modernem" oder „modernisiertem" Wirtschaften zieht Trennlinien ein, die es schwierig machen, von „Wirtschaft" im Singular zu sprechen. Die kultursoziologische These einer Pluralität verschiedener „Modernen" unterstreicht dies (vgl. etwa Joas 2012).

interdisziplinäre Methodik im Rahmen einer Integrativen Anthropologie entgegengewirkt werden. Zum anderen reichen die Einwände nicht so weit, dass überhaupt nicht mehr in einem kulturübergreifend verständlichen Sinne von „Wirtschaft" gesprochen werden könnte.

Hinsichtlich der methodischen Ausrichtung (1.3) ergibt sich die Anforderung, dass eine neu ausgerichtete Wirtschaftsanthropologie der naheliegenden Versuchung widerstehen sollte, der bisherigen mathematisch-naturwissenschaftlichen Engführung der Wirtschaftswissenschaften gemäß der Vorstellung gleicher Waffen mit einer einseitig geistes- oder kulturwissenschaftlichen Anthropologie entgegenzutreten. Vielmehr sollte sie im Sinne einer Integrativen Anthropologie historisch-kulturwissenschaftliche Methoden mit naturwissenschaftlichen Untersuchungsweisen und Ergebnissen sowie mit philosophischen Reflexionen zusammenzubringen suchen.

Die Ausgangsfrage, inwiefern der Mensch im Zentrum der Wirtschaft steht (1.1), führte auf einen zwiespältigen Befund: Auf der einen Seite gibt es unter dem Namen der *economic anthropology* eine explizit anthropologische Teildisziplin der Wirtschaftswissenschaften, die aber vor allem (kultur-)historisch ausgerichtet ist und derzeit nahezu keinen Einfluss auf die Konzeption ökonomischer Begriffe hat.[18] Auf der anderen Seite ist der Mainstream der gegenwärtigen ökonomischen Theoriebildung immer noch am Modell des *homo oeconomicus* ausgerichtet, wobei der anthropologische Gehalt, der mit diesem Modell verbunden ist, meist bestritten wird. Dies mag zum einen an der mathematisch-naturwissenschaftlichen Ausrichtung einer Ökonomik liegen, die sich zwar als Sozialwissenschaft versteht, dabei aber nicht – jedenfalls nicht im vollen, integrativen Sinn des Wortes – als Humanwissenschaft zu begreifen bereit ist. Dass der *homo-oeconomicus*-Ansatz den Menschen im Namen führt, ihn aber seinem Selbstverständnis nach nur als statistische Größe kennt, macht ihn zu einem anthropologischen Wolf im mathematischen Schafspelz. Als Modell mit anthropologischem Anklang besetzt er den Raum der Wirtschaftsanthropologie, in dem über ein realistisches Bild des wirtschaftenden Menschen debattiert wird. Es sind die beiden Momente der Vermischung von *Modell* und *Menschenbild* auf der einen und der Verwechslung von *homo oeconomicus* und *homo certaminis* auf der anderen Seite, die eine solche

---

18 Der Gegensatz zwischen dem gegenwärtig vorherrschenden Verständnis von Ökonomik und *economic anthropology* zeigt sich nicht zuletzt an dem jeweils zugrunde gelegten Begriff von Natur bzw. Naturwissenschaft: Während „Natur" auf Seiten der Ökonomik als Inbegriff dessen verstanden wird, was sich mit mathematischer Methode erfassen lässt, lehnen Vertreter der *economic anthropology* wie Hann und Hart spieltheoretische Experimente mit der Begründung ab, dass deren Laborsituationen keine Aussagen über die Natur des Menschen erlaubten („because the experimental setting is precisely not naturalistic"; Hann/Hart 2011, 2).

Vormachtstellung innerhalb der Ökonomik wie auch eine Expansion über diese hinaus ermöglicht haben.

Bezüglich des Verhältnisses von wirtschaftsanthropologischen Aussagen zu allgemeineren Aussagen über den Menschen (1.2) war zu konstatieren, dass der *homo oeconomicus* in seiner Reichweite weit gegenüber den anthropologischen Grundfiguren des *homo cooperativus* und dessen oben als *homo certaminis* benannten Gegenbilds zurückbleibt, weil er nur eine sehr spezifische Form wirtschaftlichen Wettbewerbs abdeckt. Die Frage nach dem anthropologischen Status des *homo oeconomicus* und die Kritik an seiner Wolf-im-Schafspelz-Rolle ist nicht zuletzt deshalb wichtig, weil die ungerechtfertigte Besetzung des Raumes der Wirtschaftsanthropologie durch das Menschenbild des *homo oeconomicus* einen nicht unerheblichen Nebeneffekt hat: Der Streit darüber, ob der *homo-oeconomicus*-Ansatz ein Menschenbild beinhaltet oder nicht, lenkt von der wichtigeren Forderung ab, den konkreten wirtschaftenden Menschen als Zentrum nicht nur der Wirtschaft, sondern auch der Wirtschaftswissenschaften zu begreifen. Dabei ist noch offen, wie die Frage nach der „wahre[n] *conditio humana oeconomica*" (Dierksmeier 2015, 39) zu beantworten ist bzw. durch was für ein Homo-Epithetum der wirtschaftende Mensch am besten zu charakterisieren wäre. Die Eckpunkte einer entsprechenden „Charakterskizze" sind aber durch die Pole von Kooperation und Wettbewerb sowie durch eine sorgfältig zu diskutierende Liste basaler menschlicher Bedürfnisse vorgegeben (vgl. Bohlken 2011, 204–207).

Es besteht daher durchaus Bedarf an einer neuen Wirtschaftsanthropologie, die dadurch gekennzeichnet sein sollte, dass sie auch philosophische und geisteswissenschaftliche Aspekte der Selbstbesinnung des wirtschaftenden Menschen einbezieht. Die spezifische Leistung einer solchen Anthropologie der Wirtschaft könnte darin liegen, die gegenwärtige Ökonomik in einer systematischen Art und Weise an ein ganzheitliches Bild des Menschen rückzubinden.

3 Neue Wirtschaftsanthropologie und Ethik

Die zentrale ethische Implikation der neuen Wirtschaftsanthropologie ist darin zu sehen, dass sie mit dem von ihr zugrunde gelegten Bild des wirtschaftenden Menschen eine wirtschaftsimmanente Schnittstelle von Anthropologie und Ethik bietet. Sie führt damit zwar nicht auf konkrete Normen einer Ethik des Wirtschaftens, eröffnet aber gewissermaßen den Raum, in dem auch aus ökonomischer (nicht: ökonomistischer) Perspektive über moralisch motiviertes wirtschaftliches Handeln gesprochen werden kann. Die neue Wirtschaftsanthropologie verweist damit auf Fundierungsmöglichkeiten wirtschaftlichen Handelns, die sich über Maßstäbe, wie z. B. den der Lebensdienlichkeit, inhaltlich ausgestalten lassen und an denen sich eine Ökonomik, die von Krisen umgeben ist, an deren Entstehen sie alles andere als unschuldig ist, neu ausrichten kann.

Die Forderung, innerhalb der Ökonomik ein Menschenbild zu entwickeln, das auch für genuin ethische Motivationen anschlussfähig ist, berührt in nicht unerheblichem Maße das methodische Selbstverständnis der Wirtschaftswissenschaften. Sie verlangt ihnen die Einsicht ab, dass der Status als Sozialwissenschaft nicht ohne die Berücksichtigung der Menschen als realen und personalen, individuell wie kollektiv wirkmächtigen Elementen des Sozialen zu haben ist, die sich nicht modellhaft auf ein Verhalten als *homines oeconomici* reduzieren lassen.[19] Das von der neuen Wirtschaftsanthropologie verfolgte Ziel einer Wirtschaft nach dem Maß des Menschen führt zu der Forderung, den Individualismus nicht nur in methodischer, sondern auch in normativer Hinsicht als Ausgangspunkt zu begreifen. Gefordert ist in diesem Sinne weniger eine mikrosoziologische Analyse wirtschaftlichen „Handelns", sondern vielmehr eine Ausrichtung der Wirtschaft – als des Inbegriffs wirtschaftlicher Transaktionen und der dabei erzeugten Institutionen und Strukturen – nach den Maßstäben einer *auch* moralisch verstandenen Lebensführung.

Bibliographie

Antweiler, Christoph (2009): Was ist den Menschen gemeinsam? Über Kultur und Kulturen. 2. Aufl. Darmstadt: WBG.

Bohlken, Eike (2011): Die Verantwortung der Eliten. Eine Theorie der Gemeinwohlpflichten. Frankfurt a. M./New York: Campus.

Bohlken, Eike (2015): Wirtschaften nach dem Maß des Menschen – konstitutive Aspekte der Wirtschaftsanthropologie aus philosophischer Sicht. In: Claus Dierksmeier/Ulrich Hemel/Jürgen Manemann (Hrsg.): Wirtschaftsanthropologie. Baden-Baden: Nomos, 57–73.

Bohlken, Eike/Thies, Christian (2009): Einleitung. In: Dies. (Hrsg:): Handbuch Anthropologie. Der Mensch zwischen Natur, Kultur und Technik. Stuttgart/Weimar: Metzler, 1–10.

Carrier, James G. (Hrsg.) (2012): A Handbook of Economic Anthropology. 2. Aufl. Northhampton/Mass: Edward Elgar.

Dierksmeier, Claus (2015): Wirtschaftsanthropologie – Was nutzt das der Praxis? In: Claus Dierksmeier/Ulrich Hemel/Jürgen Manemann (Hrsg.): Wirtschaftsanthropologie. Baden-Baden: Nomos, 27–45.

Finley, Moses I. (1977): Die antike Wirtschaft. München: DTV.

---

19 „Gegen den *homo oeconomicus* ist also einzuwenden, dass er nicht *realistisch* genug ist, indem er nicht *idealistisch* genug vom Menschen spricht" (Dierksmeier 2015, 40; Hervorhebungen im Original).

Habermas, Jürgen (1958): Anthropologie. In: Fischer-Lexikon Philosophie. Frankfurt a. M.: Fischer, 18 – 35.

Hann, Christopher/Hart, Keith (Hrsg.) (2011): Economic Anthropology. Cambridge/Malden/MA: John Wiley & Sons.

Hemel, Ulrich (2015): Wirtschaftsanthropologie, Grundlegung für eine Wissenschaft vom Menschen, der wirtschaftlich handelt. In: Claus Dierksmeier/Ulrich Hemel/Jürgen Manemann (Hrsg.): Wirtschaftsanthropologie. Baden-Baden: Nomos, 9 – 25.

Hettlage, Robert (1990): Die anthropologische Konzeption des Genossenschaftswesens in Theorie und Praxis. Welche Chance hat der ‚homo cooperativus'? In: Juhani Laurinkari (Hrsg.): Genossenschaftswesen. Hand- und Lehrbuch. München/Wien: Oldenbourg, 27 – 49.

Hogrebe, Wolfram (2007): Was ist der Mensch? Wer ist der Mensch? http://www.scilogs.de/ gute-stube/was-ist-der-mensch-wer-ist-der-mensch (Stand: 15.06.2015).

Joas, Hans (Hrsg.) (2012): Vielfalt der Moderne. Ansichten der Moderne. Frankfurt a.M.: Fischer.

Kant, Immanuel (1789): Anthropologie in pragmatischer Hinsicht. In: Werke in zehn Bänden. Bd. 10. Hrsg. v. Wilhelm Weischedel. Darmstadt 1983: WBG, 399 – 699.

Köpping, Klaus-Peter (1997): Gabe. In: Christoph Wulf (Hrsg.): Vom Menschen. Handbuch Historische Anthropologie. Weinheim/Basel: Beltz, 822 – 839.

Kirchgässner, Gebhard (2008): Homo oeconomicus. The Economic Model of Behaviour and its Applications in Economics and Other Social Sciences. Boston, MA: Springer.

Liste der Homo-Epitheta. http://de.wikipedia.org/wiki/Liste_der_Homo-Epitheta (Stand: 15.06.2015).

Manstetten, Reiner (2002): Das Menschenbild der Ökonomie. Der *homo oeconomicus* und die Anthropologie von Adam Smith. Freiburg i. Brg.: Alber.

Nell-Breuning, Oswald (1992): Wirtschaftsethik. In: Hans Lenk/Matthias Maring (Hrsg.): Wirtschaft und Ethik. Stuttgart: Reclam, 31 – 44.

Nida-Rümelin (2011): Die Optimierungsfalle. Philosophie einer humanen Ökonomie. München: Irisiana.

Pareto, Vilfredo (1906): Manual of Political Economy. Ed. by Ann S. Schwier. New York, NY (1971): Kelley.

Paul, Axel T. (1999): Einleitung. In: Ders. (Hrsg.): Ökonomie und Anthropologie. Berlin: Berlin-Verlag Spitz, 7 – 21.

Lee-Peukert, Mi-Yong (2009): Homo oeconomicus. In: Bohlken, Eike/Thies, Christian (Hrsg): Handbuch Anthropologie. Der Mensch zwischen Natur, Kultur und Technik. Stuttgart/Weimar: Metzler, 344 – 348.

Schnädelbach, Herbert (1996): Plädoyer für eine kritische Kulturphilosophie. In: Ralf Konersmann (Hrsg.): Kulturphilosophie. Leipzig: Reclam, 307 – 326.

Schräder, Olaf (2008): Wohin wollen wir gehen? homo oeconomicus und homo cooperativus – tragfähige Konzepte für die Zukunft? Neu-Ulm: AG SPAK.

Suchanek, Andreas (2007): Ökonomische Ethik. 2. Aufl. Tübingen: UTB.

Ulrich, Peter (2001): Integrative Wirtschaftsethik. Grundlagen einer lebensdienlichen Ökonomie. 3. Aufl. Bern/Stuttgart/Wien: Haupt.

Autoren

EIKE BOHLKEN ist Privatdozent am Philosophischen Seminar der Eberhard Karls Universität Tübingen.

KATJA CRONE ist Professorin für Philosophie an der TU Dortmund.

JULIA ECKERT ist Professorin für Sozialanthropologie an der Universität Bern.

VOLKER GERHARDT ist Professor für Praktische Philosophie, Rechts- und Sozialphilosophie an der Humboldt-Universität zu Berlin.

JAN-CHRISTOPH HEILINGER ist Akademischer Geschäftsführer am Münchner Kompetenzzentrum Ethik der Ludwig-Maximilians-Universität München.

TATJANA HÖRNLE ist Professorin für Strafrecht, Strafprozessrecht, Rechtsphilosophie und Rechtsvergleichung an der Humboldt-Universität zu Berlin.

OLIVER MÜLLER ist Privatdozent am Philosophischen Seminar der Albert-Ludwigs-Universität Freiburg.

ARMIN NASSEHI ist Professor für Soziologie an der Ludwig-Maximilians-Universität München.

JULIAN NIDA-RÜMELIN ist Professor für Philosophie und politische Theorie an der Ludwig-Maximilians-Universität München.

ELIF ÖZMEN ist Professorin für Praktische Philosophie an der Universität Regensburg.

MICHAEL QUANTE ist Professor für Philosophie an der Westfälischen Wilhelms-Universität.

FRIEDEMANN SCHRENK ist Professor für Paläobiologie und Umwelt an der Goethe-Universität Frankfurt.

Register